HISTOIRE ET ÉDUCATION
À LA CITOYENNETÉ

HISTOIRE
EN ACTION®

FRANCE LORD

JEAN LÉGER

1er CYCLE
DU SECONDAIRE

MANUEL
DE L'ÉLÈVE 2

THOMSON
✳
GROUPE MODULO

Australie   Canada   Espagne   États-Unis   Mexique   Royaume-Uni   Singapour

Nous reconnaissons l'aide financière du gouvernement du Canada par l'entremise du Programme d'Aide au Développement de l'Industrie de l'Édition (PADIÉ) pour nos activités d'édition.

L'information de Statistique Canada est utilisée en vertu d'une permission du ministre de l'Industrie, à titre de ministre responsable de Statistique Canada. On peut obtenir de l'information sur la disponibilité de la vaste gamme de données de Statistique Canada par l'entremise des bureaux régionaux de Statistique Canada, de son site Internet au http://www.statcan.ca et de son numéro d'appels sans frais au 1 800 263-1136.

Équipe de production

Chargée de projet: Pascale Couture
Recherche: Pirogue Communications
Révision linguistique: Monique Tanguay
Consultation scientifique: Michel De Waele (dossiers 7 à 10) et Carl Bouchard (dossiers 11 et 12)
Correction d'épreuves: Marie Théorêt
Typographie: Carole Deslandes
Montage: Nathalie Ménard
Maquette: Marguerite Gouin
Couverture: Marguerite Gouin
Cartes: Carto-média
Illustrations: Julie Bruneau: p. 105, 154, 161, 250; Monique Chaussé: p. 1, 3, 8, 25, 35, 40, 41, 48, 54, 70, 71, 75, 77, 78, 90, 96, 111, 121, 135, 152, 154, 183, 185, 194, 195, 222, 223, 228, 239, 244, 252, 265, 290; Josée Laperrière: p. 10, 49, 59, 65, 129, 138, 147, 155; Jean-Luc Trudel: p. 79, 97, 125, 146, 203, 238; Daniela Zekina: p. 120.

THOMSON
GROUPE MODULO

Histoire en action® – Manuel 2
© Groupe Modulo, 2006
233, avenue Dunbar
Mont-Royal (Québec)
Canada H3P 2H4
Téléphone: (514) 738-9818/1 888 738-9818
Télécopieur: (514) 738-5838/1 888 273-5247

Dépôt légal — Bibliothèque et Archives nationales du Québec, 2006
Bibliothèque nationale du Canada, 2006
ISBN 2-89593-252-2

HISTOIRE EN ACTION est une marque déposée de Groupe Modulo.

Imprimé au Canada
1 2 3 4 5   10 09 08 07 06

TABLE DES MATIÈRES

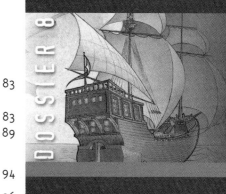

L'INDUSTRIALISATION: UNE RÉVOLUTION ÉCONOMIQUE ET SOCIALE

DOSSIER 10

L'EXPANSION DU MONDE INDUSTRIEL

DOSSIER 11

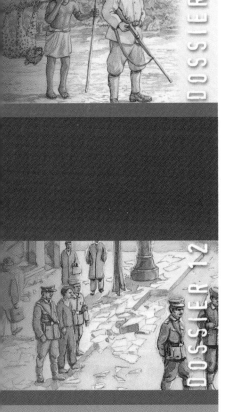

LA RECONNAISSANCE DES LIBERTÉS ET DES DROITS CIVILS

DOSSIER 12

Un coup d'œil sur ton manuel

Voici un aperçu de ton manuel d'histoire et d'éducation à la citoyenneté. À travers six dossiers captivants, explore de grands moments de l'histoire de la fin du Moyen Âge jusqu'à l'époque contemporaine.

Des dossiers pour interroger et interpréter le passé

Le renouvellement de la vision de l'homme Qu'est-ce que l'humanisme et la Renaissance ? Comment a-t-on élaboré une nouvelle vision du monde à la fin du Moyen Âge ?

L'expansion européenne dans le monde Pourquoi, à partir du 15ᵉ siècle, les Européens se sont-ils lancés à la découverte du monde ? Quelles sont les conséquences de la domination de l'Europe sur les territoires découverts ?

Les révolutions américaine et française En quoi consistent les révolutions américaine et française ? Comment affectent-elles les droits individuels et collectifs des citoyens concernés ?

L'industrialisation : une révolution économique et sociale Comment la Grande-Bretagne devient-elle la première nation industrielle au 19ᵉ siècle ?

L'expansion du monde industriel Pourquoi les pays industrialisés relancent-ils la colonisation ? Quel en est l'impact pour les populations colonisées ?

La reconnaissance des libertés et des droits civils Quelles sont les grandes luttes du 20ᵉ siècle pour la conquête des droits et libertés des peuples et des individus ?

Ligne du temps

Remue-méninges

Pour découvrir des liens entre des réalités d'aujourd'hui et leur origine dans le passé.

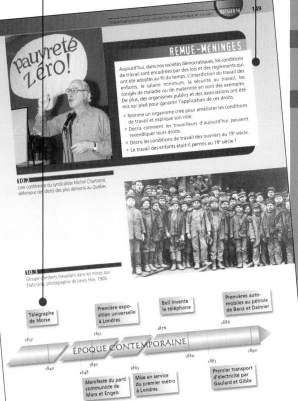

Ton sujet d'enquête

Pour développer tes compétences, cette rubrique te propose une enquête afin d'interpréter un aspect de la réalité sociale à l'étude. Pour faciliter ta démarche d'enquête dans le manuel, tu trouveras une série de tâches.

Passe à l'action

Cette rubrique te propose une série d'activités menant à la réalisation du projet du dossier.

Un coup
d'œil
sur ton
manuel

AILLEURS

DES ROUES SUR L'EAU

La navigation n'échappe pas à la révolution de la vapeur. À la fin du 18e siècle, plusieurs inventeurs étudient la meilleure façon d'équiper un navire d'un moteur à vapeur et procèdent à de nombreux essais. C'est un mécanicien touche-à-tout, l'États-Unien Robert Fulton (1765-1815), qui conçoit le premier navire à vapeur exploitable.

Venu étudier la peinture en Europe dans les années 1780, Fulton s'intéresse aussi aux canaux et aux embarcations de toutes sortes, incluant le sous-marin ! De retour aux États-Unis en 1806, il se fait livrer un moteur à vapeur, assemblé selon ses propres spécifications par l'entreprise britannique de James Watt, *Boulton and Watt*. L'année suivante, le bateau à aubes de Fulton remonte le fleuve Hudson, à une vitesse moyenne d'environ 8 kilomètres à l'heure, en crachant sa fumée noire et en effrayant les animaux de la rive. Dès lors, la navigation à vapeur sur les fleuves d'Amérique du Nord devient chose courante. La première traversée transatlantique à vapeur, sans l'aide de voiles, se fait en 1827.

aube Palette d'une roue hydraulique.

Opinion
En quoi la disparition du pétrole affecterait ton mode de vie actuel ?

10.17
Le bateau à roue à aubes de Fulton, le Clermont. L'embarcation à vapeur assure une liaison entre la ville de New York et celle d'Albany, 240 kilomètres plus au nord sur le Hudson.

Définition

Un mot nouveau ? Un nom curieux ? Tu trouveras les définitions dans la marge tout au long des textes.

Ailleurs

Ton manuel t'aide à mieux comprendre comment s'est formé le monde occidental dans lequel tu vis aujourd'hui. Cette rubrique te propose d'aller voir ce qui se vit ailleurs dans d'autres sociétés. « Ailleurs » t'ouvrira une fenêtre sur un repère culturel ou un élément essentiel d'une autre civilisation afin d'établir des ressemblances ou des différences.

Opinion

Exerce ton jugement critique en réfléchissant aux questions de cette rubrique et prends l'habitude d'appuyer ton argumentation sur des faits historiques vérifiés.

Faits d'hier

Tu veux en savoir plus ? Cette rubrique fait le point sur un repère culturel, un concept important ou un aspect particulier de la période étudiée. Souvent accompagnés d'un document visuel ou écrit, les « Faits d'hier » piqueront ta curiosité pour t'entraîner un peu plus loin sur les routes de l'histoire.

Aujourd'hui

Suis l'évolution des sociétés humaines grâce à cette rubrique qui te propose une question sur la réalité actuelle.

Documents iconographiques

Où cela s'est-il passé ? À quoi ressemble cette construction ou cet objet ancien ? Quelle tête avaient les gens à cette époque ? Une foule de documents visuels te permettront de redonner une vie et un visage au passé : reconstitutions, cartes, photographies et graphiques.

FAITS D'HIER **LE CHÂTEAU DE VERSAILLES, LE CENTRE DE LA FRANCE**

Louis XIV n'aime pas son palais du Louvre en plein cœur de Paris, sur le bord de la Seine. En 1661, il décide de faire agrandir le pavillon de chasse de son père, à Versailles, situé à la campagne à 20 kilomètres au sud-ouest de la grande ville. Le projet est ambitieux, et le nouveau château est grandiose. Sa construction engloutit une grande partie du trésor de l'État. Marbre, dorures, tapisseries venues d'Orient, meubles en bois précieux, tissus brodés de fil d'or ou d'argent, immenses jardins agrémentés de statues, de bassins d'eau et de fontaines gigantesques, rien n'est trop beau pour glorifier le roi ! Des milliers d'ouvriers travaillent à un rythme inhumain, car le roi se plaint de la lenteur des travaux.

Enfin, en 1682, le roi et sa cour s'installent. Versailles devient le centre politique du royaume. Toute la vie du château tourne autour de Louis XIV. À la chapelle royale, on ne regarde pas le prêtre qui dit la messe, mais plutôt le roi qui l'écoute. Assister aux levers et aux couchers du souverain devient un privilège accordé aux nobles les plus méritants. Ainsi, le « Roi-Soleil » a trouvé un moyen habile de surveiller les princes et les grands seigneurs qui pourraient comploter contre lui. S'ils veulent les plus prestigieuses récompenses, ceux-ci doivent s'installer à Versailles auprès du roi et vivre la vie de cour : dîners, ballets, concerts, bals, jeux de hasard, représentations de théâtre et fêtes grandioses. En contrepartie, le roi leur assure richesse, honneurs et privilèges.

AUJOURD'HUI
Nomme et décris des réalisations architecturales européennes ou américaines qui ont marqué le 20e siècle.

9.11
Vue perspective du château de Versailles, un tableau de Pierre Patel Le Père, huile sur toile, vers 1668, musée du Château de Versailles.

DOSSIER 7   23
Le renouvellement de la vision de l'homme

CITOYEN CITOYENNE

L'éducation pour s'épanouir et s'améliorer

Les humanistes de la Renaissance, en reconnaissant aux êtres humains le droit de développer leur aptitude à apprendre, ont démontré l'importance de l'éducation pour permettre aux gens de s'épanouir. Au fil du temps, cet accès au savoir a été jugé à ce point fondamental par les membres de ta société, que l'éducation est de nos jours obligatoire pour tous les citoyens jusqu'au secondaire.

Contrairement à l'époque de la Renaissance, où l'instruction était réservée à une élite sociale, tous les enfants d'aujourd'hui reçoivent un enseignement de base dans des institutions dont la mission est de développer leur capacité d'apprendre, de réfléchir et de créer. Pour ce faire, et à l'image du modèle proposé par les humanistes de la Renaissance, les élèves étudient une variété de matières qui les aideront à se faire une meilleure idée du monde, à développer leurs talents et à choisir une carrière à la mesure de leurs aspirations. Une fois cette formation de base acquise, il est possible de continuer tes études en choisissant un secteur d'activités professionnelles qui correspond à ses goûts et à ses valeurs.

Cette facilité d'accès au savoir permet à tous, sans distinction, d'avoir un certain contrôle sur leur existence, et donne à chacun l'opportunité de contribuer à l'amélioration des conditions de vie des autres membres de sa communauté et même des autres humains de la planète.

Question citoyenne

Explique comm...
actuel t'aide à...
choisir une carr...

Citoyen, citoyenne

L'éducation à la citoyenneté te permet de prendre conscience des changements sociaux apportés par l'action humaine au fil des âges. Avec cette rubrique, tu aborderas des notions telles que la diversité des identités sociales, les libertés et droits fondamentaux, la vie dans une société démocratique et le rôle des institutions publiques. Prends conscience de ton rôle social et du fonctionnement de ta société à travers des questions ou des actions citoyennes.

---

146   DOSSIER 9   Les révolutions américaine et française

EN CONCLUSION

Ton résumé

Rédige un court résumé de ce que tu retiens de ce dossier sur les révolutions américaine et française. Consulte la ligne du temps, note les dates, les personnages et les événements les plus marquants de ce dossier. Décris les raisons qui ont poussé le peuple à se révolter contre l'autorité royale. Cherche des similitudes entre ces deux révolutions. Explique en quoi la monarchie et la démocratie sont deux régimes politiques si différents. Décris les avantages d'un régime démocratique pour les citoyens.

Mots et concepts clés

censure
citoyen
clergé
constitution
démocratie
droits
hiérarchie sociale
journalier
justice
monarchie absolue

noblesse
philosophie
régime politique
révolution
séparation des pouvoirs
siècle des Lumières
suffrage
tiers état
tyran

Aide-mémoire

Souviens-toi que l'appellation « Ancien Régime » caractérise une organisation sociale où une classe dirigeante noble domine une majorité de travailleurs agricoles et d'artisans. Dans ces régimes, la propriété terrienne et les richesses sont concentrées entre les mains d'une minorité de nobles et de bourgeois, et le peuple est bien peu considéré. Le peuple, qui constitue alors la grande majorité de la population européenne, n'a presque aucun droit et participe très peu à la vie politique.

Ton portfolio

Fais un retour critique sur ta façon d'employer la méthode historique de recherche en répondant dans ton portfolio aux questions suivantes:

- Décris comment tu établis ton plan de recherche.
- Explique comment tu choisis tes sources d'informations.
- Décris les moyens que tu utilises pour organiser les informations recueillies.

Tes travaux préparatoires

Le prochain dossier traite de la période de l'industrialisation.
Afin de t'y préparer, voici quelques suggestions de recherches:

- Dresse une liste d'événements et de personnages caractéristiques de la période de l'industrialisation.
- Situe sur une carte les premières grandes villes industrielles du monde et indiques-en la population.
- Note la définition des mots et concepts suivants: capitalisme, classe sociale, libéralisme, prolétariat, socialisme, syndicalisme.
- Trouve des images de machines et d'équipements industriels caractéristiques de cette période.

En conclusion

Voici quatre rubriques pour conclure un dossier.

Ton résumé te fournit des indices utiles qui t'aideront à établir un résumé du dossier. Une liste de mots et de concepts clés te guide également.

Aide-mémoire revient sur quelques-unes des notions apprises.

Ton portfolio te rappelle des aspects de ta démarche de recherche à noter.

Tes travaux préparatoires propose des activités pour te préparer au prochain dossier à l'étude.

L'historien français Lucien Febvre a écrit: « L'histoire, c'est cela : un moyen de comprendre et, par là même d'agir sur le cours des événements. » Découvre le passé et prends ta place dans le présent avec *Histoire en action* !

LE MONDE AUJOURD'HUI

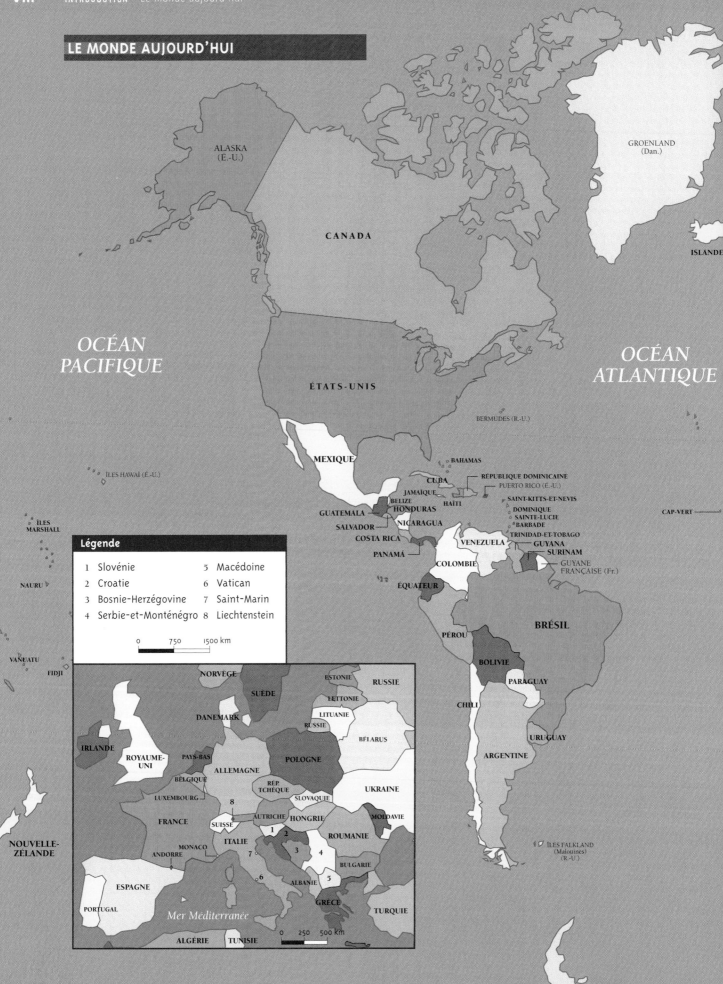

OCÉAN
PACIFIQUE

OCÉAN
ATLANTIQUE

ALASKA
(É.-U.)

GROENLAND
(Dan.)

ISLANDE

CANADA

ÉTATS-UNIS

BERMUDES (R.-U.)

ÎLES HAWAÏ (É.-U.)

MEXIQUE

BAHAMAS

CUBA

RÉPUBLIQUE DOMINICAINE
PUERTO RICO (É.-U.)

JAMAÏQUE
HAÏTI

SAINT-KITTS-ET-NEVIS
DOMINIQUE
SAINTE-LUCIE
BARBADE
TRINIDAD-ET-TOBAGO

CAP-VERT

ÎLES
MARSHALL

BELIZE
GUATEMALA   HONDURAS
SALVADOR   NICARAGUA
COSTA RICA
PANAMÁ

VENEZUELA   GUYANA
SURINAM
GUYANE
FRANÇAISE (Fr.)

COLOMBIE

ÉQUATEUR

NAURU

BRÉSIL

PÉROU

BOLIVIE

Légende

1	Slovénie	5	Macédoine
2	Croatie	6	Vatican
3	Bosnie-Herzégovine	7	Saint-Marin
4	Serbie-et-Monténégro	8	Liechtenstein

0   750   1500 km

VANUATU

FIDJI

PARAGUAY

CHILI

URUGUAY

ARGENTINE

NORVÈGE

ESTONIE

RUSSIE

SUÈDE

LETTONIE

DANEMARK

LITUANIE

RUSSIE

BÉLARUS

IRLANDE

ROYAUME-
UNI

PAYS-BAS

POLOGNE

ALLEMAGNE

BELGIQUE

UKRAINE

LUXEMBOURG

RÉP.
TCHÈQUE

SLOVAQUIE

8

AUTRICHE   HONGRIE

MOLDAVIE

FRANCE

SUISSE

1   2

ROUMANIE

NOUVELLE-
ZÉLANDE

MONACO

ITALIE

7

3   4

ANDORRE

BULGARIE

ÎLES FALKLAND
(Malouines)
(R.-U.)

6

ALBANIE

5

ESPAGNE

GRÈCE

TURQUIE

PORTUGAL

Mer Méditerranée

0   250   500 km

ALGÉRIE   TUNISIE

OCÉAN ARCTIQUE

N
O   E
S

RUSSIE

NORVÈGE   SUÈDE   FINLANDE

SUÈDE

8
2
1
7   3
6   4
5

GÉORGIE

TURQUIE

ARMÉNIE

TUNISIE

SYRIE   AZERBAÏDJAN   KAZAKHSTAN   MONGOLIE

CORÉE
DU NORD

JAPON

CORÉE
DU SUD

OUZBÉKISTAN

KIRGHIZISTAN

TURKMÉNISTAN   TADJIKISTAN

LIBAN   IRAK   IRAN   AFGHANISTAN   CHINE
ISRAËL
JORDANIE   KOWEÏT   BAHREÏN   PAKISTAN   NÉPAL   BOUTHAN
QATAR

MAROC

ALGÉRIE   LIBYE   ÉGYPTE

INDE   LAOS   TAÏWAN

SAHARA
OCCIDENTAL

ARABIE
SAOUDITE   ÉMIRATS
ARABES UNIS   BANGLADESH   PHILIPPINES

MAURITANIE

ÉRYTHRÉE   OMAN   MYANMAR
(Birmanie)   VIÊTNAM

SÉNÉGAL   MALI   NIGER

YÉMEN   THAÏLANDE   CAMBODGE
BRUNEI

GAMBIE   BÉNIN   TCHAD   SOUDAN
BURKINA
FASO
GUINÉE   NIGERIA   DJIBOUTI   SOMALIE
CÔTE   RÉP.   ÉTHIOPIE
D'IVOIRE   CENTRAFRICAINE
GHANA   CAMEROUN
TOGO   OUGANDA
GUINÉE   GABON   CONGO   KENYA
ÉQUATORIALE   RÉP.
LIBERIA   POPULAIRE   RWANDA
DU CONGO   BURUNDI
SIERRA LEONE   TANZANIE
GUINÉE-BISSAU   ANGOLA   MALAWI
ZAMBIE   MOZAMBIQUE
ZIMBABWE
NAMIBIE   BOTSWANA   MADAGASCAR
AFRIQUE   SWAZILAND
DU SUD   LESOTHO

MALAISIE
SINGAPOUR   PAPOUASIE –
NOUVELLE-
GUINÉE

INDONÉSIE   TIMOR
ORIENTAL

MALDIVES   SRI LANKA   OCÉAN
INDIEN

SEYCHELLES

COMORES

MAURICE
ÎLE DE LA RÉUNION (Fr.)

AUSTRALIE

ANTARCTIQUE

LISTE DES CARTES

LE RENOUVELLEMENT DE LA VISION DE L'HOMME

TABLE DES MATIÈRES

PROJET

Constitue en classe avec tes camarades une exposition permanente de portraits et d'œuvres de l'Antiquité et de la Renaissance. Pour connaître les détails et les étapes de cette exposition, consulte les rubriques *Passe à l'action* de ce dossier. Cette exposition te mettra en contact constant avec la réalité sociale à l'étude, car tu pourras facilement consulter votre travail à tout moment.

LE DÉBUT D'UN TEMPS NOUVEAU

À la fin du Moyen Âge, l'Occident est toujours une civilisation chrétienne et rurale, et l'agriculture domine l'économie. Cette époque est aussi marquée par de profonds changements. Au 15e siècle, l'Europe se relève de la Grande Peste, de la famine et d'importants conflits armés. La croissance de la population reprend. Souviens-toi que plusieurs États se renforcent : tu n'as qu'à penser aux royaumes de France et d'Angleterre. Le monde urbain prend de l'ampleur. Et dans certaines régions, l'artisanat et le commerce connaissent un essor considérable.

Alors que la scène politique et économique en Europe se transforme, le monde culturel vit lui aussi un grand renouvellement. Savants et artistes redécouvrent avec enthousiasme l'Antiquité. Commence alors un formidable bouillonnement d'idées. On propose de nouvelles façons de penser, d'enseigner, de créer, de concevoir l'être humain et sa place dans l'Univers. Du point de vue technique, le perfectionnement de l'imprimerie vient faciliter la circulation de ces nouveaux savoirs dans toute l'Europe. Au même moment, le mécontentement et la critique contre l'Église s'intensifient. Au 16e siècle, ce mouvement de protestation aboutira à la division des chrétiens d'Occident.

Dans ce dossier, tu enquêteras sur l'humanisme, cette nouvelle vision de l'humain et du monde élaborée en Europe aux 15e et 16e siècles. Tu en apprendras plus sur cette période de l'histoire occidentale, la « Renaissance », tout en découvrant le Japon des puissants shoguns qui régnaient alors à des milliers de kilomètres des frontières européennes.

7.1
La Renaissance.

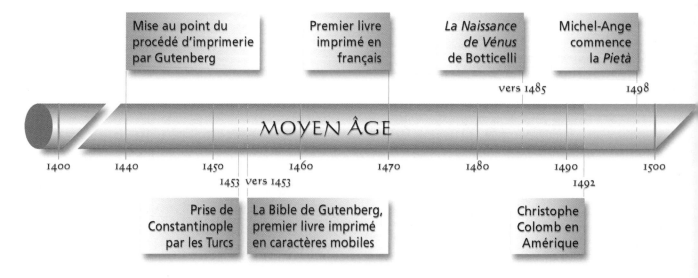

7.2

Vue intérieure de la Grande Bibliothèque, à Montréal.

REMUE-MÉNINGES

Aujourd'hui, il est relativement facile d'accéder au savoir. En l'espace d'une vie, il est possible d'apprendre une grande variété de choses et même de devenir spécialiste dans un secteur d'activité particulier. Au Québec, l'accès aux connaissances s'est démocratisé et est devenu ouvert à tous. Crois-tu qu'il en a toujours été ainsi et que le savoir était accessible à tous au Moyen Âge ?

- Établis une liste des outils actuels qui permettent de diffuser des savoirs.
- Énumère des moyens de diffuser des savoirs vers la fin du Moyen Âge.
- Pourquoi l'apparition de l'imprimerie à la Renaissance est-elle favorable à la diffusion de nouveaux savoirs ?

7.3

Moine copiste au travail.

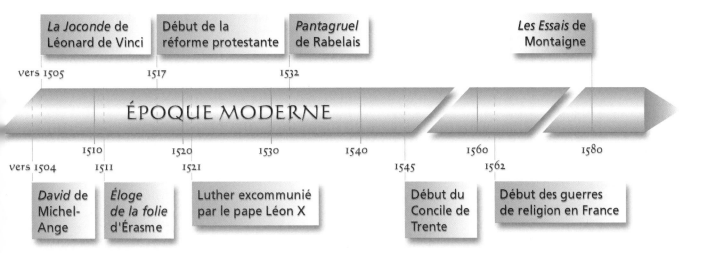

La Joconde de Léonard de Vinci

Début de la réforme protestante

Pantagruel de Rabelais

Les Essais de Montaigne

vers 1505   1517   1532

ÉPOQUE MODERNE

1510   1520   1530   1540   1560   1580

vers 1504   1511   1521   1545   1562

David de Michel-Ange

Éloge de la folie d'Érasme

Luther excommunié par le pape Léon X

Début du Concile de Trente

Début des guerres de religion en France

7.4 LE MONDE AUX 15ᵉ ET 16ᵉ SIÈCLES : LA REPRÉSENTATION HUMAINE DANS L'ART À L'ÉPOQUE DE LA RENAISSANCE

OCÉAN
PACIFIQUE

AMÉRIQUE
DU NORD

Mississippi

OCÉAN
ATLANTIQUE

*Golfe du
Mexique*

EMPIRE
AZTÈQUE

Art aztèque

Amazone

AMÉRIQUE
DU SUD

Échelle

0   750   1500 km

Art flamand

OCÉAN ARCTIQUE

Art japonais

N
O E
S

ASIE

EUROPE

FLANDRE
Danube
ITALIE

CHINE DES MING
Huang he

Mer Méditerranée

Tigre

Euphrate

Indus

JAPON

Chang jiang

Nil

BÉNIN

AFRIQUE

Art de l'Italie du Nord

OCÉAN
INDIEN

Art du Bénin

Art chinois

OCÉANIE

1 Le renouvellement de la pensée

L ancée en Italie dès le 14e siècle, une véritable révolution culturelle gagne le reste de l'Europe au 16e siècle. À la suite du poète italien Pétrarque (1304-1374), les savants redécouvrent les textes de l'Antiquité et rejettent avec mépris les réalisations du Moyen Âge. L'être humain, et non plus Dieu, devient leur principale préoccupation. Le perfectionnement de l'imprimerie et le renouvellement de l'enseignement accélèrent la diffusion des idées neuves.

Convaincues d'entrer dans une époque nouvelle, les élites intellectuelles se proposent de faire renaître la culture de l'Antiquité gréco-romaine. Pour qualifier ce mouvement, les penseurs italiens vont même jusqu'à parler de *Rinascità*, c'est-à-dire «Renaissance». Celle-ci couvre les 15e et 16e siècles, chevauchant ainsi la fin du Moyen Âge et le début de l'**époque moderne**.

époque moderne Période suivant celle du Moyen Âge et couvrant les 16e, 17e et 18e siècles.

latin Relatif à l'Antiquité romaine.

1 TON SUJET D'ENQUÊTE

Explique en quoi la pensée occidentale se transforme à la Renaissance.

▶ Explique pourquoi l'Italie est le berceau de la Renaissance.

▶ Compare la conception de l'être humain des théologiens et des humanistes de la Renaissance.

▶ Décris comment, selon les humanistes, l'être humain devient maître de sa vie.

▶ Explique comment est perçu le bonheur par les humanistes de la Renaissance.

La redécouverte de l'Antiquité

L'Italie constitue le berceau de la Renaissance. Qui de mieux placés que les Italiens pour redécouvrir l'Antiquité gréco-romaine ? Rappelle-toi que la péninsule italienne était le cœur de l'ancien Empire romain [← carte 7.4]. Depuis l'époque des croisades, les cités-États telles que Venise et Gênes ont entretenu des échanges constants avec l'Empire byzantin et le monde musulman. Or, les savants de ces régions ont conservé et traduit les ouvrages des penseurs grecs et **latins** de l'Antiquité. De plus, lors de la prise de la ville de Constantinople par les Ottomans en 1453, de nombreux clercs byzantins viennent se réfugier en Italie.

7.5
Prise de Constantinople par
les Turcs en 1453. Extrait
d'un manuscrit français du
15ᵉ siècle, Bibliothèque
nationale de France, Paris.

L'Antiquité dépoussiérée

Les réfugiés byzantins apportent avec eux de nombreux manuscrits
d'auteurs grecs comme Homère et Platon, ce qui permet aux érudits italiens d'accéder à des textes oubliés depuis fort longtemps en Occident. Ces
trouvailles stimulent l'intérêt pour les savoirs antiques. On accentue alors
la recherche de documents anciens dans les bibliothèques des monastères
d'Europe. On retrouve ainsi une foule de textes originaux d'écrivains latins
tels Cicéron et Virgile.

7.6
Moine copiste dans un scriptorium.

Le Moyen Âge avait-il vraiment oublié l'Antiquité ? Pas du tout ! Tu n'as qu'à penser aux formes des constructions médiévales de style roman qui rappellent les arches des constructions romaines, à la présence du christianisme, adopté par les empereurs de Rome depuis le 4e siècle, ou encore à la tentative de Charlemagne pour recréer un empire en Occident à l'image de l'Empire romain. Quant aux textes antiques, il est vrai que ceux des Grecs étaient peu connus, contrairement aux œuvres des Romains que les moines copistes transcrivaient depuis des siècles. Cependant, d'un manuscrit à l'autre, les fautes de copie se sont accumulées au fil du temps. Les moines faisaient des erreurs en recopiant, ajoutaient leurs propres commentaires ou encore coupaient des extraits qui ne respectaient pas la morale chrétienne. La connaissance des auteurs de l'Antiquité était donc bien imparfaite.

Passe à l'action

Portraits d'auteurs et de scientifiques de l'Antiquité

Organise en classe, avec tes camarades, une exposition de portraits de grands auteurs de l'Antiquité gréco-romaine. Indique sur les panneaux le lieu et la période où chacun de ces savants a vécu.

Cette redécouverte de la littérature gréco-romaine provoque un grand enthousiasme pour tout ce qui est lié à l'Antiquité. Curieux de tout, les savants collectionnent des monnaies antiques, des fragments de sculpture ou encore des inscriptions latines gravées dans la pierre. En Italie et surtout à Rome,

les riches aristocrates et les papes font entreprendre des fouilles pour déga-
ger les vestiges de la Rome impériale. Dès 1462, le pape Pie II prend des
mesures afin de protéger les ruines romaines dans les **États pontificaux**.
Pourquoi donc? Parce que depuis des siècles, la pierre taillée de ces monuments est récupérée pour servir de matériau de construction!

États pontificaux Appelés
aussi États de l'Église. Territoires de l'Italie centrale
appartenant à la papauté
de 756 à 1870.

La critique des textes anciens

Ce n'est pas tout de retrouver les documents anciens, encore faut-il les
déchiffrer et s'assurer de leur authenticité. L'étude des langues anciennes
devient une nécessité pour des savants de la Renaissance. Ils maîtrisent déjà
le latin, mais ils doivent maintenant apprendre le grec ainsi que l'hébreu et
parfois même l'arabe. Ces gens de lettres étudient donc les textes antiques
dans leur langue d'origine. Par conséquent, ils ne dépendent plus des
traductions faussées proposées par l'Église.

Ces savants qui se consacrent à l'étude des ouvrages antiques s'appellent
des humanistes, du latin *humanista* qui désigne une personne instruite
et cultivée. Les humanistes s'appliquent aussi à élaborer une
méthode pour l'étude des documents anciens, basée sur la
critique. Ils recherchent les différents manuscrits, les com-
parent entre eux afin d'en déceler les erreurs, puis ils
rédigent une version qui respecte mieux le sens originel
du texte. Ils y ajoutent parfois leurs commentaires, mais
en marge du texte lui-même. Cette façon d'étudier et de
corriger les textes porte le nom de philologie.

7.7

Gravure de l'architecte
français Jacques Androuet
représentant des ruines de la
Rome impériale au 16ᵉ siècle,
Bibliothèque nationale de
France, Paris.

AILLEURS

LE JAPON DES SHOGUNS

À des milliers de kilomètres de l'Europe, tout au bout de l'Asie, l'**archipel** du Japon connaît lui aussi de grands changements à la fin de la période médiévale. Le Moyen Âge japonais a débuté au 12ᵉ siècle lorsque le chef militaire Minamoto no Yoritomo (1147-1199) retire le pouvoir politique et militaire à l'empereur et se proclame shogun, un terme japonais qui signifie « grand général », véritable maître du pays. Même si l'empereur perd le pouvoir, il conserve un énorme prestige du fait que les Japonais le considèrent comme le fils des dieux. L'organisation sociale et économique du Japon durant cette époque ressemble au système féodal d'Occident: elle repose sur les liens de vassalité entre guerriers. Le régime politique du shogunat restera en place jusqu'au 19ᵉ siècle.

archipel Groupe d'îles.

Le Moyen Âge japonais s'achève au 16ᵉ siècle. La période est marquée par l'unification du territoire du Japon à la suite d'une longue guerre civile. Au début du 17ᵉ siècle, le nouveau shogun Tokugawa Ieyasu impose la paix aux guerriers, qui deviendront peu à peu une classe de fonctionnaires armés: les samouraïs. Cette paix va durer près de 250 ans !

7.8

Portrait de Tokugawa Ieyasu par le peintre Kano Tanyu, 17ᵉ siècle. Ce shogun fut l'un des plus célèbres du Japon. La dynastie des Tokugawa régnera sur le pays jusqu'à la fin du 19ᵉ siècle.

7.9

Shinto signifie « sabre nouveau ». Cette arme apparaît à la fin du 16ᵉ siècle lors des dernières grandes batailles entre seigneurs de guerre. Même s'il ne sera plus utilisé pour le combat, ce type de sabre sera porté par les samouraïs jusqu'à la fin du 18ᵉ siècle comme symbole de leur autorité.

L'être humain au centre du monde

En redécouvrant l'Antiquité, les humanistes rencontrent et admirent des civilisations aux croyances et aux modes de vie différents. À la fin du 15ᵉ siècle, le choc de la découverte des peuples d'Amérique vient également ébranler les croyances des Européens. Ces nouvelles connaissances amènent les penseurs à élaborer une nouvelle vision du monde. Plus qu'une simple méthode d'étude, l'humanisme propose aussi une philosophie centrée sur l'être humain.

théologien   Spécialiste de la théologie, qui est l'étude des questions religieuses.

pécheur   Dans la religion chrétienne, personne qui est dans l'état de péché, c'est-à-dire qui a désobéi aux règles religieuses, à la volonté de Dieu.

Faire confiance à l'humanité

Au Moyen Âge, la plupart des penseurs sont des **théologiens** qui réfléchissent sur des sujets remplis de mystère et difficiles à comprendre. Par exemple, comment connaître le dieu chrétien, ses caractéristiques et ses exigences ? Qu'est-ce que le paradis ? Qu'est-ce que l'enfer ? Du point de vue de la théologie, les êtres humains ne sont que les créatures de Dieu, de simples instruments entre les mains de cette divinité. Hommes et femmes sont de pauvres **pécheurs** pour qui le bonheur ne se trouve pas sur terre, mais bien au paradis auprès de Dieu.

Au contact des réalisations de l'Antiquité, les humanistes commencent à s'interroger sur la place de l'être humain dans le monde. Pourquoi ce nouveau questionnement ? Parce qu'ils sont émerveillés par la grandeur et la beauté des vestiges de Rome ainsi que par la science des Anciens. Ils prennent conscience que l'espèce humaine est capable d'accomplir de grandes choses. Bien qu'ils ne rejettent pas l'existence de Dieu, les philosophes de la Renaissance se tournent alors vers des sujets d'étude plus accessibles, comme l'être humain lui-même ou encore la nature. Ainsi, l'Allemand Nicolas de Cuse (1401-1464) affirme qu'un savant doit reconnaître les limites de son savoir : la véritable connaissance de Dieu est hors de portée de la pensée humaine.

7.10
Représentation de l'enfer. Extrait d'un manuscrit français du 15ᵉ siècle, Bibliothèque nationale de France, Paris.

Selon les humanistes, Dieu a donné à l'être humain la capacité d'apprendre, de réfléchir et de créer. Il accorde ainsi à chaque individu le pouvoir et la liberté d'agir. Grâce à cette liberté individuelle, l'être humain devient maître de sa propre vie, mais il doit aussi assumer la responsabilité de ses choix. Dans son *Discours sur la dignité humaine*, l'humaniste italien Jean Pic de La Mirandole (1463-1494) imagine les paroles de Dieu au moment de la création du premier homme :

Je ne t'ai donné ni place déterminée, ni visage propre, ni fonction particulière, ô Adam, afin que tu puisses acquérir et posséder, selon ta volonté et ton jugement, la place, le visage et la fonction que tu désireras. [...] Je ne t'ai fait ni céleste ni terrestre, ni mortel ni immortel, afin que, souverain de toi-même, tu achèves ta propre forme librement, à la façon d'un peintre ou d'un sculpteur.

Pic de La Mirandole, *Discours sur la dignité humaine*, 1496.

Ainsi, les philosophes humanistes font confiance aux capacités humaines. Grâce à ses connaissances, l'être humain peut s'épanouir dans la dignité. L'idée que le bonheur peut se trouver ici, sur terre, et non pas après la mort, commence alors à germer. Le monde ne serait peut-être pas ce lieu dangereux, rempli de tentations et de souffrance, imaginé par les chrétiens du Moyen Âge. Autrefois condamné, le plaisir individuel qu'apportent le luxe, le confort et la beauté apparaît maintenant comme un état souhaitable. Du point de vue social et politique, certains humanistes tentent même de définir une société où régneraient la paix, l'harmonie et la tolérance. C'est là tout un programme dans une Europe où les riches dominent et où les guerres se succèdent !

7.11

Utopia, mot inventé par Thomas More, vient du grec et signifie « en aucun lieu ». Aujourd'hui, une utopie représente une idée ou un régime politique idéal dont la réalisation est impossible. Le roman de More a été influencé par les travaux du philosophe grec Platon et par les récits des explorateurs de son temps.

En 1516, l'Anglais Thomas More (1478-1535) publie un roman intitulé *Utopia*, dans lequel il décrit la société parfaite d'une île imaginaire. Les habitants d'Utopia vivent en démocratie et font preuve d'une grande tolérance religieuse. De plus, ces gens ne possèdent rien en propre et partagent tous leurs biens matériels : l'or et l'argent servent uniquement à forger les chaînes des prisonniers.

Passe à l'action

Portraits d'humanistes de la Renaissance

Enrichis ton exposition en classe en y ajoutant des portraits d'humanistes de la Renaissance. Indique pour chacun son origine et la période où il a vécu.

FAITS D'HIER — LE PARCOURS D'UN HUMANISTE

Qu'est-ce qu'un humaniste ? En général, l'humaniste est un homme né dans un milieu privilégié. Fils talentueux de famille noble, de commerçant ou de maître artisan, il a la chance d'avoir reçu une solide éducation, quelquefois même jusqu'à l'université.

Qu'il soit homme d'Église, professeur, fonctionnaire, médecin, ingénieur ou encore marchand, le savant humaniste partage la même passion pour l'Antiquité gréco-romaine et le développement des connaissances. Cet érudit exerce ses talents de différentes façons : il écrit des **essais** ou des romans ; il collectionne les manuscrits et les antiquités ; il enseigne à l'université ou il conseille le prince qui l'emploie ; il démontre de nouveaux savoirs ou met au point des inventions. Chose certaine, ce n'est pas un penseur retiré du monde. L'humaniste défend la liberté de discussion. Il communique ses opinions au risque d'être excommunié ou parfois même exécuté. Grâce à l'usage du latin, il entretient des relations avec ses collègues lors de ses voyages à travers l'Europe et par sa correspondance. On a d'ailleurs surnommé ce réseau de savants la « République des lettres ».

essai Ouvrage littéraire en prose, d'un style très libre, rassemblant des réflexions diverses ou traitant d'un sujet d'intérêt général.

7.12

Portrait d'Érasme par le peintre flamand Quentin Metsys, huile sur toile, 1517. L'humaniste hollandais Érasme de Rotterdam (1469-1536) a échangé des milliers de lettres avec plus de 200 correspondants. Son amour de la liberté et sa passion pour les langues anciennes l'ont amené à parcourir l'Europe de l'Angleterre à l'Italie.

La science au ralenti

La lecture des Anciens amène certains humanistes à redécouvrir les travaux des mathématiciens grecs Euclide et Pythagore. Se pourrait-il que la nature et l'Univers dans son ensemble soient soumis à des lois divines et non pas à la volonté changeante de Dieu? Les mathématiques permettraient de formuler ces lois et d'expliquer les mécanismes naturels. Les premiers à chercher ces lois universelles étaient sans doute des astrologues et des alchimistes.

Surprenant, n'est-ce pas? Tu dois savoir qu'à la Renaissance la frontière entre la science et la magie n'est pas toujours très nette. En effet, les astrologues se servent de calculs complexes pour déterminer la position et le mouvement des astres qui, d'après eux, influencent le cours des événements

7.13
Le cabinet de l'alchimiste, l'ancêtre du chimiste moderne. Tableau du peintre flamand Jan van der Straet, 1570.

7.14

La Vision de Saint Augustin de l'Italien Vittore Carpacio, huile sur toile, 1502-1507. Cette peinture montre le cabinet de travail d'un humaniste d'origine byzantine, réfugié en Italie, le cardinal Bessarion (1403-1472).

sur la Terre. Quant à ceux qui pratiquent l'alchimie, ils mesurent, mélangent et chauffent différentes matières et divers produits chimiques dans l'espoir de trouver la pierre philosophale, une substance mystérieuse qui posséderait des propriétés merveilleuses comme celle de changer les métaux en or. Ces observateurs du ciel et de la matière contribuent à la grande popularité et aux progrès des mathématiques, de la physique et de l'astronomie.

À partir du 16ᵉ siècle, les savants ne se contentent plus de réfléchir : ils passent peu à peu à l'action. À l'exemple des Grecs de l'Antiquité, ils élaborent une méthode scientifique basée de plus en plus sur l'observation de la nature et l'expérimentation. Cependant, selon les historiens,

Passe à l'action

Un instrument scientifique de la Renaissance

Complète ton exposition en classe en y ajoutant l'image d'un instrument scientifique utilisé ou inventé par des savants de la Renaissance. Rédige pour chacune une fiche descriptive indiquant l'origine et l'utilité de l'instrument.

l'admiration des humanistes pour les savoirs antiques aurait freiné l'essor de la science à la Renaissance. Pourquoi? Lorsque leurs travaux de recherche ne parviennent pas aux mêmes conclusions que celles des philosophes antiques, les humanistes refusent souvent de contredire les Anciens et rejettent leur propre démonstration. De plus, les instruments de mesure des savants humanistes sont encore grossiers et ne permettent pas d'effectuer des mesures avec précision.

Les connaissances des Anciens étaient limitées. Prenons l'exemple de la médecine. Les travaux de médecine gréco-latine étaient déjà connus des médecins du Moyen Âge. Or, les Anciens décrivaient assez bien les maladies, mais ignoraient tout du fonctionnement du corps humain. Quelques médecins osent toutefois mettre de côté les savoirs antiques. Ainsi, le Flamand André Vésale (1514-1564) et le Français Ambroise Paré (v. 1509-1590) élargissent leurs connaissances du corps humain grâce à la pratique de la dissection de cadavres.

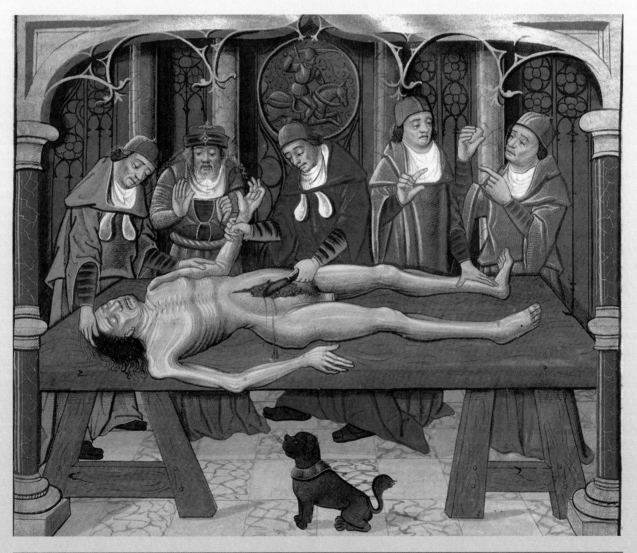

7.15
Dissection de cadavre. Extrait d'un manuscrit français du 15e siècle.

FAITS D'HIER   **LE TRIOMPHE DE LA RAISON**

Le véritable essor de la science moderne survient au 17e siècle. En effet, les humanistes ont lentement mis en place la démarche scientifique expérimentale : leurs résultats dépendaient souvent du hasard. Cette démarche finit par s'imposer grâce aux travaux de l'astronome et physicien italien Galilée (1564-1642), présentés dans le dossier suivant.

À la même époque, le mathématicien et philosophe français René Descartes (1596-1650) formule une méthode de raisonnement scientifique dans une œuvre intitulée *Discours de la méthode* pour bien conduire sa raison et chercher la vérité dans les sciences. Écrit dans un style simple et en langue française, cet ouvrage énonce une façon d'élaborer des théories scientifiques qui connaîtra un grand succès jusqu'à nos jours. Selon Descartes, seule la raison doit compter dans le domaine de la science. Un savant doit remettre en question les savoirs influencés par les préjugés et les traditions de l'Église ou de l'Antiquité. Il doit même se méfier des informations provenant de ses propres sens (vue, ouïe, toucher, goût, odorat). Après avoir tout rejeté, Descartes se rend compte qu'il ne peut s'appuyer que sur une seule vérité et lance sa célèbre phrase : « Je pense donc je suis. »

7.16

La « Pascaline », machine à calculer, 17e siècle. Bien connu pour ses travaux sur la pression atmosphérique et ses écrits philosophiques, le Français Blaise Pascal (1623-1662) invente à l'âge d'à peine 20 ans une machine à calculer pour aider son père, alors chargé de percevoir les impôts.

Cette façon de douter de tout s'appelle le doute méthodique. Il ne faut accepter que les certitudes, les « idées claires et distinctes ». Aussi Descartes applique-t-il les mathématiques à l'étude de la nature. Il vérifie ses déductions grâce à des expériences et à des démonstrations qu'il répète pour s'assurer de leur validité : la science moderne n'est plus un coup de chance !

À partir du 17e siècle, les chercheurs disposent également de meilleurs instruments, plus précis et plus variés. C'est un véritable siècle d'invention technologique : la lunette astronomique en 1609, le thermomètre vers 1640, la machine à calculer en 1644, le microscope vers 1660, et bien d'autres !

La diffusion du savoir

Au Moyen Âge, l'Église dominait la production et la diffusion des connaissances. Les monastères abritaient des bibliothèques et des écoles. Les moines copiaient les manuscrits. Les cathédrales logeaient les principales écoles urbaines. Enfin, les universités étaient aussi soumises au contrôle de l'Église. Pourtant, au milieu du 15e siècle, une révolution technologique va secouer l'Europe et le pouvoir absolu de l'Église dans le domaine du savoir.

2 TON SUJET D'ENQUÊTE

Explique en quoi les découvertes et les nouvelles idées de la Renaissance révolutionnent la diffusion du savoir.

▶ Décris comment Gutenberg améliore l'imprimerie.

▶ Trouve deux avantages de ce procédé de fabrication des livres.

▶ Décris le modèle d'éducation que proposent les humanistes.

▶ Donne deux exemples de savants qui contribuent à l'essor de la science au 17e siècle.

L'imprimerie se perfectionne

L'imprimerie existait en Chine depuis le 9e siècle. Chaque page était alors gravée sur un bloc de bois puis imprimée sur une feuille de papier. Quelques inconvénients : le bois s'usait rapidement, sculpter chaque bloc prenait un temps fou et la moindre erreur de gravure exigeait de sculpter à nouveau tout le bloc. À partir du 11e siècle, des inventeurs proposèrent des caractères mobiles en porcelaine ou en métal, c'est-à-dire des caractères individuels et réutilisables que l'on assemble pour former le texte. L'idée paraissait géniale, mais les imprimeurs lui ont préféré les techniques traditionnelles, car la langue chinoise compte des milliers de caractères différents : un véritable casse-tête pour l'imprimeur de l'époque !

Inventé par les Chinois puis introduit par les Arabes en Occident dès le 12e siècle, le papier se répand à la fin du Moyen Âge. Ce nouveau matériau à base de vieux tissus est moins coûteux et plus résistant que le parchemin. À partir du 14e siècle, la gravure sur bois, puis celle sur cuivre, apparaît en Europe. Au début du siècle suivant, les imprimeurs entreprennent de perfectionner ces techniques peu commodes. Y a-t-il des liens entre les innovations européennes et l'imprimerie développée en Asie ? Les spécialistes ne s'entendent pas sur la question, car une même invention peut très bien être mise au point à divers endroits : tu n'as qu'à penser à l'invention de l'écriture tout au début de l'Antiquité.

Passe à l'action

Des livres imprimés à la Renaissance

Complète ton exposition en classe en affichant des exemples de livres imprimés à la Renaissance. Indique leur origine, leur date de parution, la langue d'édition et explique leur contenu.

7.17

Sous les fenêtres, à gauche, des copistes corrigent le texte à imprimer. À droite, les **typographes** lisent attentivement le texte et composent les lignes une à la fois en disposant des caractères mobiles dans une réglette, appelée composteur. Les lignes sont ensuite assemblées dans une sorte de cadre pour former un texte suivi. À l'avant-plan, l'artisan de droite encre les caractères à l'aide de tampons. Une fois bien enduit d'encre, le cadre est apposé sur une feuille de papier à l'aide d'une presse à vis comme celles que tu vois des deux côtés de l'atelier. Enfin, les feuilles imprimées sont séchées puis empilées avant d'être reliées pour former un livre.

typographe Employé d'une imprimerie qui compose les textes destinés à l'impression, à l'aide de caractères mobiles.

Grâce à sa connaissance du travail du métal, l'orfèvre allemand Gutenberg (v. 1395-1468) aurait inventé des caractères mobiles très résistants vers 1440. Ces caractères, placés sur un cadre, composent la page à imprimer. On obtient ainsi une plaque d'impression qui est ensuite enduite d'encre. L'imprimeur presse la plaque sur une feuille de papier dans une presse à vis, inspirée de celle qu'utilisent les vignerons pour presser le raisin. Résultat? Il devient maintenant possible d'imprimer la même page des centaines et des milliers de fois. De plus, les caractères de métal peuvent être réutilisés pour composer d'autres pages.

AUJOURD'HUI

Décris une technique de reproduction de documents qui n'existait pas à la Renaissance.

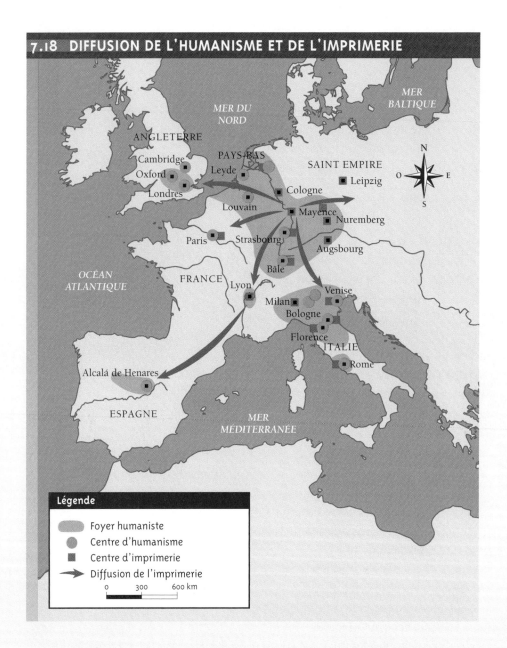

7.18 DIFFUSION DE L'HUMANISME ET DE L'IMPRIMERIE

MER DU NORD

MER BALTIQUE

ANGLETERRE

Cambridge
Oxford
Londres

PAYS-BAS
Leyde

SAINT EMPIRE

Leipzig

Cologne

Louvain

Mayence
Nuremberg

Paris
Strasbourg

Augsbourg

OCÉAN ATLANTIQUE

FRANCE

Bâle

Lyon

Venise

Milan
Bologne

Florence
ITALIE

Rome

Alcalá de Henares

ESPAGNE

MER MÉDITERRANÉE

Légende

Foyer humaniste
Centre d'humanisme
Centre d'imprimerie
Diffusion de l'imprimerie

0   300   600 km

opinion

Devrait-on limiter la liberté d'expression ?

La technologie se diffuse en Allemagne puis en Italie et gagne enfin de nombreuses villes dans tout l'Occident. Alors qu'on avait publié quelques milliers de livres manuscrits tout au long du Moyen Âge, voilà qu'entre 1450 et 1500 près de vingt millions de livres sortent des ateliers d'imprimerie ! On imprime d'abord des Bibles et différents ouvrages religieux. Puis, très tôt, les érudits constatent que le livre imprimé est un instrument formidable pour faire circuler les nouvelles idées. Les auteurs de l'Antiquité et les écrits des humanistes sont bientôt diffusés partout en Europe, pour le plus grand plaisir des nobles et des riches bourgeois instruits qui se constituent des bibliothèques privées. Autrefois rare et d'un prix élevé, le livre se multiplie et devient plus abordable.

S'épanouir par l'éducation

Souviens-toi que les humanistes ont une grande confiance dans les capacités de l'être humain. Celui-ci peut s'épanouir et s'améliorer grâce aux connaissances qu'il acquiert. Tu comprends donc que ces savants européens accordent beaucoup d'importance à l'éducation. Cependant, ils n'hésitent pas à critiquer l'enseignement médiéval. Pour Érasme, l'école du Moyen Âge est un « séjour de tristesse », une « galère » et même une « chambre de torture ».

Depuis longtemps, les enfants les plus riches bénéficient d'un précepteur ou fréquentent les écoles des monastères, alors que d'autres entrent en apprentissage chez un maître artisan. À la fin du Moyen Âge, de petites écoles tenues par des religieux se multiplient autant à la ville que dans les villages. Les enfants y apprennent les bases de la lecture, de l'écriture, du calcul et de la religion. Petit à petit, la salle de l'école se dote de bancs et de manuels scolaires. Attention, l'accessibilité à l'école n'est pas la même pour tous ! Être un garçon, habiter la ville et vivre dans une famille aisée, par exemple, augmente les chances d'un enfant de fréquenter l'école. Pour te donner une idée de la lenteur des progrès en éducation, près de 80 % des Français seront encore analphabètes à la fin du 17e siècle !

Pour les jeunes de l'élite européenne, les humanistes proposent un nouveau modèle d'éducation. Celui-ci suggère un enseignement général fondé sur l'étude des œuvres des Anciens, appelées « humanités ». Les matières enseignées se diversifient. L'élève reçoit

7.19

L'amélioration du réseau des écoles n'empêche pas les maîtres de maintenir certaines pratiques anciennes comme les châtiments corporels dénoncés par les humanistes. Extrait d'un manuscrit français du début du 16e siècle.

rhétorique   Art de bien parler.

Saintes Écritures Ensemble des textes de la Bible.

une instruction équilibrée qui développe autant son corps que son esprit. Il apprend les langues latine et grecque, il étudie la **rhétorique** et l'art de raisonner à l'aide des modèles de l'Antiquité, ainsi que les mathématiques et les sciences de la nature. De plus, il s'adonne à la musique et au théâtre. Dans son roman *Pantagruel*, publié en 1532, l'écrivain français François Rabelais (v. 1483-1553) décrit dans un style riche et comique le programme d'études humanistes que devrait suivre Gargantua, le fils de son héros Pantagruel :

Mon fils, je veux que tu emploies ta jeunesse à bien profiter de tes études et à développer tes vertus. [...] J'entends et veux que tu apprennes les langues parfaitement : premièrement la grecque, [...] secondement la latine et puis l'hébraïque pour les Saintes Écritures, de même que la chaldaïque et l'arabe [...]. Qu'il n'y ait d'histoire que tu n'aies présente à la mémoire, à quoi t'aidera la cosmographie [géographie] [...].

Des arts libéraux, géométrie, arithmétique et musique, je t'ai donné quelque goût lorsque tu étais encore petit [...] : poursuis le reste. De l'astronomie, saches-en toutes les lois [...].

Du droit civil, je veux que tu saches par cœur les beaux textes et que tu me les récites avec philosophie.

Et quant à la connaissance des faits de la nature, je veux que tu t'y adonnes avec curiosité [...].

François Rabelais, Pantagruel, chapitre 8, 1532.

FAITS D'HIER   LES OUBLIÉES DE L'HUMANISME

Au fil de l'histoire, les femmes ont souvent été limitées dans leurs droits et leurs capacités de s'épanouir : celles de la Renaissance ne font pas exception. Les filles fréquentent des écoles où elles apprennent les mêmes bases que les garçons (lecture, écriture, calcul et religion). En revanche, les religieuses leur montrent surtout à devenir de bonnes épouses en leur enseignant la discrétion ainsi que les travaux ménagers comme le filage, la couture et la broderie. Voilà qui est bien loin du programme d'études humanistes ! Même parmi les nobles et les nanties, rares sont celles qui approfondissent leurs connaissances. On connaît cependant quelques femmes humanistes, comme Marguerite de Navarre (1492-1549), à la fois reine et écrivaine, et Louise Labé (v. 1524-1566), fille d'artisan et poétesse.

7.20

Portrait de Louise Labé. Gravure sur bois, 1555.

CITOYEN, CITOYENNE

L'éducation pour s'épanouir et s'améliorer

Les humanistes de la Renaissance, en reconnaissant aux êtres humains le droit de développer leur aptitude à apprendre, ont démontré l'importance de l'éducation pour permettre aux gens de s'épanouir. Au fil du temps, cet accès au savoir a été jugé à ce point fondamental par les membres de ta société, que l'éducation est de nos jours obligatoire pour tous les citoyens jusqu'au secondaire.

Contrairement à l'époque de la Renaissance, où l'instruction était réservée à une élite sociale, tous les enfants d'aujourd'hui reçoivent un enseignement de base dans des institutions dont la mission est de développer leur capacité d'apprendre, de réfléchir et de créer. Pour ce faire, et à l'image du modèle proposé par les humanistes de la Renaissance, les élèves étudient une variété de matières qui les aideront à se faire une meilleure idée du monde, à développer leurs talents et à choisir une carrière à la mesure de leurs aspirations. Une fois cette formation de base acquise, il est possible de continuer ses études en choisissant un secteur d'activités professionnelles qui correspond à ses goûts et à ses valeurs.

Cette facilité d'accès au savoir permet à tous, sans distinction, d'avoir un certain contrôle sur leur existence, et donne à chacun l'opportunité de contribuer à l'amélioration des conditions de vie des autres membres de sa communauté et même des autres humains de la planète.

Question citoyenne

Explique comment le système d'éducation actuel t'aide à développer tes talents et à choisir une carrière.

2 Le renouvellement de la religion

Alors même que le monde des idées se transforme, les chrétiens d'Occident sont à la veille de vivre une véritable révolution : la division de leur Église au début du 16ᵉ siècle. Les humanistes ne sont pas les inspirateurs de cette rupture mais, par leurs études et leurs réflexions, ils participent à ce mouvement de réforme. Qui sont donc ces réformateurs que l'on nomme les « protestants » ? À quoi ressemble la nouvelle religion réformée ? Quelle est la réponse de l'Église catholique ? Dans les pages qui suivent, découvre les premiers pas du protestantisme, un christianisme plus fidèle à ses origines. Et mets en lumière les efforts de l'Église catholique pour se renouveler.

haut clergé Les dirigeants de l'Église : pape, cardinaux, évêques.

La naissance du protestantisme

Avec la découverte de l'Amérique par Christophe Colomb, la nouvelle rupture de la chrétienté au 16ᵉ siècle constitue un des événements majeurs de l'époque moderne. Cette division religieuse entraînera des conséquences non seulement pour l'Église, mais aussi pour les sociétés européennes dans leur ensemble.

3 TON SUJET D'ENQUÊTE

Décris la situation problématique de l'Église chrétienne occidentale à la Renaissance.

▶ Énumère des reproches faits à l'Église catholique par ses fidèles.

▶ Explique comment les humanistes conçoivent le rôle de l'Église.

▶ Décris l'événement qui choque Martin Luther en 1517 et quelles en furent les conséquences.

▶ Décris en quoi consistent les nouvelles Églises chrétiennes que proposent Martin Luther et Jean Calvin.

Les causes de la Réforme

Les causes de la rupture religieuse sont présentes depuis déjà quelque temps. Souviens-toi que dès le 13ᵉ siècle les absences répétées des évêques et l'ignorance des curés soulevaient l'indignation de la population. Au fil des siècles, ces abus persistent. À la fin du Moyen Âge, les curés des campagnes sont toujours aussi ignorants : ils récitent par cœur des textes en latin qu'ils ne comprennent même pas ! Plusieurs membres du **haut clergé** mènent une vie semblable à celle des princes et des grands seigneurs. Ils se préoccupent davantage de leurs richesses et d'affaires politiques que de la bonne marche de l'Église.

7.21
Le pape Alexandre VI vêtu
d'or et de pierres précieuses.
Détail d'une fresque de
l'Italien Il Pinturicchio, palais
du Vatican, 1493.

Il arrive souvent que le clergé détourne la dîme, cet impôt sur les récoltes
qui doit assurer la subsistance des curés, l'entretien des églises et le secours
aux plus pauvres. Dans les faits, l'argent sert surtout à enrichir les évêques
et les monastères. Or, les gens se plaignent que la majeure partie de la dîme
ne revient pas dans leur paroisse.

Ces inconduites n'expliquent pas tout. Rappelle-toi que le Moyen Âge
s'achève dans un climat de crise : la Peste noire, les guerres, les famines ainsi
que la menace des Turcs musulmans à la frontière orientale de l'Europe.
La population s'inquiète, car elle s'imagine que ces catastrophes sont des
punitions de Dieu. De plus, des rumeurs annoncent la fin du monde pour
bientôt ! Tu comprends que, dans ce contexte, les catholiques ont un besoin
urgent d'être rassurés, car chacun se pose les mêmes questions : « Serai-je
sauvé ? Irai-je au paradis ? »

Un nouveau schisme

indulgence Pardon imposé par l'Église à celui ou celle qui a commis un péché, un manquement aux règles religieuses.

Les humanistes dénoncent les abus du clergé et proposent des solutions. Ils aimeraient que l'Église limite ses activités aux seules choses de la religion. Les clercs ne devraient pas imposer leurs préjugés dans les domaines de la science, de la philosophie, de la politique ou encore des arts. Dieu n'a-t-il pas donné à l'être humain toute la liberté de se développer lui-même ? Inspirés par la redécouverte des textes anciens de la Bible, les humanistes souhaitent une religion plus simple et plus personnelle, fidèle aux pratiques des premiers chrétiens. Bien que les humanistes parviennent à influencer le renouvellement de la religion chrétienne, leur réponse à l'inquiétude du moment ne rejoint pas la majorité de la population.

En fait, la réponse viendra d'un moine allemand nommé Martin Luther (1483-1546). Professeur de théologie dans une université allemande, Luther est lui-même inquiet de son propre salut. Il se questionne sur la meilleure façon de parvenir au paradis. Pour ce prêtre angoissé, le salut de l'âme ne dépend pas de l'équilibre entre les fautes et les pénitences (prières, pèlerinages, dons en biens ou en argent). Seule la foi en Dieu peut sauver.

Aussi, lorsqu'un beau jour de 1517, un moine dominicain arrive dans sa région pour « vendre » des **indulgences**, Luther est profondément choqué. L'argent recueilli doit servir à financer la construction de la somptueuse église Saint-Pierre de Rome, commandée par le pape Léon X. Pour Luther, c'est la goutte qui fait déborder le vase. Il rédige une critique mordante de l'Église où il condamne ce trafic d'indulgences. Luther affirme que seul Dieu peut pardonner les fautes et non pas le pape, que la Bible constitue le seul trésor de l'Église et non pas l'or accumulé et les églises majestueuses. Luther n'a pas l'intention de diviser l'Église, il veut la réformer, la renouveler. Mais sa critique est très mal accueillie par Léon X, qui l'excommunie en 1521.

7.22

Luther, à droite, brûlant des écrits de l'Église catholique. Gravure en couleurs, 1557.

7.23

Le temple protestant affiche une architecture et un décor d'une grande simplicité où seule la croix peut être représentée. Le pasteur s'adresse directement aux fidèles dans leur langue et non pas en latin. Temple français, huile sur bois, 16ᵉ siècle.

Le pape provoque alors la rupture définitive entre l'Église catholique et l'Église réformée de Luther. Rappelle-toi qu'au 11ᵉ siècle la chrétienté avait déjà subi le schisme d'Orient, qui l'avait divisée en Église catholique et en Église orthodoxe.

Que signifie cette réforme lancée par Luther pour les chrétiens d'Occident? La nouvelle Église rejette l'autorité du pape. En fait, il n'y a plus de hiérarchie: les chrétiens sont tous égaux par le seul fait de leur baptême. Les **pasteurs** luthériens se contentent de prêcher les Saintes Écritures et d'administrer les sacrements. Ils ont le droit de se marier. De plus, le clergé perd du pouvoir car la Bible devient la seule autorité; comme tous doivent pouvoir la lire et l'étudier, elle est traduite en langue vulgaire. Quant au salut de l'âme, il ne se gagne plus par les bonnes œuvres, c'est-à-dire les bonnes actions (**aumône**, prières, pèlerinages, dons à l'Église, etc.), mais par la seule croyance sincère en Dieu. Aussi les partisans de Luther rejettent-ils l'adoration des saints, de la Vierge Marie, la mère du Christ, et de leurs reliques.

pasteur Ministre, personne responsable du culte chez les protestants.

aumône Don fait aux pauvres.

Passe à l'action

Chefs et réformateurs des Églises chrétiennes

Enrichis encore l'exposition en classe en y ajoutant des images représentant des chefs et réformateurs des Églises chrétiennes de l'Europe à la Renaissance. Indique pour chacun son origine, son rôle et la période où il a vécu.

Les succès du protestantisme

L'Église réformée de Luther obtient un succès rapide grâce à la prédication. De plus, l'imprimerie accélère la diffusion des nouvelles idées religieuses. Le luthéranisme se répand d'abord en Allemagne, appelée alors le Saint Empire germanique. Bien que l'empereur Charles Quint interdise la liberté de religion, certains princes soutiennent Luther et protestent contre la condamnation impériale. Cette protestation des princes allemands est à l'origine du nom « protestants » que l'on donne aux adeptes de la nouvelle religion chrétienne. Le protestantisme de Luther gagne ensuite le nord de l'Europe, puis s'implante en Suède et au Danemark où il devient la religion officielle.

À la suite de Luther, d'autres réformateurs organisent leur propre religion. Y aurait-il donc plusieurs Églises chrétiennes réformées ? Eh oui, et leurs différences ne sont pas toujours faciles à saisir. Certaines demeurent plus proches du catholicisme, d'autres s'inspirent du luthéranisme et d'autres

7.24 LES DIVISIONS RELIGIEUSES EN EUROPE À LA FIN DU 16ᵉ SIÈCLE

Légende

Les protestants
- Luthériens
- Calvinistes
- Anglicans

Les catholiques
- Catholiques

0   400   800 km

7.25
Portrait de Jean Calvin.

encore suivent la **doctrine** plus stricte du réformateur français Jean Calvin (1509-1564). Pour Calvin, les fidèles doivent remercier Dieu de leur accorder le salut en menant une vie simple et irréprochable. Calvin encourage le travail et la réussite en affaires. Cependant, le luxe et les divertissements comme le théâtre, la danse ou le chant populaire sont défendus. Le calvinisme se développe d'abord en France, en Suisse et aux Pays-Bas. Les idées de Calvin influenceront la réforme en Écosse, en Angleterre ainsi que dans certaines régions du Saint Empire germanique.

doctrine Ensemble des principes, des croyances et des opinions d'une religion.

AUJOURD'HUI
Qui est l'actuel chef de l'Église anglicane ?

FAITS D'HIER   HENRI VIII CONTRE CLÉMENT VII

Au début des années 1530, le royaume d'Angleterre adopte le protestantisme dans des circonstances assez particulières. Qu'est-ce qui peut bien pousser un roi catholique convaincu à rompre avec le pape ? En fait, rien de très religieux : la politique et l'amour. Henri VIII veut faire annuler son mariage car sa femme, Catherine d'Aragon, n'a pas donné naissance à un héritier mâle pour le trône d'Angleterre. De plus, le roi éprouve une forte passion pour Anne Boleyn, une dame d'honneur de la reine qu'il veut épouser. Or, le pape Clément VII refuse d'annuler ce mariage. Henri VIII n'accepte pas ce refus. Il rejette l'autorité du pape et se fait proclamer chef de l'Église nationale d'Angleterre par le Parlement.

Dans l'immédiat, le geste du roi ne change pas grand-chose à la religion pratiquée en Angleterre. Ce n'est que trente ans plus tard, sous le règne d'Élisabeth Iʳᵉ, que la réforme protestante s'imposera. L'anglicanisme deviendra alors un assemblage original d'institutions catholiques et de doctrine calviniste.

7.26
Henri VIII peint par l'Allemand Holbein le Jeune. Huile sur bois, 1540, palais Barberini, Rome.

AILLEURS

DES ÉTRANGERS INQUIÉTANTS

La fin du Moyen Âge japonais au 16e siècle est marquée par l'arrivée des premiers Européens. Des navires de commerce portugais accostent dans le sud du Japon en 1543. Les échanges commerciaux se développent alors. Des missionnaires catholiques y débarquent aussi pour tenter de christianiser la population. Déchirés par la guerre civile, les seigneurs japonais apprécient les armes à feu de même que la nourriture, les vêtements et les objets de luxe des Occidentaux. Pour leur part, les Portugais, les Espagnols et les Hollandais recherchent la soie **grège** ainsi que les ressources métalliques du Japon comme l'argent et le cuivre.

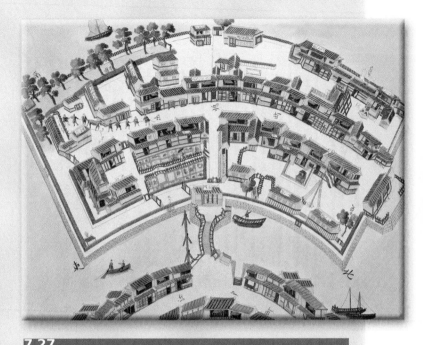

7.27

À partir de 1639, seuls les Chinois non chrétiens et les Hollandais peuvent continuer à commercer avec les Japonais, mais uniquement sur la petite île artificielle de Deshima, dans le port de Nagasaki. Gravure d'Isaac Titsingh, Pays-Bas, début du 19e siècle.

Les relations entre les Japonais et les Européens touchent aussi l'éducation et les technologies. Les prêtres catholiques fondent des collèges où ils enseignent la médecine, l'astronomie et la géographie. De plus, les Japonais s'intéressent à la construction de navires à la manière occidentale. Ainsi, en 1600, un marin anglais nommé William Adams construit deux navires à voile pour le compte du shogun Ieyasu. D'abord soupçonné de piraterie, Adams deviendra le premier samouraï étranger au service des Tokugawa. Il mourra au Japon en 1620. Le roman *Shogun* de James Clavell, publié en 1975, est inspiré de façon très libre du séjour d'Adams au Japon.

La présence des « barbares » européens devient rapidement une source d'inquiétude pour les dirigeants japonais. Pourquoi ? Parce que le shogun ne veut pas que les armes à feu profitent à ses adversaires. De même, des privilèges commerciaux accordés aux Européens par certains seigneurs sont considérés comme trop généreux. Enfin, on n'approuve pas du tout la destruction par les chrétiens de lieux de culte bouddhistes et **shintoïstes**.

Dès 1587, une première interdiction frappe les missionnaires catholiques. Une vingtaine d'années plus tard, de sanglantes persécutions s'abattent sur tous les chrétiens du Japon. À partir de 1639, le Japon ferme ses portes aux étrangers, et même aux Japonais qui ne peuvent plus dès lors ni émigrer ni rentrer au pays ! Cette situation persistera pendant plus de 200 ans.

grège Se dit de la soie brute, telle qu'on l'a tirée du cocon du ver à soie sans la transformer.

shintoïste Relatif au shintoïsme, religion polythéiste du Japon qui attribue une âme aux éléments de la nature (animaux, minéraux, végétaux, astres, etc.).

Une réforme toute catholique

Face aux critiques, l'Église catholique passe à l'action avant même la rupture des protestants. Les anciens ordres religieux rétablissent une discipline plus ferme. Et certains membres du haut clergé, comme le cardinal humaniste Nicolas de Cuse, tentent de mettre fin aux abus de leurs collègues. Cependant, ce sont les gestes de Luther qui avivent les efforts de redressement à l'intérieur de l'Église.

Des ordres religieux dynamiques

On assiste à la création de nouveaux ordres religieux mieux adaptés aux exigences du monde moderne. Poussés par la Réforme protestante, ces hommes et ces femmes s'appliquent à renouveler l'Église catholique. Fondée en 1540 par l'Espagnol Ignace de Loyola, la Compagnie de Jésus choisit ses membres avec soin et leur donne une solide formation religieuse et humaniste. Ces religieux instruits, appelés jésuites, prêchent autant dans les villes qu'à la campagne afin de combattre l'ignorance religieuse. Ils ouvrent aussi de nombreux collèges et organisent des missions à l'extérieur de l'Europe dans des régions aussi lointaines que le Japon ou le Brésil.

4 TON SUJET D'ENQUÊTE

Explique la réaction de l'Église chrétienne face au protestantisme.

▶ Définis ce qu'est un concile.

▶ Énumère des moyens que l'Église catholique met de l'avant pour améliorer sa situation.

▶ Décris comment les catholiques traitent les protestants à la Renaissance.

7.28

Intérieur du Gesù, église de la Compagnie de Jésus à Rome, 16e siècle. Pour l'Église catholique, rien n'est trop beau ni trop spectaculaire pour rendre gloire à Dieu. À la fin du 16e siècle, le style très orné des nouvelles églises cherche à impressionner les fidèles.

Ursule   Personnage légendaire de la tradition chrétienne. Princesse originaire d'Angleterre au 2ᵉ siècle, Ursule aurait été massacrée par les Huns lors de son retour d'un pèlerinage à Rome.

concile   Assemblée des évêques réunis pour décider des questions de doctrine, de morale ou de discipline.

séminaire   Établissement d'enseignement où sont formés les futurs prêtres.

catéchisme   Livre contenant la doctrine catholique énoncée sous la forme de questions et de réponses.

Du côté des femmes, la communauté la plus connue est sans doute celle des Ursulines, créée sous le nom de Compagnie de sainte **Ursule** en 1535. C'est l'Italienne Angèle Merici qui fonde cet ordre religieux destiné à la formation des jeunes filles.

La lente réaction du haut clergé

Les dirigeants de l'Église catholique entreprennent leur propre réforme avec beaucoup de retard. En 1545, le pape Paul III convoque un **concile** à Trente, une ville du nord de l'Italie actuelle. Après de nombreuses interruptions, le concile termine enfin ses travaux en 1563. Résultats ? Les évêques réaffirment les croyances et les pratiques religieuses des catholiques. Côté discipline du clergé, le concile rappelle aux évêques et aux prêtres leurs obligations : présence obligatoire dans le diocèse ou la paroisse, célibat, prédication, etc. On reconnaît l'importance d'une meilleure formation pour les prêtres par la création de **séminaires**. On admet aussi que les croyants devraient mieux connaître leur religion. Aussi l'Église édite-t-elle un **catéchisme** pour faciliter l'enseignement religieux. Malgré un effort de renouvellement, ces mesures ne parviendront pas à rétablir l'unité de l'Église.

AUJOURD'HUI

Quand le dernier concile de l'Église catholique romaine a-t-il eu lieu et de quoi y a-t-il été question ?

CITOYEN, CITOYENNE

Des sociétés démocratiques et humanistes

En reconnaissant à chacun la possibilité d'apprendre, de réfléchir et de créer, les humanistes de la Renaissance accordaient aux gens un pouvoir et une liberté d'agir. Cette liberté d'agir fait encore partie du rôle des citoyens, qui doivent participer au bon fonctionnement de la société dans laquelle ils vivent. Ainsi, chacun est tenu, entre autres, d'entretenir sa propriété, de respecter l'environnement et son voisinage et de payer ses impôts. Le citoyen a aussi le droit de choisir ses représentants politiques et de faire entendre ses opinions. Ayant l'entière liberté de ses choix, il doit aussi en assumer les conséquences. Pour que la vie en société fonctionne, le citoyen doit faire preuve d'un sens des responsabilités en étant conscient de ses choix personnels. Les valeurs humanistes mises de l'avant dans ta société débouchent donc sur une forme de solidarité sociale. Chaque citoyen fait partie d'un groupe et ce groupe est influencé par les actions de chacun de ses membres.

Question citoyenne

Donne un exemple qui démontre que l'irresponsabilité d'un individu peut affecter les autres membres de sa communauté.

Action citoyenne

Organise avec tes camarades une campagne de promotion de la solidarité sociale. Réalisez des affiches ou des messages pour la radio étudiante.

FAITS D'HIER — QUERELLES ET INTOLÉRANCE RELIGIEUSES

Au 16ᵉ siècle, l'introduction d'une nouvelle religion en Europe cause de nombreux conflits. L'Église catholique n'accepte pas l'existence des autres religions. Que ce soit dans le Saint Empire germanique, en France ou en Angleterre, les succès du protestantisme entraînent des persécutions, des massacres et des guerres civiles.

sage-femme Femme dont le métier est de voir au bon déroulement de la grossesse des femmes et de pratiquer des accouchements.

À la même époque, les tribunaux de l'Inquisition poursuivent les juifs et les musulmans demeurés en Espagne à la suite de la conquête des catholiques. L'Inquisition condamne aussi certains protestants et se lance dans une redoutable chasse aux « sorcières ». Entre 1580 et 1630, environ 50 000 personnes accusées de sorcellerie vont mourir sur le bûcher. Près de 90 % d'entre elles sont des femmes. Veuves, **sages-femmes**, guérisseuses, ces femmes détiennent souvent un savoir traditionnel qui échappe au contrôle de l'Église et attire la méfiance. On les tient responsables des malheurs de la communauté telles les épidémies et les mauvaises récoltes. Comme tu peux le constater, les progrès de la pensée et de la science n'empêchent pas des hommes d'Église et des humanistes de croire que ces femmes innocentes trafiquent avec le diable…

opinion

Pourquoi la liberté de culte est-elle importante ?

7.29

Massacre de la Saint-Barthélemy, de François Dubois, un protestant français réfugié en Suisse. Huile sur bois, 16ᵉ siècle, musée des Beaux-Arts de Lausanne en Suisse.

FAITS D'HIER

LA SOIE DÉVOILÉE

Au 3e millénaire avant Jésus-Christ, une souveraine chinoise prenait le thé sous un mûrier, dans le jardin de son palais. Un cocon de ver à soie serait tombé dans son thé chaud. Surprise, la dame tenta de saisir le cocon, mais il se déroula en un long fil délicat. Elle venait de découvrir la soie ! Bien qu'il s'agisse d'une légende, les historiens s'entendent sur les origines chinoises de la **sériciculture** et du tissage de la soie.

> **sériciculture** Élevage du ver à soie, la chenille du papillon bombyx du mûrier.

Il faut attendre le 6e siècle pour que s'évente le secret de la fabrication de la soie. Deux missionnaires byzantins postés en Chine ramènent illégalement à Constantinople des cocons de ver à soie et des semences de mûrier blanc dont les feuilles servent à nourrir le précieux ver. Encore longtemps gardé, le secret de la sériciculture ne pénètre en Occident qu'à l'époque des croisades au 12e siècle. À la fin du Moyen Âge, les villes du nord de l'Italie comme Lucques, Florence et Venise sont réputées pour la grande finesse de leurs soieries.

7.30

Dévidage (déroulement) des cocons dans une magnanerie, endroit où l'on élève le ver à soie. Gravure du Flamand Jean Stradan, 16e siècle.

3 Le renouvellement des arts

Comme la pensée, les arts d'Occident connaissent un profond renouveau à partir du 14e siècle. Marquée par la redécouverte des œuvres de l'Antiquité, cette renaissance artistique apparaît d'abord dans les riches cités-États italiennes puis se propage dans toute l'Europe. Peintres et sculpteurs recherchent une nouvelle façon de représenter le monde en imitant la nature et en reproduisant la beauté du corps humain.

L'Église finance toujours une large part de la production artistique, mais les nobles et les grands bourgeois s'intéressent aussi à l'art. Influencés par les modèles italiens, ces privilégiés adoptent un mode de vie plus raffiné. Pour répondre à ce nouveau goût du beau et du confort, les artistes de la Renaissance réalisent de plus en plus d'ouvrages **profanes**.

profane Qui est étranger au religieux (opposé à religieux, sacré).

Orient À l'époque moderne, l'Orient englobe l'Asie, la partie européenne de l'ancien Empire byzantin ainsi que le nord de l'Afrique.

La Renaissance, fille d'Italie

Souviens-toi qu'à l'époque les cités-États d'Italie comme Gênes ou Venise contrôlent le commerce international avec l'**Orient**. De plus, l'artisanat textile de la laine et de la soie fait la fortune des grandes familles commerçantes italiennes. Celles-ci dominent aussi la vie politique. Dans ce contexte économique favorable, chaque cité, fière de sa fortune et de son indépendance, cherche à renforcer son prestige par la beauté de ses monuments. Quelle ville aura l'église la mieux ornée ? Quelle autre aura l'édifice le plus élevé ? Quelle famille fera construire le palais le plus somptueux ?

L'art au service des grands

La Renaissance prend ses racines dans la ville de Florence d'abord, puis à Venise et à Rome [➔ carte 7.37, p. 41]. Les dirigeants de ces petits États ainsi que les membres du haut clergé, les banquiers et les grands commerçants constituent une clientèle très intéressante pour les artistes. On se dispute les plus talentueux pour faire construire, décorer ou rénover sa résidence et sa chapelle, ou encore pour faire peindre son portrait.

5 TON SUJET D'ENQUÊTE

Décris l'activité artistique à la Renaissance italienne.

▶ Décris en quoi la vision artistique se modifie à la Renaissance italienne.

▶ Explique comment les œuvres artistiques de la Renaissance sont financées.

▶ Définis le mot *mécène* et décris le rôle de ce personnage à la Renaissance.

▶ Décris comment s'apprend le métier d'artiste à la Renaissance.

7.31
Au centre, « il Duomo », le dôme de la cathédrale Sainte-Marie-des-Fleurs de Florence, construit par l'architecte Filippo Brunelleschi entre 1421 et 1434. Inspirée par le Panthéon de Rome, cette coupole de 42 mètres de diamètre qui s'élève à plus de 100 mètres du sol constitue un véritable exploit technique pour l'époque.

Cette forte demande pour les artistes de talent encourage le mécénat. Qu'est-ce donc au juste qu'un mécène ? C'est un riche personnage qui met sa fortune au service d'artistes et d'humanistes renommés. En échange d'un salaire régulier, ces derniers accomplissent des projets artistiques ou scientifiques pour le compte de leur bienfaiteur. À Florence, la puissante famille des Médicis pratique le mécénat avec générosité. Si tu jettes un coup d'œil sur leur arbre généalogique, tu y trouveras des banquiers, des commerçants, des hommes politiques, des reines et même des papes ! Les deux plus célèbres mécènes de cette famille florentine sont sans doute Côme l'Ancien (1389-1464) et Laurent dit le Magnifique (1449-1492). Côme fonde des bibliothèques et une académie où se rencontrent les savants de l'époque, sur le modèle de l'Académie du philosophe grec Platon. Son petit-fils, Laurent, protège des penseurs comme Pic de La Mirandole et des artistes comme Sandro Botticelli (1446-1510).

7.32
Pietà de Michel-Ange Buonarroti, vers 1500, marbre, basilique Saint-Pierre de Rome, Vatican. À peine âgé de 25 ans, Michel-Ange sculpte ce chef-d'œuvre pour l'ambassadeur de France à Rome. Michel-Ange façonnera deux autres pietà au cours de sa carrière.

Comme tu peux le remarquer, dès le 15ᵉ siècle, l'artiste de talent devient une véritable vedette ! Tout au long du Moyen Âge, l'artisan se contentait d'être un travailleur anonyme, simple membre d'une guilde. On ne connaît pas le nom des sculpteurs ou des maîtres verriers qui ont décoré les cathédrales, ni celui des **enlumineurs** qui ont illustré les manuscrits. À la Renaissance, certains artistes comme Michel-Ange Buonarroti (1475-1564) et Léonard de Vinci (1452-1519), peintre de la fameuse *Joconde*, connaissent un immense succès et attirent autant le respect que les plus grands savants. À la fois sculpteur, peintre, architecte et poète, Michel-Ange gagne très bien sa vie. Au cours de son existence, il étudiera la sculpture chez les Médicis et remplira des commandes pour le conseil de ville de Florence. Cet artiste de génie deviendra aussi le protégé du pape Jules II ainsi que de son successeur, Paul III.

pietà   Statue ou tableau représentant Marie tenant sur ses genoux son fils Jésus, mort, détaché de la croix.

enlumineur   Artisan spécialisé dans l'enluminure, lettre peinte ou dessin miniature ornant les manuscrits anciens et les livres religieux.

tempera   Procédé de peinture qui utilise une couleur délayée dans de l'eau additionnée de colle ou d'œuf, appelé aussi détrempe.

AUJOURD'HUI
Décris la collection d'un grand musée du monde actuel.

7.33

La Naissance de Vénus de Sandro Botticelli, vers 1485, **tempera** sur toile, galerie des Offices de Florence, Italie. Cette œuvre a été commandée par la famille des Médicis pour orner leur villa à proximité de Florence.

AILLEURS

VILLE DE COUR, VILLE DE POUVOIR

Au Japon comme en Europe, le pouvoir et la richesse favorisent le développement des arts dans les centres urbains. Fondée depuis le 8e siècle, la ville de Kyoto demeure longtemps le cœur politique du Japon. Pendant plus de 1000 ans, la ville devient le lieu de résidence de l'empereur. Les arts se développent afin de divertir la **cour** impériale et de répondre à son goût de luxe. Ainsi, l'empereur encourage la littérature, surtout la poésie, la peinture et l'architecture. L'aménagement des jardins devient un art. Et de magnifiques temples de bois ornés de statues se multiplient dans la capitale et les environs.

À partir du 14e siècle, Kyoto devient aussi le siège du gouvernement du shogun. L'arrivée de l'élite militaire redonne un nouvel essor au monde artistique. Influencés par la pensée bouddhiste de l'époque, les artistes japonais recherchent la beauté dans la simplicité : on se met à peindre à l'encre noire sans couleurs, on aménage les jardins et les résidences de façon très dépouillée, sans ornements. Des formes d'art aux règles souvent très strictes, comme le théâtre nô et la cérémonie du thé, jouissent d'une solide popularité auprès de l'aristocratie.

Au début du 17e siècle, Tokugawa Ieyasu déplace sa capitale à Edo, l'actuelle ville de Tokyo. Pour mieux contrôler les grands seigneurs du pays, le shogun les oblige à venir habiter cette ville plusieurs mois par année. Le calme politique et la présence de toute cette noblesse guerrière entraînent la prospérité des marchands d'Edo. De nouvelles formes d'art recueillent un grand succès auprès de cette élite commerçante. On apprécie beaucoup, par exemple, le théâtre de marionnettes ou encore les **estampes** qui représentent des scènes de la vie quotidienne.

cour Résidence du souverain et de son entourage.

estampe Image imprimée sur du papier ou de la soie au moyen d'une planche de bois gravée.

7.34

Le théâtre nô mêle le jeu des acteurs, la danse, le chant et la musique. Il n'y a pas d'actrice nô, tous les rôles sont joués par des hommes. Cette forme de théâtre au décor très simple plaît beaucoup à la classe militaire japonaise.

Nouveaux modèles, techniques perfectionnées

En Italie, la redécouverte des textes gréco-romains et la mise au jour des vestiges de la Rome impériale frappent l'imagination des artistes. L'art du Moyen Âge leur apparaît alors comme maladroit et grossier. Voilà pourquoi ils le qualifient de « gothique », c'est-à-dire propre aux Goths, ces peuples germaniques qui avaient envahi l'Europe au 5ᵉ siècle. Conséquence : alors que l'on s'efforce de conserver les ruines latines, on commence à détruire des édifices médiévaux.

Que ce soit une statue trouvée lors d'une fouille, un temple à moitié enfoui dans le sol ou un ouvrage d'architecture repéré dans une bibliothèque, les œuvres de l'Antiquité deviennent le modèle à suivre et même à dépasser. Il ne s'agit pas simplement de réaliser des imitations. On cherche à faire revivre les techniques artistiques des Anciens, à appliquer leurs règles de construction et à retrouver toute l'harmonie des formes antiques.

lignes de fuite

ligne d'horizon

point de fuite

7.35

L'architecte et humaniste Leon Battista Alberti (1404-1472) propose une méthode toute simple pour construire une image en perspective, un système basé sur un point de fuite situé à la hauteur de l'artiste et un réseau de lignes de fuite. Voici un exemple tracé à partir d'un tableau de Raphaël, *Le Mariage de la Vierge*. Huile sur bois, 16ᵉ siècle.

anatomie   Étude scientifique, par la dissection, de la forme, de la disposition et de la structure des organes du corps humain.

dégradé   Aspect produit par la diminution graduelle d'une couleur.

pigment   Substance colorée extraite des plantes ou des minéraux, souvent sous forme de poudre.

doreur   Artisan dont le métier est d'appliquer une couche d'or sur le bois ou le métal.

7.36

Menuisiers, peintres ou **doreurs** sortent régulièrement de leur atelier pour décorer les églises et les palais. Voici la reconstitution d'un chantier de peinture à Rome au début du 16e siècle.

L'artiste base dorénavant son travail sur l'observation de la nature et de l'être humain. Il compte maintenant sur les sciences comme les mathématiques, la physique et l'**anatomie** pour l'aider à mieux exprimer la réalité. Grâce à la géométrie et au **dégradé** des couleurs, l'artiste peut créer l'illusion d'un espace en trois dimensions : le volume d'un objet (la rondeur d'un visage ou les plis d'un vêtement) et la profondeur du décor ou d'un paysage. Cette manière d'imiter l'image que perçoit l'œil humain s'appelle la perspective. De plus, l'artiste s'efforce d'exprimer avec réalisme les émotions des personnages ainsi que la beauté de leurs corps. À l'époque, cette illusion de vie et de réalité fascine les spectateurs.

Comme l'artisan, l'artiste de la Renaissance travaille dans un atelier. Depuis des générations, les secrets de la peinture, de la sculpture ou de l'orfèvrerie se transmettent de père en fils. Une nouveauté au 15e siècle : on accepte de plus en plus comme apprentis les enfants doués qui ne font pas partie de la famille. Imagine, en ces temps-là, les tubes et les pastilles de peinture n'existent pas. L'apprenti doit préparer chaque couleur en mélangeant des **pigments** à de l'eau, de l'œuf, de la cire ou de l'huile. Tout en apprenant son art, il accomplit une foule de petits travaux pour faciliter le travail du maître et de ses nombreux assistants. Ces derniers réalisent souvent une partie de l'œuvre de leur maître. Ainsi, on raconte que le jeune Léonard de Vinci qui travaillait dans l'atelier du célèbre Andrea del Verrocchio, à Florence, peignit un ange d'une telle perfection sur un tableau de son maître que Verrocchio, dépité, aurait abandonné la peinture !

L'art sort d'Italie... et de l'église

Dès la fin du 15ᵉ siècle, la Renaissance commence à gagner d'autres pays d'Europe. Ne va pas croire que les artistes de ces régions se contentent d'imiter les arts italiens ! Ils s'en inspirent, les adaptent et les influencent à leur tour. Ce bouillonnement artistique touche aussi d'autres formes d'art, tels le théâtre et l'opéra. Comme bien des gens de son temps, l'artiste de la Renaissance demeure préoccupé par la religion. Son art est avant tout religieux, mais les commandes qu'il reçoit l'amènent à traiter de nouveaux sujets.

6 TON SUJET D'ENQUÊTE

Caractérise l'expansion du mouvement humaniste dans l'Europe de la Renaissance.

▶ Énumère des facteurs qui favorisent l'expansion de la renaissance artistique à toute l'Europe.

▶ Identifie les principaux centres artistiques de l'Europe de la Renaissance.

▶ Énumère quelques formes d'art pratiquées à la Renaissance.

▶ Dresse une liste des peintres et des sculpteurs de la Renaissance présentés dans ce dossier.

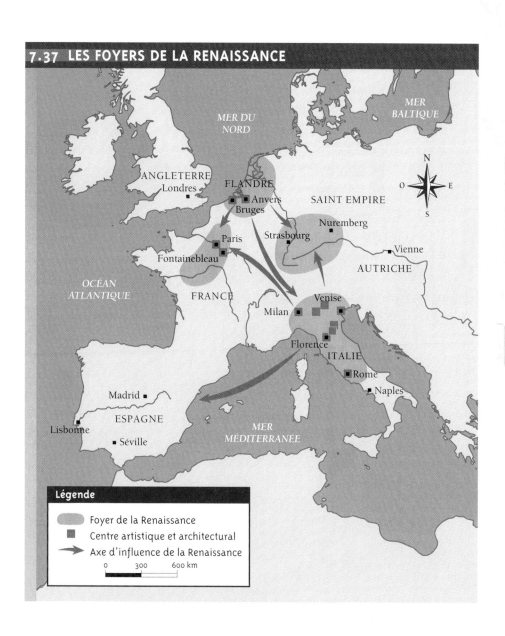

7.37 LES FOYERS DE LA RENAISSANCE

Légende

Foyer de la Renaissance
Centre artistique et architectural
Axe d'influence de la Renaissance

0   300   600 km

La diffusion de la Renaissance

prince   Terme générique désignant celui qui règne ; monarque, roi, souverain.

Différentes raisons entraînent la Renaissance hors d'Italie. Le perfectionnement de l'imprimerie, tu l'as vu, permet une diffusion plus rapide des textes sur l'art. Imprimée en grand nombre, la gravure permet de reproduire et de faire circuler facilement les chefs-d'œuvre. Non seulement les reproductions des œuvres se déplacent mais les artistes aussi. Comme les humanistes, les artistes européens prennent l'habitude de voyager : on fréquente Rome, Florence ou Venise pour leurs vestiges romains et leurs collections d'antiquités ainsi que pour s'initier aux nouvelles techniques. En revanche, certaines innovations étrangères pénètrent aussi en Italie. Les Italiens sont émerveillés par la brillance des tableaux flamands peints avec des couleurs à l'huile : ils n'hésitent pas à adopter cette nouvelle peinture qui sèche lentement et se mélange sans peine.

Les guerres ont également un rôle à jouer dans la diffusion de la Renaissance. Étonnant, n'est-ce pas ? En effet, à la fin du 15e siècle, les guerres d'Italie entraînent les Français et les Espagnols en sol italien. Ceux-ci découvrent tout à coup l'art de vivre raffiné des nobles et des grands commerçants de Milan, de Florence et de Rome. Les **princes** d'Europe s'empressent de faire venir à leur cour des artistes italiens. Ils veulent aussi que leurs palais soient richement ornés de tableaux, de sculptures et de jardins. Le roi de

opinion

Pourquoi les musées sont-ils nécessaires à la vie culturelle d'une société ?

7.38

Vue du château de Chambord, construit pour François Ier à partir de 1519, selon les plans de l'Italien Léonard de Vinci. Comme tu peux le voir, cet élégant château n'a pas de système de défense élaboré : c'est une résidence de plaisance.

7.39
Portrait d'Arnolfini, un marchand italien de Bruges, et de son épouse par le Flamand Jan van Eyck. Cette huile sur bois peinte en 1434 est exposée à la National Gallery de Londres.

France, François Ier, invite des architectes et des décorateurs d'Italie pour aménager ses châteaux et réaliser le décor de ses fêtes. Léonard de Vinci, ingénieur et artiste de renom, finira ses jours auprès du souverain français.

Cet enthousiasme pour l'art profite aux artistes locaux qui développent à leur tour un style original. Bien que l'influence de l'art italien soit considérable en France et en Espagne, le nord de l'Europe vit sa propre renaissance artistique. Dans les villes de Flandre enrichies par le grand commerce, les artistes comme Jan van Eyck cherchent aussi à reproduire l'être humain et la nature de façon réaliste avec un grand souci du détail. Cependant, ils ne trouvent pas leur inspiration dans les œuvres de l'Antiquité mais plutôt dans la vie intime des gens et les décors du quotidien.

De la variété dans les arts

L'attention des artistes se porte vers de nouveaux sujets sortis tout droit de l'Antiquité : la mythologie gréco-romaine [← figure 7.33, p. 37], les philosophes anciens et l'architecture antique. Cela ne veut pas dire qu'ils abandonnent les thèmes religieux comme les scènes tirées de la Bible [← figure 7.35, p. 39]. Courante durant l'Antiquité, la représentation du corps nu devient très populaire : c'est aussi un prétexte pour exprimer la beauté de l'être humain et mettre à profit ses connaissances de l'anatomie.

Pour satisfaire les exigences de leurs mécènes, peintres et sculpteurs réalisent de nombreux portraits dont quelques-uns se retrouvent dans les pages du présent dossier. Certains clients aiment se faire représenter au beau milieu d'une scène religieuse, d'autres en compagnie de penseurs de l'Antiquité ou encore à l'occasion de leur mariage. On trouve même sur les places publiques d'Italie des statues de chefs militaires à cheval semblables à celles des empereurs romains. Ces hommes et ces femmes veulent laisser une trace de leur existence pour les générations futures. De la même façon, les artistes, fiers de leur nouvelle importance dans la société de l'époque, se mettent à peindre ou à sculpter leur autoportrait.

AUJOURD'HUI

Énumère des techniques actuelles qui permettent aux artistes québécois d'exprimer leur créativité.

7.40

Autoportrait du peintre allemand Albrecht Dürer à 26 ans. Huile sur bois, 1498, musée national du Prado, Madrid.

L'autoportrait se retrouve aussi en littérature. L'humaniste français Michel de Montaigne (1533-1592) choisit de se prendre lui-même comme sujet d'étude dans un ouvrage intitulé *Les Essais*. Poussé par son désir de mieux comprendre l'être humain, Montaigne tente de raconter ses expériences avec le plus de franchise possible.

naïf Naturel, spontané.

> C'est ici un livre de bonne foi, Lecteur. [...] Je veux qu'on m'y voie en ma façon simple, naturelle et ordinaire, sans étude et artifice : car c'est moi que je peins. Mes défauts s'y liront au vif, mes imperfections et ma forme naïve, autant que la révérence publique me l'a permis. [...] Lecteur, je suis moi-même la matière de mon livre [...].
>
> Michel de Montaigne, *Les Essais*, 1580.

En fait, la prospérité et la présence d'un public éduqué, de plus en plus important, facilitent le développement de toutes les formes d'art. La publication d'essais, de romans et de poésie en langue vulgaire rend la littérature beaucoup plus accessible. Au 16ᵉ siècle, la musique et les arts de la scène comme le théâtre connaissent un essor prodigieux grâce aux bourgeois des villes — qui n'hésitent pas à dépenser quelques sous pour se divertir — ainsi qu'aux fêtes organisées par la noblesse. Lors de ces célébrations, on mange, on danse, on boit et l'on assiste aussi à des spectacles où se mélangent le chant, la danse et la récitation de textes dans un décor très élaboré. Ces représentations sont à l'origine d'un art nouveau appelé opéra. L'opéra apparaît tout au début du 17ᵉ siècle et consiste en une combinaison de chants en solo et en chœur, de dialogues parlés, de danse et de musique, exécutés par des artistes costumés. L'un des tout premiers opéras est l'*Orfeo* de l'Italien Claudio Monteverdi, créé en 1607. Ici, comme en peinture, le compositeur reprend un thème de la mythologie antique : l'histoire tragique du musicien Orphée descendu aux enfers pour sauver son épouse Eurydice.

Passe à l'action

Chefs-d'œuvre d'artistes de la Renaissance

Complète l'exposition en classe en y ajoutant des images représentant les chefs-d'œuvre d'artistes de la Renaissance. Indique pour chaque œuvre retenue le nom de son auteur, la datation de l'œuvre, son origine et où elle se trouve actuellement.

FAIRE L'HISTOIRE

Faire parler les œuvres d'art

esthétique   Relatif au sentiment du beau ; beau, harmonieux.

Le mot *art* vient du latin *ars*, qui signifie « métier, habileté, connaissance technique ». Depuis l'Antiquité, l'art a toujours été l'affaire des artisans qui utilisaient leur savoir-faire technique pour accomplir leur travail. La Renaissance n'a pas fait disparaître le côté technique de l'art, bien au contraire ! Cependant, l'artiste jouit alors d'un nouveau statut social et ses œuvres deviennent l'expression d'un idéal, d'un modèle tant du point de vue moral, philosophique qu'**esthétique**. Ainsi, une œuvre d'art peut nous renseigner sur les techniques d'une époque mais aussi sur ses valeurs : comment représentait-on le bien et la beauté à une époque donnée ?

Les objets d'art constituent des sources de l'histoire au même titre que les manuscrits et les textes imprimés. Que ce soit un édifice, une sculpture, un tableau ou encore un motif frappé sur une pièce de monnaie, toutes ces créations artistiques racontent l'époque où elles ont été réalisées. La tâche principale des historiens de l'art est de faire parler ces œuvres créées par la main humaine pour mieux nous faire comprendre l'évolution d'une société, d'un art ou d'un artiste en particulier.

Le métier d'historien de l'art voit le jour à la Renaissance avec la publication d'un ouvrage intitulé *Les vies des plus excellents peintres, sculpteurs et architectes*, écrit par le Florentin Giorgio Vasari (1511-1574). Vasari, lui-même peintre et architecte, rejette l'art médiéval, le considérant comme l'art d'un âge obscur. Il fait l'éloge de l'art antique et des artistes du nord de l'Italie du 13ᵉ au 16ᵉ siècle. Dans son livre, Vasari présente les biographies des plus grands maîtres italiens, de Giotto à Michel-Ange.

7.41
Restauration d'une peinture sur bois espagnole du 16ᵉ siècle à l'Institut canadien de conservation d'Ottawa.

Avant le traitement.

Après le traitement.

Aujourd'hui, l'histoire de l'art couvre un domaine très étendu. Les spécialistes abordent les arts traditionnels comme l'architecture, la sculpture, la peinture, la musique, la gravure et le dessin, mais ils étudient également des arts plus récents comme le cinéma, la photographie et l'art numérique. Sans compter des artisanats comme le textile, le mobilier ou encore la poterie. Bien sûr, chacun est libre de choisir sa spécialité : une forme d'art, une époque, une région. Certains historiens de l'art s'intéressent même aux productions artistiques du présent.

Comme Vasari, l'historien de l'art peut être un artiste, mais il agit souvent à titre de professeur à l'université ou au collège. Il peut aussi travailler comme **conservateur** dans un musée ou comme responsable d'une galerie d'art. En quoi consiste le travail de l'historien de l'art ? D'abord, à documenter l'œuvre. Quand a-t-elle été créée ? Qui est l'auteur ? A-t-elle un titre ? Quels sont les matériaux qui la composent ? Que représente-t-elle ? À qui a-t-elle appartenu ? Lorsqu'un collectionneur doute de l'origine d'un tableau, il peut faire appel à un historien de l'art pour authentifier son œuvre : s'agit-il vraiment d'un tableau de Léonard de Vinci ? Sinon, est-ce l'œuvre d'un faussaire ou d'un autre artiste moins connu ? L'historien de l'art peut aussi contribuer à une revue ou à un journal comme critique d'art : il donne alors son appréciation d'une œuvre ou d'une exposition.

Enfin, la profession de restaurateur d'œuvres d'art exige aussi des connaissances en histoire de l'art. La restauration consiste à remettre en bon état ou dans son état original un objet abîmé par le temps. En effet, il arrive que les œuvres se brisent, se salissent et subissent même des modifications. Par exemple, un prêtre ignorant la grande valeur des sculptures de son église les a fait repeindre en blanc pour « faire joli ». Le défi ? Retrouver les couleurs d'origine sous les couches de peinture ajoutées. Pour réaliser ce travail délicat, le restaurateur doit posséder à la fois des connaissances en histoire de l'art et de différentes techniques artistiques. Il doit faire preuve de patience, de minutie et d'un bon sens des couleurs. Il connaît à fond le contexte dans lequel l'œuvre a été produite et sait que les statues de l'époque ne sont pas peintes en blanc mais en couleurs. Il possède une grande habileté manuelle pour retirer avec minutie les couches de peinture non originales. C'est un professionnel qui détient également des compétences en chimie et en physique, ce qui lui permet de nettoyer ou de consolider une œuvre sans l'endommager ; par exemple, il pourra trouver le bon produit pour enlever un vernis jauni sans attaquer la peinture qui se trouve en dessous.

conservateur Personne qui a la charge d'une ou des collections d'un musée ou d'une bibliothèque.

7.42

Une restauratrice de sculptures à l'œuvre au Centre de conservation du Québec.

EN CONCLUSION

Ton résumé

Rédige un court résumé de ce que tu retiens de ce dossier sur les humanistes de la Renaissance. Consulte la ligne du temps, note les dates importantes et les événements les plus marquants de cette époque. Situe à l'aide des cartes les principaux centres où ces nouvelles idées ont surgi, et note les principaux personnages qui ont été déterminants dans la diffusion des idées humanistes.

Mots et concepts clés

art	liberté
bible	philosophie
concile	protestantisme
critique	réforme
doctrine	Renaissance
humanisme	responsabilité
individu	schisme
	science

Aide-mémoire

Les humanistes de la Renaissance sont généralement originaires d'un milieu privilégié. Ayant une passion pour l'Antiquité gréco-romaine, ils étudient les manuscrits anciens et collectionnent les vestiges de cette époque. Ils réfléchissent sur la pensée des philosophes de l'Antiquité, la remettent en question et proposent des textes nouveaux qui s'en inspirent. Ils s'intéressent aux sciences, développent les méthodes d'étude et inventent de nouveaux outils et procédés.

Ton portfolio

Fais un retour critique sur ta méthode historique de recherche en répondant par écrit dans ton portfolio aux questions suivantes :

- Comment fais-tu pour améliorer ta démarche de recherche ?
- As-tu trouvé d'autres sources où te procurer de l'information ? Lesquelles ?
- Comment établis-tu une liste des informations que tu recherches ?
- Comment as-tu noté la provenance de toutes tes informations ?

Tes travaux préparatoires

Le prochain dossier traite de l'expansion européenne dans le monde à la Renaissance. Afin de t'y préparer, voici quelques suggestions de recherches :

- Dresse une liste des principaux explorateurs qui vont marquer cette époque.
- Note la définition des mots et concepts suivants : amiral, astrolabe, autochtone, cannibale, colonisation, conquistador, empire, étambot, indigo, métropole, précolombien, traite négrière.
- Repère sur une carte du monde où étaient situés les empires des Aztèques, des Mayas et des Incas ainsi que Cuba, Haïti et la République dominicaine dans les Antilles.
- Trouve des illustrations de cartes anciennes datant de l'époque des explorations.

L'EXPANSION EUROPÉENNE DANS LE MONDE

Participe à la réalisation commune d'un site Internet de classe ayant pour thèmes les grandes explorations des 15ᵉ et 16ᵉ siècles et la conquête de l'Amérique. Ce site devrait contenir des illustrations ainsi que des biographies des acteurs de ces événements historiques et des témoins de cette fantastique épopée européenne. Tous les camarades internautes de l'école pourront puiser à cette source de référence originale.

L'EUROPE DÉCOUVRE LE MONDE

Comme tu l'as vu, la redécouverte des œuvres de l'Antiquité à la fin du Moyen Âge a permis aux Européens les plus instruits de renouveler leur vision du monde. À partir du 15e siècle, une série d'événements bouleverse encore cette nouvelle façon de voir les choses : la découverte et l'exploration de territoires inconnus, peuplés de femmes et d'hommes à l'apparence et aux modes de vie étonnants ! Ces territoires renferment également des ressources très convoitées par une Europe en pleine croissance.

Tout commence avec les Portugais. Ceux-ci désirent trouver une route qui leur permettra de faire le commerce des métaux précieux et des épices sans intermédiaire. Ils explorent alors la côte ouest de l'Afrique. Sans le savoir, ces navigateurs viennent de déclencher la plus formidable expansion géographique que l'Europe ait jamais connue. Bientôt, les Espagnols, suivis des Anglais et des Français, se lancent dans la course. Le monde ne cesse de s'agrandir devant leurs navires. Ils abordent un continent inattendu, l'Amérique.

Les Européens ne se contentent pas de parcourir les mers. Certains implantent des comptoirs commerciaux sur les côtes étrangères. D'autres soumettent les populations locales pour établir des colonies. Au 16e siècle, l'Europe devient le centre d'un système économique basé sur l'exploitation des richesses de ces terres nouvelles. Dans ce dossier, tu pourras suivre les traces des explorateurs et voir les conséquences de la domination européenne sur les sociétés de l'Amérique.

8.1
Les grandes découvertes.

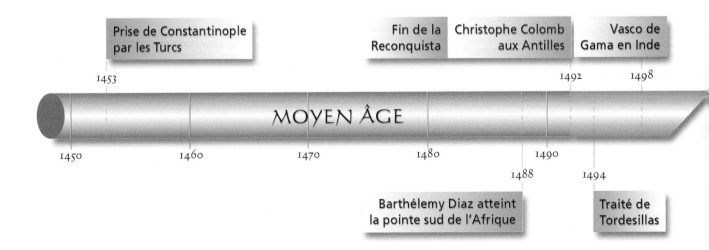

| Prise de Constantinople par les Turcs | | Fin de la Reconquista | Christophe Colomb aux Antilles | Vasco de Gama en Inde |

1453 — 1492 — 1498

MOYEN ÂGE

1450 — 1460 — 1470 — 1480 — 1490

1488 — 1494

Barthélemy Diaz atteint la pointe sud de l'Afrique

Traité de Tordesillas

Aujourd'hui, toutes les terres de la planète ont été découvertes. Les États propriétaires de ces territoires se réservent, à leur façon, le droit d'exploiter leurs ressources. Les États établissent entre eux des rapports politiques, économiques et culturels afin de vendre des ressources ou d'acquérir celles dont ils ont besoin pour le mieux-être de leur communauté. La prospérité et la qualité de vie des citoyens sont donc en lien direct avec leurs ressources et les rapports qu'ils établissent avec les autres États du monde.

- Établis une liste de ressources naturelles du Canada.
- Énumère des produits que doit importer le Canada pour satisfaire aux besoins de consommation de sa population.
- Énumère des produits recherchés par les explorateurs occidentaux des 15e et 16e siècles.
- Dresse une liste des pays où les Occidentaux se procuraient ces produits.

8.2

Représentants de divers pays, dont le premier ministre canadien Paul Martin, dans le cadre d'un sommet sur le commerce international, Corée, 2005.

8.3

La traite des fourrures à l'époque des grandes explorations.

Pedro Álvarez Cabral au Brésil

Prise de Tenochtitlán par les Espagnols

Jacques Cartier au Canada

1521

1534

ÉPOQUE MODERNE

1500   1510   1520   1530   1540   1550

1502

1533

Début de la traite négrière en Amérique

Assassinat de l'Inca Atahualpa par les Espagnols

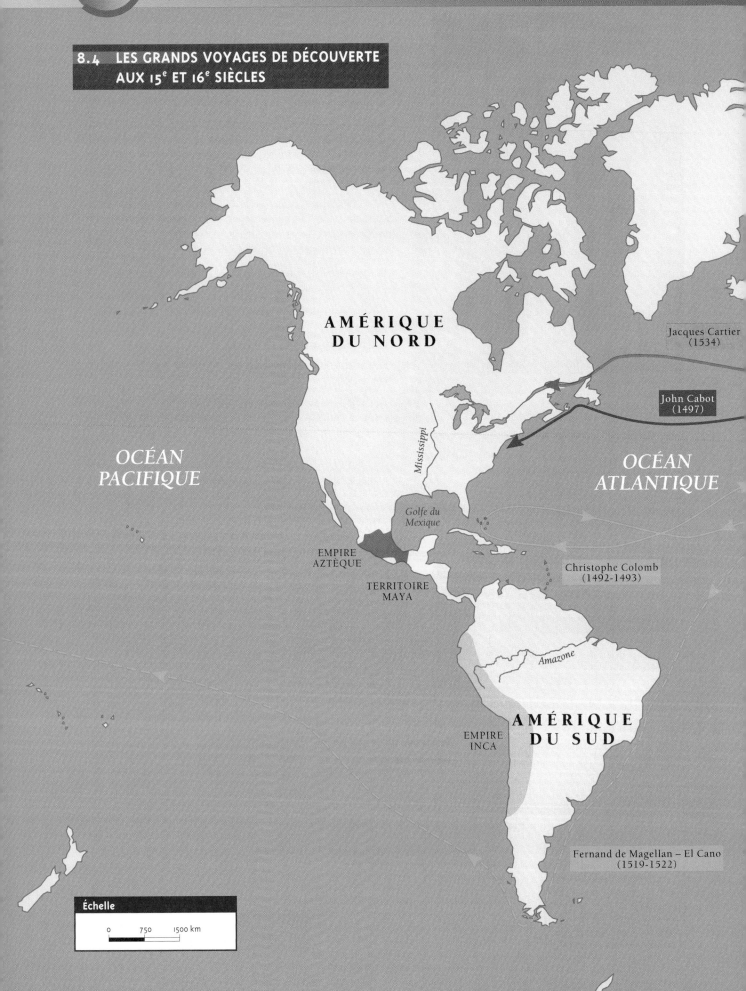

8.4 LES GRANDS VOYAGES DE DÉCOUVERTE AUX 15ᵉ ET 16ᵉ SIÈCLES

AMÉRIQUE DU NORD

OCÉAN PACIFIQUE

OCÉAN ATLANTIQUE

Jacques Cartier (1534)

John Cabot (1497)

Mississippi

Golfe du Mexique

EMPIRE AZTÈQUE

TERRITOIRE MAYA

Christophe Colomb (1492-1493)

Amazone

EMPIRE INCA

AMÉRIQUE DU SUD

Fernand de Magellan – El Cano (1519-1522)

Échelle

0   750   1500 km

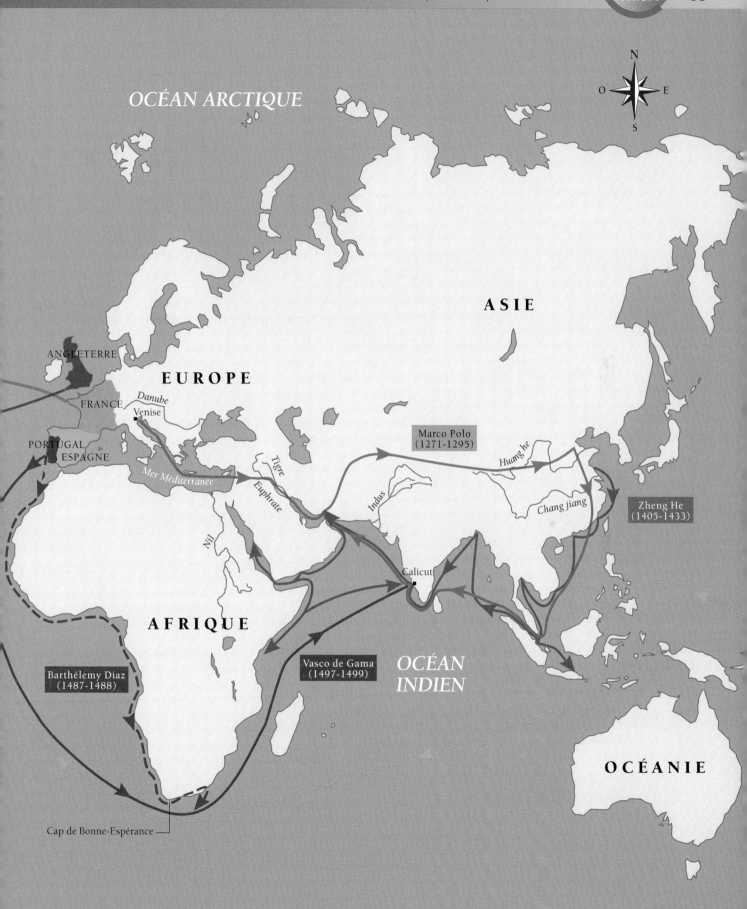

OCÉAN ARCTIQUE

ASIE

ANGLETERRE

EUROPE

FRANCE
Danube
Venise

PORTUGAL
ESPAGNE
Mer Méditerranée

Tigre
Euphrate

Nil

Indus

Marco Polo
(1271-1295)

Huang he

Chang jiang

Zheng He
(1405-1433)

Calicut

AFRIQUE

Barthélemy Diaz
(1487-1488)

Vasco de Gama
(1497-1499)

OCÉAN
INDIEN

OCÉANIE

Cap de Bonne-Espérance

1 À la découverte de la route des Indes

Depuis toujours, une peur **ancestrale** empêche les marins européens de s'aventurer sur l'océan. Ils pensent que ses grandes eaux sont remplies de créatures plus effrayantes les unes que les autres. De plus, ils croient dur comme fer qu'ils seront engloutis dans un gouffre profond lorsqu'ils atteindront l'horizon. C'est pourquoi, depuis des siècles, ils pratiquent la navigation côtière, aussi appelée cabotage.

Alors, qu'est-ce qui pousse ces Européens du 15e siècle à prendre le large ? De quels moyens disposent-ils pour s'éloigner ainsi du continent ? Qui sont ces hommes intrépides ? Et qu'ont-ils découvert ?

ancestral   Qui remonte à très loin dans le temps.

khan   Titre donné aux souverains de l'Empire mongol.

1 TON SUJET D'ENQUÊTE

Décris le contexte dans lequel eurent lieu les explorations à la Renaissance.

▶ Établis une liste des motifs qui poussent les Occidentaux à découvrir de nouvelles routes maritimes.

▶ Explique qui est Henri le Navigateur et décris en quoi il a contribué aux explorations.

▶ Décris l'utilité des instruments nautiques employés par les navigateurs de la Renaissance.

▶ Explique en quoi la théorie héliocentrique de Copernic est révolutionnaire à son époque.

▶ Explique comment l'Église catholique réagit aux conclusions scientifiques de l'Italien Galilée.

Pourquoi partir ?

Pour la majorité des Européens de l'époque, le monde connu se limite à un champ et au village voisin. Cependant, il ne faut pas croire que l'Occident médiéval n'ait pas eu ses grands voyageurs. Partis dans un but religieux ou commercial, ces hommes animés d'une vive curiosité se sont aventurés par terre ou par mer vers des régions alors inconnues. Dès le 5e siècle, Patrick le Breton bravait la mer pour évangéliser les Irlandais. Au 13e siècle, des missionnaires déterminés prenaient la route de l'Asie afin de convertir le **khan** de l'immense Empire mongol qui s'étend alors de la Chine jusqu'aux frontières de l'Occident. Ils furent suivis de marchands italiens à la recherche de soie, d'épices et d'or.

MARCO POLO, MARCHAND DE MERVEILLES

En 1271, le jeune marchand vénitien Marco Polo (v. 1254-1324) accompagne son père et son oncle pour un long voyage en Asie. Véritables **ambassadeurs**, ces hommes d'affaires italiens sont chargés de remettre au grand khan Kubilaï des lettres et des cadeaux de la part du pape. Leur expédition vers la capitale du puissant Empire mongol dure trois ans. Mais Marco Polo restera au service du grand khan pendant plus de seize années et ne rentrera en Italie qu'en 1295.

ambassadeur Personne chargée d'une mission ou d'un message auprès d'un souverain ou d'un gouvernement étranger.

À son retour, Marco Polo dicte le récit de ses aventures afin de partager son expérience. Son ouvrage, qui s'intitule *Le Devisement du monde*, est mieux connu sous le nom de *Livre des merveilles*. Le texte mêle des descriptions précises des lieux et de leurs richesses à des histoires fabuleuses qui traduisent l'émerveillement du voyageur devant tout ce qu'il a vu et touché. Au fil des siècles, ce manuscrit dont Polo est le héros sera recopié, puis illustré et enfin imprimé. Il deviendra une source d'inspiration pour les explorateurs européens du 15e siècle. Aujourd'hui, certains historiens doutent que Polo ait véritablement accompli tout le voyage qu'il a décrit.

8.5

Kubilaï recevant des perles et des turquoises. Extrait du *Devisement du monde* de Marco Polo, manuscrit français du début du 15e siècle.

S'enrichir, convertir, découvrir

Maures   Nom donné par les chrétiens aux musulmans d'Espagne.

ibérique   Relatif au Portugal et à l'Espagne.

Alléchés par les récits de voyage souvent fabuleux, les explorateurs rêvent de fortune et de prestige. Cependant, d'autres raisons s'ajoutent au désir de s'enrichir. L'Église souhaite répandre la foi catholique en Afrique et en Asie. Ainsi, encouragés par leurs victoires contre les **Maures** en sol **ibérique**, les princes du Portugal et d'Espagne aimeraient bien conquérir d'autres terres musulmanes pour s'emparer de leurs richesses et convertir leurs habitants au catholicisme. De plus, certains Européens sont animés d'un véritable esprit de découverte et d'une grande curiosité : qu'y a-t-il de l'autre côté de cet océan ? Quelle est la part de vérité dans les récits des voyageurs ? La Terre est-elle vraiment ronde comme les savants le prétendent ?

Passe à l'action →

Marco Polo

En introduction à ta production informatique sur le thème des grandes explorations, consacre quelques pages à Marco Polo, cet explorateur, commerçant et auteur qui fut en quelque sorte l'inspiration du grand mouvement des explorations des 15ᵉ et 16ᵉ siècles.

Trouver de l'or et des produits de luxe

C'est la recherche d'or et d'argent qui amène d'abord les Européens à braver les mers menaçantes. En effet, dès le 14ᵉ siècle, l'Europe

8.6

La cueillette du poivre en Inde. Extrait du *Devisement du monde* de Marco Polo, manuscrit français du début du 15ᵉ siècle.

commence à manquer de métaux précieux. Son sous-sol contient peu d'argent et pas d'or du tout. Or, ces métaux permettent de frapper la monnaie nécessaire aux échanges commerciaux. La croissance démographique, l'essor du grand commerce et les dépenses de guerre du siècle suivant ne font qu'empirer la situation. L'or des mines d'Afrique acheté par l'entremise des marchands musulmans coûte cher et ne suffit plus. La solution ? Aller chercher soi-même le métal sur la côte africaine et plus loin s'il le faut.

Ce n'est pas tout. Rappelle-toi que les Européens importent d'Orient des produits de luxe comme la soie, les épices, l'**indigo**, le coton et les bois précieux. Ces produits sont acheminés par divers trafiquants avant d'être revendus en Occident par les commerçants italiens. Comme chaque revendeur augmente le prix des produits pour faire de l'argent et que chaque gouvernement impose ses taxes, le coût de ces marchandises est considérable. La solution à ces problèmes de coûts est simple : il faut contourner les intermédiaires et aller chercher soi-même par la mer les produits des Indes. À cette époque, on appelle « les Indes » l'immense région d'Asie qui s'étend de l'Inde au Japon. Voilà pourquoi on dit que les explorateurs cherchent la route des Indes.

> **indigo** Teinture bleu foncé extraite des feuilles de l'indigotier, un arbrisseau qui pousse dans les régions tropicales.

> **AUJOURD'HUI**
> Combien de temps faut-il aujourd'hui à un avion de ligne pour aller directement de Montréal à Beijing, en Chine ?

CITOYEN, CITOYENNE

Des territoires et des ressources

Depuis les débuts de son histoire, l'être humain aménage des territoires toujours plus vastes : d'abord des villages, ensuite des villes, puis des royaumes, acquérant ainsi chaque fois plus d'espace et de ressources. On délimite par des frontières le territoire que chaque peuple contrôle. Qu'il s'agisse de produits liés à l'exploitation de terres agricoles ou de l'élevage, des trésors du sous-sol, des forêts et de l'eau, chacun protège ses ressources, car elles sont indispensables à la survie et à la prospérité de toute société. Pour combler une carence de certaines ressources sur leurs territoires, les sociétés humaines ont mis en place des réseaux de commerce avec d'autres États, développé des moyens de communication et établi des ententes pour favoriser les relations commerciales. Ce bon voisinage commercial s'est complexifié et étendu avec le temps à toute la planète. Aujourd'hui, de nombreuses institutions nationales et internationales s'assurent que ces échanges avec les autres pays s'effectuent dans le respect des règles et des accords internationaux.

Questions citoyennes

1. Explique quelle est la fonction d'une ambassade.
2. Établis une liste des pays où le Canada a une ambassade ou une délégation commerciale.

HENRI LE NAVIGATEUR, PIONNIER DE LA ROUTE DES INDES

Fils du roi du Portugal, Henri (1394-1460) est un prince bien de son temps. Très cultivé, cet homme animé d'une grande curiosité entretient une importante correspondance avec plusieurs savants d'Occident. Installé à la pointe sud-ouest du Portugal, face à l'océan Atlantique, Henri collectionne les cartes géographiques et les récits de voyage. Il s'entoure des meilleurs spécialistes (astronomes, cartographes, navigateurs, etc.) pour approfondir ses connaissances en géographie terrestre et maritime. Son projet ? Explorer les côtes africaines pour s'en approprier les ressources. C'est le début des explorations d'État, soutenues par les souverains d'Europe.

anthropophage Qui mange de la chair humaine.

8.7
Planisphère de Ptolémée, astronome grec du 2ᵉ siècle, qui servait de modèle aux cartographes de la fin du Moyen Âge. Manuscrit du 15ᵉ siècle.

Chaque année à partir de 1415, Henri organise à ses frais des expéditions maritimes vers le sud. Surnommé le Navigateur, il ne prendra pourtant jamais la mer, mais ses navires feront d'importantes découvertes dans l'Atlantique et le long des côtes d'Afrique. La progression se fait prudemment, car de redoutables légendes freinent l'ardeur des marins : eaux bouillantes, rivages aimantés qui attireraient les clous en fer des navires, hommes monstrueux, **anthropophages**, etc.

Les découvertes se succèdent : l'île de Madère en 1418, l'archipel des Açores en 1432, le cap Blanc au nord-ouest de la Mauritanie actuelle en 1441, et ainsi de suite. Il faudra plus de 70 ans pour atteindre le cap de Bonne-Espérance à la pointe sud du continent africain ! Henri ne vivra pas assez longtemps pour assister à cet exploit réalisé par le Portugais Barthélemy Diaz en 1488. Désormais, la preuve est faite que l'on peut contourner l'Afrique.

La navigation : une aventure en soi

La navigation en haute mer exige des embarcations différentes de celles du cabotage. En effet, pour affronter la **houle** et les vents du large, il faut un navire stable et facile à manœuvrer. Il faut également pouvoir se positionner sans les habituels points de repère situés sur les côtes qu'ils fréquentent.

La caravelle, le premier transatlantique

Depuis longtemps, les navigateurs portugais voyaient se croiser dans le port de Lisbonne des navires de commerce venus tant de la mer du Nord que de la Méditerranée. Au début du 15e siècle, ils mettent au point un vaisseau qui combine les avantages techniques de ces différentes embarcations. Du nord, ils empruntent les voiles carrées, pour la rapidité, et la coque arrondie, haute sur l'eau, pour résister aux fortes vagues de l'océan. De la Méditerranée, ils adoptent les voiles triangulaires, ou latines, beaucoup plus maniables, même dans la tempête. Ce petit bateau muni d'un gouvernail d'**étambot** s'appelle une caravelle.

Naviguer à la boussole et au sablier

Les marins disposent de quelques instruments nautiques qui les aident à se situer et à déterminer leur itinéraire. Parmi les plus anciens, la boussole, inventée en Chine antique, indique le nord et donc la direction choisie. Associé au **loch**, le sablier fournit des données approximatives sur l'écoulement du temps et permet d'évaluer la vitesse d'un navire. Enfin, l'observation des étoiles donne des points de repère très utiles. Au fil des explorations, les navigateurs bénéficient du développement de la cartographie et consultent des cartes de plus en plus précises. Ainsi, ils connaissent mieux les vents et les courants marins qui facilitent la navigation.

houle   Mouvement qui agite l'eau de la mer ou d'un lac, sans déferlement de vagues.

étambot   Pièce en bois formant l'extrémité arrière de la charpente d'un navire.

loch   Appareil fait d'une planche de bois munie d'une longue corde divisée par des nœuds placés à intervalles réguliers. Les navigateurs lancent la planche à l'eau et comptent le nombre de nœuds qui glissent entre leurs mains durant le temps écoulé, indiqué par le sablier.

AUJOURD'HUI

Explique le fonctionnement de l'outil de repérage électronique GPS utilisé aujourd'hui.

8.8
Représentation d'une caravelle.

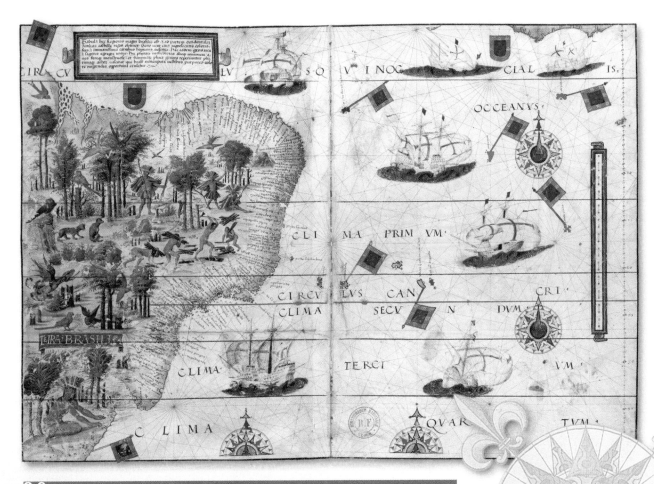

8.9

Un **portulan** portugais du 16e siècle, illustrant la côte du Brésil, Bibliothèque nationale de France, Paris.

portulan Carte marine indiquant les ports.

Cependant, la technologie de l'époque se révèle limitée. Lorsqu'on se fie aux étoiles, plusieurs problèmes peuvent survenir. Ainsi, les nuages risquent de priver les navigateurs de précieuses informations. De plus, dans l'hémisphère Sud, les constellations sont différentes de celles de l'hémisphère Nord. Imagine la surprise des premiers explorateurs lorsqu'ils franchissent l'équateur ! Plus ils avancent vers le sud et moins ils reconnaissent les « nouvelles » étoiles. Quant aux instruments, ce n'est qu'à la fin du 15e siècle que les navires seront équipés d'un astrolabe de mer, qui sert à calculer de façon fiable une position grâce aux étoiles. Malgré cela, les mesures en mer s'avèrent souvent inexactes et les erreurs de calcul sont parfois considérables. Bref, la navigation de l'époque demeure une expérience hasardeuse.

Passe à l'action

Les outils des explorateurs

Poursuis la construction de ton site Internet en y ajoutant une section sur les outils qu'utilisaient les explorateurs de cette époque. Illustre chacun d'eux, et explique leur utilité et leur fonctionnement.

FAITS D'HIER — DÉCOUVERTES ASTRONOMIQUES

La fascination des êtres humains pour les astres est très ancienne. Les peuples de la préhistoire observaient déjà le ciel. Les civilisations antiques vénéraient certains corps célestes comme le Soleil et la Lune. Et le savoir des astrologues du Moyen Âge a contribué à la naissance de l'astronomie moderne à l'époque de la Renaissance [← p. 14]. À partir du 16e siècle, la science des astres connaît un développement spectaculaire.

Depuis l'Antiquité, les savants partageaient une vision géocentrique du monde (du grec *gê*, « Terre »). Ils concevaient l'Univers comme une sphère dont le centre était occupé par la Terre immobile. À la veille de sa mort, un astronome polonais nommé Nicolas Copernic (1473-1543) publie un ouvrage fracassant intitulé *De la révolution des sphères célestes*. Le savant ne propose rien de moins qu'un nouveau système ! Selon Copernic, la Terre comme les autres planètes tournent sur elles-mêmes et effectuent un mouvement circulaire autour du Soleil. L'Église catholique s'empresse de rejeter cette conception héliocentrique du monde (du grec *hêlios*, « Soleil »). Selon elle, la Terre, créée par Dieu, doit occuper le centre de l'Univers…

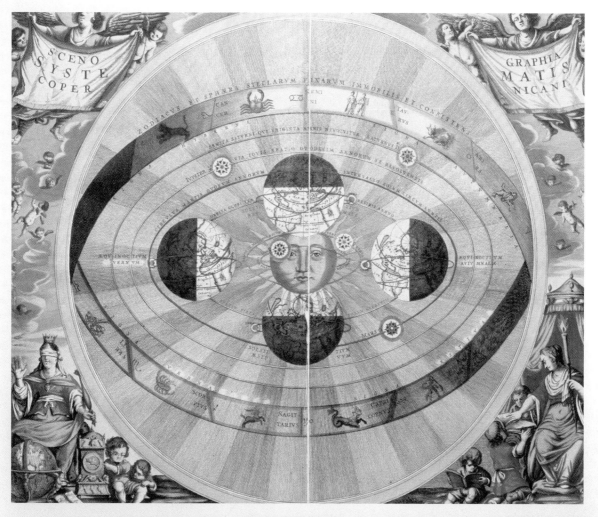

8.10

Le système héliocentrique de Copernic. Extrait de l'*Atlas céleste* du cartographe Andréas Cellarius, fin du 17e siècle.

8.11
Galilée fait une démonstration de son télescope aux dirigeants de Venise. Gravure du 19e siècle.

Souviens-toi, c'est à cette époque que la démarche scientifique expérimentale s'impose et que les instruments de mesure et d'observation se raffinent [← p. 17]. Ainsi, grâce à ses observations des astres, à l'usage des mathématiques et à l'étude approfondie des travaux de ses prédécesseurs, l'astronome allemand Johannes Kepler (1571-1630) parvient à énoncer des lois générales qui décrivent le mouvement des planètes.

À la même époque, l'Italien Galilée (1564-1642), un professeur de mathématiques passionné de physique et d'astronomie, conçoit une lunette d'approche qui lui permet de faire de prodigieuses observations : le relief de la Lune que l'on croyait lisse, de nouvelles étoiles, les satellites de Jupiter, les taches solaires et bien d'autres choses encore. Galilée, tout comme Kepler, confirme à l'aide de preuves l'hypothèse héliocentrique de Copernic. Mais alors même que les savants exigent que la science soit débarrassée des préjugés religieux, le tribunal de l'Inquisition intente un procès à Galilée en 1632. L'Église considère le système proposé par Copernic en contradiction avec les textes des Saintes Écritures. Ce dernier devra renier l'idée que la Terre tourne autour du Soleil et sera placé en résidence surveillée jusqu'à sa mort !

À la fin du 17e siècle, le mathématicien, physicien et astronome anglais Isaac Newton (1642-1727), qui n'a pas à subir la condamnation de l'Église, réussit à rendre l'Univers plus compréhensible en formulant des lois simples qui s'appliquent à la fois aux objets terrestres et aux corps célestes. En découvrant la loi de la gravitation, par exemple, Newton peut expliquer des phénomènes observés depuis longtemps comme les **marées** et le mouvement des planètes. L'œuvre de Newton est encore le fondement de la science actuelle.

marée Mouvement du niveau de la mer qui monte et qui descend, provoqué par l'attraction de la Lune et du Soleil sur la masse d'eau des océans.

Explorateurs et explorations

L'exploration du monde en fait rêver plus d'un à la Renaissance. Diaz, Vasco de Gama, Colomb, Magellan, Cabot, Cartier… ils sont nombreux à tenter l'aventure. En plus de chaque capitaine, il faut compter des dizaines d'hommes d'équipage. Guinée, cap de Bonne-Espérance, Calicut, Hispaniola, Brésil, Terre-Neuve. Les terres que les Européens atteignent alors sont innombrables. Voici un aperçu de quelques-uns de ces voyages d'exploration.

La route des Indes

Comme tu le sais déjà, tout débute avec le Portugal. Profitant de leur situation en bordure de l'Atlantique, les souverains organisent des voyages de découverte vers les côtes d'Afrique, où les Portugais installeront rapidement des comptoirs commerciaux. Leur entreprise connaît un succès retentissant en Europe lorsque Diaz atteint le sud de l'Afrique.

② TON SUJET D'ENQUÊTE

Décris le cadre des explorations à la Renaissance en indiquant les principaux trajets d'explorations, les dates des expéditions et les royaumes européens concernés.

▶ Indique sur une carte les dates et les trajets des explorations maritimes de Gama, de Colomb et de Magellan. Explique ce qu'a réalisé pour la première fois chacun de ces explorateurs.

▶ Indique sur une carte les dates et les trajets d'exploration maritime de Cabot, de Verrazano et de Cartier. Explique le principal objectif de ces explorations.

▶ Identifie deux hypothèses scientifiques confirmées par ces explorations de la Renaissance.

8.12
Gama présente une lettre du roi du Portugal à Manavikraman, souverain de Calicut.

opinion

Selon toi, pourquoi serait-il possible qu'il existe des organismes vivants sur d'autres planètes ?

Il faut attendre l'an 1498 pour que le navigateur portugais Vasco de Gama (1469-1524) parvienne à Calicut, en Inde, après avoir contourné l'Afrique. Lorsqu'il revient à Lisbonne l'année suivante, c'est un triomphe. Le roi lui concède des terres et le nomme **amiral** des Indes. Pourtant, si Vasco de Gama a trouvé une route maritime directe pour les Indes, il n'a pas découvert un territoire sauvage facile à soumettre : les Portugais ne s'attendaient pas à trouver une société indienne aussi bien organisée. De plus, il semble qu'ils aient été les derniers arrivés en Inde après les Arabes et les Chinois. Les marchands musulmans déjà présents sur la côte est de l'Afrique et dans les ports indiens n'apprécient pas du tout la venue de concurrents portugais.

Entre-temps, un marin génois du nom de Christophe Colomb (1451-1506) s'intéresse aussi aux projets d'exploration maritime. Installé à Lisbonne, il participe à plusieurs voyages commerciaux sur l'Atlantique, le long de la côte d'Afrique. Colomb s'interroge : si la Terre est ronde alors les richesses des Indes sont peut-être là, à l'ouest, juste de l'autre côté de l'océan ? Il connaît bien les récits de Marco Polo et se passionne pour les ouvrages de géographie. Il étudie les cartes anciennes afin de calculer la circonférence de la Terre. Colomb en arrive à la conclusion que l'océan qui le sépare de l'Asie est une mer étroite. Il pense trouver le Japon à environ 5000 kilomètres. Or, il commet une erreur monu-

8.13

Les rois catholiques Ferdinand d'Aragon et Isabelle de Castille entrent dans la ville de Grenade après la victoire de leurs troupes contre les musulmans. Les souverains vont dès lors se tourner vers la conquête de l'Amérique. Bas-relief en bois de la chapelle royale de Grenade, 16ᵉ siècle.

amiral Commandant général d'une marine militaire.

mentale, car il ignore la présence de l'Amérique et de l'océan Pacifique. Le Japon se trouve en fait à 15 000 kilomètres ! Les Portugais refusent de financer une expédition aussi douteuse vers l'ouest. Colomb se heurte au même refus de la part des rois d'Angleterre et de France.

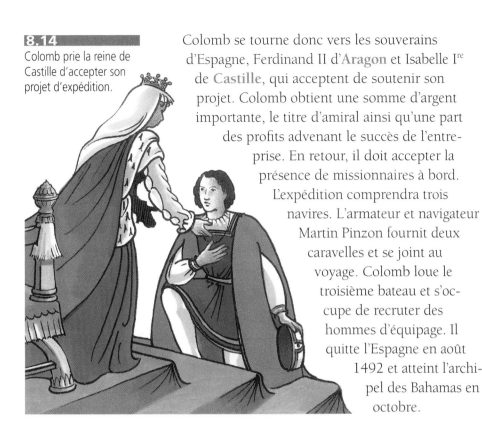

8.14

Colomb prie la reine de Castille d'accepter son projet d'expédition.

Colomb se tourne donc vers les souverains d'Espagne, Ferdinand II d'**Aragon** et Isabelle Ire de **Castille**, qui acceptent de soutenir son projet. Colomb obtient une somme d'argent importante, le titre d'amiral ainsi qu'une part des profits advenant le succès de l'entreprise. En retour, il doit accepter la présence de missionnaires à bord. L'expédition comprendra trois navires. L'armateur et navigateur Martin Pinzon fournit deux caravelles et se joint au voyage. Colomb loue le troisième bateau et s'occupe de recruter des hommes d'équipage. Il quitte l'Espagne en août 1492 et atteint l'archipel des Bahamas en octobre.

Aragon Royaume situé à l'est de la péninsule ibérique, incluant aussi une partie du sud de l'Italie actuelle. Demeuré indépendant jusqu'à la mort de Ferdinand II, l'Aragon est uni à la Castille pour former le royaume d'Espagne en 1516.

Castille Royaume situé au centre de la péninsule ibérique. Demeurée indépendante jusqu'à la mort d'Isabelle Ire, la Castille est définitivement unie à l'Aragon pour former le royaume d'Espagne en 1516.

FAITS D'HIER   **LE JOURNAL DE BORD DE CHRISTOPHE COLOMB**

Chaque navire possède son journal de bord où est inscrit le compte rendu de la navigation et de la vie de l'équipage. L'original du journal de bord de Colomb a été perdu, mais un missionnaire espagnol, après en avoir consulté une copie, l'a résumé en y ajoutant ses propres opinions. Que nous apprend ce journal rédigé durant le premier voyage de l'amiral ? Les détails de la navigation, les efforts de Colomb pour falsifier le journal « afin que ses gens ne s'effrayassent pas de la longueur du voyage », la description des populations rencontrées et des lieux visités. En voici deux extraits.

24 septembre — Plus les indices de terre mentionnés se révélaient vains, plus la peur des marins grandissait ainsi que les occasions de murmurer. Ils se retiraient à l'intérieur des navires et disaient que l'Amiral, par sa folle déraison, s'était proposé de devenir grand seigneur à leurs risques et périls et de les vouer à une mort abandonnée. [...] Il n'en manquait pas non plus pour dire que [...] si l'Amiral ne voulait pas renoncer à son projet ils pouvaient le jeter à la mer et proclamer ensuite qu'il était tombé par mégarde en voulant observer les étoiles. [...]

11 octobre — [...] À la deuxième heure après minuit, la terre parut. [...] Ils se mirent en panne, attendant jusqu'au jour du vendredi où ils arrivèrent à une petite île. [...] Alors ils virent des gens nus, et l'Amiral se rendit à terre dans sa barque armée. [...] L'Amiral déploya la bannière royale, et les capitaines deux de ces étendards à croix vertes que l'Amiral avait pour emblème sur tous les navires. [...]

Christophe Colomb, Journal de bord, 1492-1493.

taïno Relatif aux Taïnos, peuple amérindien habitant les Grandes Antilles (Cuba, Hispaniola, Porto Rico et Jamaïque) et les Bahamas réduit en esclavage et exterminé au 16ᵉ siècle par les Européens.

Convaincu d'avoir atteint les Indes, Colomb ne se doute pas qu'il est au large d'un nouveau continent. Après avoir exploré plusieurs îles, il rentre en Espagne le printemps suivant. Son retour fait sensation, mais le bilan de son voyage est plutôt décevant : il ramène quelques « Indiens » taïnos, des perroquets multicolores, des denrées antillaises ainsi qu'un échantillon d'or. Qu'importe ! Les descriptions de Colomb sont si captivantes que le roi Ferdinand approuve un deuxième voyage ! Colomb repart à nouveau avec 17 navires et près de 1500 personnes.

L'amiral effectuera en tout quatre expéditions et explorera la mer des Caraïbes, la côte de l'Amérique centrale et du Venezuela actuel. Jusqu'à sa mort en 1506, le navigateur génois sera persuadé d'avoir abordé les Indes. Le voyage de Ferdinand de Magellan en 1519 viendra anéantir une fois pour toutes la géographie de Colomb…

Passe à l'action →

Des explorateurs

Pour enrichir le site Internet, ajoute des données sur les acteurs qui ont participé directement ou indirectement aux explorations européennes. Choisis un explorateur qui a marqué cette époque, présente sur une carte les trajets de ses explorations, trouve des illustrations de ce personnage et dresse sa biographie.

8.15
Les deux pieds dans l'océan Pacifique, Balboa prend possession de la « mer du Sud ». Gravure espagnole du 16ᵉ siècle.

Vasco Nuñez toma posesion de la Mar del Sur

8.16
Planisphère du cartographe
français Jean Cossin, 1570,
Bibliothèque nationale de
France, Paris.

Le tour du monde

En 1513, l'Espagnol Núñez de Balboa franchit l'**isthme** de Panamá, en
Amérique centrale, et se retrouve devant une immense étendue d'eau qu'il
nomme « mer du Sud ». À cette époque, les explorateurs ont compris que
les « Indes » de Colomb sont en fait un « Nouveau Monde ». Afin de trouver
un passage pour contourner l'Amérique et parvenir en Asie par cette nouvelle mer, le Portugais Ferdinand de Magellan (1480-1521) organise une
nouvelle expédition pour le compte des souverains d'Espagne. Selon le
récit d'un de ses marins, le périple est difficile : des 5 navires emportant près
de 300 hommes en 1519, un seul revient avec 18 marins à son bord 3 ans
plus tard !

Après avoir passé au sud de l'Amérique et traversé l'océan Pacifique,
Magellan périt lors d'un affrontement contre des indigènes des Philippines.
Un de ses capitaines, Juan Sebastián El Cano, rentre en Espagne et complète
ainsi le premier voyage autour du monde. Dorénavant, il n'y a plus de
doute possible, la Terre est ronde, mais la route des Indes vers l'ouest s'avère
beaucoup plus longue que ce qu'avait calculé Colomb : elle cachait un
continent ainsi qu'un immense océan !

L'Angleterre et la France entrent dans la course

Au 15ᵉ siècle, les royaumes du Portugal et de l'Espagne sont les seuls à chercher la richesse hors d'Europe, l'Angleterre et la France étant trop occupées à
se battre en Europe. Cependant, le souverain d'Angleterre, Henri VII, autorise
une première expédition vers l'ouest à la fin du 15ᵉ siècle, tandis que la
France entre dans l'aventure des explorations en 1524. Comme les

AUJOURD'HUI

Établis une liste de
ressources naturelles
qui suscitent encore
aujourd'hui l'intérêt et
la convoitise entre les
États.

isthme   Bande de terre
entre deux mers ou deux
golfes et réunissant deux
terres.

8.17
Embarquement de John Cabot à Bristol en Angleterre. Tableau du peintre anglais Ernest Board, huile sur toile, 1906.

Espagnols et les Portugais s'opposent farouchement à la présence d'autres navires sur leurs routes maritimes, les Anglais et les Français tentent de trouver une route plus au nord pour se rendre aux Indes.

En 1497, Giovanni Caboto (v. 1450-1499), un marin génois connu aussi sous le nom de John Cabot, quitte le port anglais de Bristol. Son unique navire longe la côte du Labrador, de Terre-Neuve et de la Nouvelle-Écosse sans trouver de passage.

En fait, ce n'est que sous le règne d'Élisabeth Ire (1558-1603) que les Anglais se lanceront avec détermination à la recherche de la route des Indes. Lors de nouvelles tentatives au nord-ouest, les navigateurs anglais atteignent la baie d'Hudson, au cœur du Canada actuel, et explorent la côte est américaine. Leur recherche d'un passage vers la Chine les amène également au nord-est de l'Europe dans l'océan Arctique ainsi qu'en Asie centrale. Forts de leur victoire contre la marine d'Espagne en 1588, les Anglais n'hésitent pas à s'aventurer dans l'océan Indien sur les traces de Vasco de Gama.

Le roi de France, François Ier, engage un navigateur d'expérience, le Florentin Giovanni da Verrazano, afin de découvrir le passage vers les Indes par le nord-ouest. Au printemps 1524, Verrazano explore la côte nord-est américaine et parcourt sans succès les baies et l'embouchure des fleuves à la recherche d'une voie navigable vers l'Asie.

Huit ans plus tard, le roi choisit Jacques Cartier (1491-v. 1557), un marin français qui a déjà participé à quelques voyages en Amérique. L'objectif demeure le même : découvrir le mystérieux passage au nord-ouest vers les richesses de l'Asie. Cartier quitte le port de Saint-Malo dans le nord de la France en avril 1534. L'itinéraire est connu : ses deux navires suivent la route des pêcheurs de morue européens qui fréquentent les côtes du Labrador et de Terre-Neuve depuis le début du 16e siècle. Cartier s'avance plus à l'ouest et pénètre dans l'**estuaire** du Saint-Laurent. Il prend possession du territoire au nom du roi de France et rencontre des populations amérindiennes, mais son équipage ne trouvera pas d'or, pas plus que la route des Indes. Lors de ses deux autres périples, Cartier explore le fleuve jusqu'à l'île actuelle de Montréal, toujours avec l'espoir de trouver une voie d'eau vers les Indes.

estuaire Embouchure d'un fleuve où se font sentir les marées et les courants marins.

8.18

Défaite de l'Invincible Armada, la flotte du roi espagnol Philippe II, aux mains des Anglais en 1588. Tableau de Philippe-Jacques de Loutherbourg, huile sur toile, 1796, Musée maritime national, Londres.

2 La conquête du « Nouveau Monde »

A u 15e siècle, les Occidentaux entretenaient depuis longtemps des liens économiques et culturels avec certaines populations d'Afrique et d'Asie. Rappelle-toi l'étendue de l'Empire romain, la présence des musulmans en Espagne dès le 8e siècle, les États latins en Terre Sainte créés à l'occasion des croisades ainsi que les comptoirs italiens autour de la Méditerranée et de la mer Noire. Dans leur quête de nouvelles routes commerciales vers l'Asie, les Européens rencontrent encore une grande diversité de peuples dont certains leur sont complètement inconnus.

Pour conquérir les richesses de l'Amérique, les Européens n'hésitent pas à soumettre par la force les peuples autochtones qui s'y trouvent depuis des siècles. Les pages suivantes t'entraîneront au cœur de la conquête des civilisations de l'Amérique **précolombienne** par les Espagnols. Voici l'occasion de fouiller l'histoire de cette rencontre dramatique.

précolombien Relatif à l'Amérique, à son histoire, à ses civilisations avant la venue de Christophe Colomb.

3 TON SUJET D'ENQUÊTE

Décris les peuples autochtones qui habitaient l'Amérique à l'époque de la « conquête du Nouveau Monde ».

▶ Décris le peuple taïno des Antilles.

▶ Explique comment Colomb perçoit les autochtones qu'il rencontre aux Antilles.

▶ Trouve des traits communs aux Mayas et aux Aztèques.

▶ Énumère des caractéristiques de la civilisation inca.

Les peuples d'Amérique

En abordant une petite île des Bahamas le 12 octobre 1492, Christophe Colomb fait des déclarations qui auraient surpris les habitants de l'endroit s'ils avaient pu comprendre ses paroles. Colomb s'empresse de baptiser l'île du nom espagnol de *San Salvador*, « Saint Sauveur », et d'en prendre possession au nom des rois d'Espagne. Or, cette île est l'un des territoires du peuple taïno et porte déjà le nom de Guanahani. Mais les « découvreurs » européens n'en tiennent pas compte. Ils vont prendre possession de chaque nouveau bout de terre ou de mer sans se soucier des autochtones habitant ces lieux.

Les habitants des îles

Les premiers Amérindiens en contact avec les Européens sont des Taïnos, d'un mot indigène qui signifie « bon », « noble ». Ce peuple qui habite les îles de Bahamas et des Grandes Antilles pratique l'agriculture et cultive surtout le manioc, mais aussi le maïs, le haricot, le piment, la patate douce et l'arachide, des plantes alors inconnues des Européens. Les Taïnos font de la poterie et du tissage. Ils façonnent le bois, le cuivre et l'or, mais ne connaissent pas la roue, ni les métaux durs comme le fer. La société taïno s'organise en petits royaumes, dominés par une classe de prêtres et de guérisseurs. Ces Amérindiens observent une religion polythéiste très liée à la vie quotidienne et à la nature. Leurs dieux habitent le ciel et une multitude d'esprits protecteurs sont présents dans les forces de la nature (pluie, tempête, etc.) et dans l'âme de leurs ancêtres défunts.

Colomb admire la forme physique de ceux qu'il croit être des « Indiens ». Il s'étonne de leur nudité et des peintures qu'ils portent sur le corps. Cependant, le Génois les croit sans religion et fait preuve de peu de considération pour leur culture, comme en témoigne son journal de bord.

Dimanche 16 décembre — [...] Ils n'ont pas d'armes, sont tous nus, n'ont pas le moindre génie pour le combat et sont si peureux qu'à mille ils n'attendraient pas trois des nôtres. Ils sont donc propres à être commandés et à ce qu'on les fasse travailler, semer et mener tous autres travaux qui seraient nécessaires, à ce qu'on leur fasse bâtir des villes, à ce qu'on leur enseigne à aller vêtus et à prendre nos coutumes.

Christophe Colomb, Journal de bord, 1492-1493.

8.19
Reconstitution d'un village taïno.

8.20
Représentation très caricaturale d'un festin cannibale par un artiste flamand qui n'a jamais visité les Antilles. Gravure de Théodore de Bry, 1592.

AUJOURD'HUI

Choisis une île des Antilles actuelles et, à l'aide d'un vestige architectural, illustre l'influence de l'époque coloniale.

Petites Antilles Archipel situé à l'est et au sud de la mer des Caraïbes, incluant des îles comme la Grenade, Sainte-Lucie, la Martinique, la Barbade et Saint-Martin.

Dès le premier voyage de Colomb, les Espagnols se heurtent à un autre groupe amérindien : les Caraïbes des **Petites Antilles**. Ces derniers font une forte impression sur les Européens, car le bruit court que ce sont de féroces guerriers aux habitudes cannibales. Certes, lorsque les Taïnos et les Caraïbes s'affrontent pour capturer des prisonniers ou satisfaire une vengeance, ils accomplissent parfois certains rituels cannibales, mais aucune preuve archéologique ou historique ne permet d'affirmer que le cannibalisme est très répandu dans ces populations. En revanche, les Caraïbes sont des marins aguerris et de bons commerçants : ils troquent avec les Taïnos l'or qu'ils obtiennent sur le continent.

Les empires du continent

Lors de son quatrième voyage, en 1502, Colomb longe la côte du Honduras actuel. Les Espagnols croisent pour la première fois un groupe de Mayas, dans une grande pirogue chargée de marchandises. Toujours préoccupé par la recherche d'un passage vers les Indes, l'amiral ne s'attarde pas. Pourtant, à cette époque, la Mésoamérique est occupée par deux grandes civilisations : les Mayas et les Aztèques [← carte 8.4, p. 52]. Toutes deux partagent certains traits communs : une forte hiérarchie sociale, une architecture impressionnante avec des temples en forme de pyramide, un culte polythéiste ainsi qu'une agriculture sophistiquée basée sur le maïs. Tout comme leurs voisins des Caraïbes, ces Amérindiens ne connaissent ni la roue, ni le travail du fer.

Lorsque les Espagnols débarquent en Amérique centrale, la société maya est déchirée par une guerre civile alors que l'Empire aztèque est à son apogée. Tribu nomade du nord du Mexique, les Aztèques se sont établis dans la vallée de Mexico au 14e siècle. Peu à peu, ce peuple guerrier a soumis les autres populations qui l'entouraient. À l'arrivée des Espagnols en 1519, l'Empire aztèque couvre une grande partie du territoire mexicain actuel.

Les Européens abordent aussi l'Amérique du Sud. Sur la côte brésilienne, en 1500, ils rencontrent d'autres peuples amérindiens comme les Tupi-Guaranis. Mais ce sont les riches Incas de la côte Pacifique qui vont véritablement susciter la convoitise des Espagnols à partir de 1526. L'Empire inca s'étend alors de l'Équateur jusqu'au nord du Chili actuel, et de la plaine côtière jusqu'aux plus hauts sommets de la cordillère des Andes. Petite tribu installée au 12e siècle dans la vallée de Cuzco, au Pérou actuel, les Incas ont peu à peu soumis les peuples voisins pour former une puissante civilisation.

8.21
Pyramide maya de Chichén Itzá au Mexique actuel.

quinoa Céréale très nutritive des hauts plateaux de la cordillère des Andes, surnommée le «riz des montagnes», résistant au froid et à l'altitude.

Au 16ᵉ siècle, ces Amérindiens vivent dans une société très hiérarchisée et très réglementée. Le puissant chef de cet État, l'Inca, s'identifie au fils du Soleil. Les dirigeants, les prêtres et leur administration résident dans de somptueuses villes fortifiées alors que les artisans et les paysans habitent des villages aux alentours de la ville ou près des terres cultivables. Un impressionnant réseau routier relie ces agglomérations. La richesse de l'Empire inca repose sur la culture du maïs, du **quinoa** et de la pomme de terre. Des techniques agricoles avancées leur permettent de cultiver à flanc de montagne ou dans les plaines désertiques. Mais ce qui intéresse le plus les Européens, c'est que l'État inca exploite des mines de cuivre, d'argent et d'or.

FAITS D'HIER   UNE VILLE AU MILIEU D'UN LAC

La capitale aztèque se nomme Tenochtitlán. Ne reculant devant rien, les Aztèques construisent leur ville sur une île au beau milieu d'un lac: l'endroit est un véritable marécage infesté de serpents! Grâce à une technique astucieuse, les ingénieurs assèchent le sol afin d'étendre la surface de construction. Ils érigent des palais, des marchés ainsi qu'un centre religieux où se dressent des pyramides dont la plus haute atteint 60 mètres. Éclairées par des torches, les rues recouvertes d'argile durcie quadrillent la ville. Les quartiers résidentiels regroupent des maisons au toit plat, faites de torchis blanchi à la chaux. Deux aqueducs alimentent les habitants en eau potable.

Une multitude de canaux et d'îlots artificiels entourent la ville. Appelés *chinampas*, ces champs rectangulaires façonnés avec la boue fertile du lac sont encore enrichis par les déchets des citadins. Les paysans de Tenochtitlán produisent suffisamment de nourriture pour répondre aux besoins de la population de la ville, laquelle compte de 150 000 à 300 000 habitants selon les historiens.

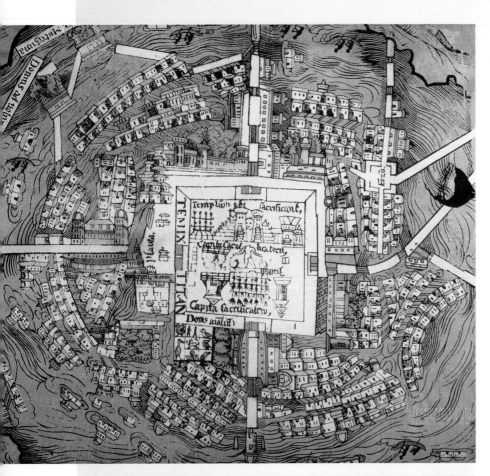

8.22
Plan de Tenochtitlán attribué à Hernán Cortés, conquérant espagnol de la ville, 16ᵉ siècle, Musée de la ville de Mexico.

Une conquête brutale

Après les rencontres timides des premiers voyages, les Espagnols s'empressent de revenir en Amérique afin de poursuivre leurs expéditions et d'établir des colonies dans « leurs » nouveaux territoires. Cette conquête de l'Amérique au 16ᵉ siècle va s'effectuer dans un climat d'extrême violence aux dépens des sociétés amérindiennes. Que ce soit dans les îles des Antilles ou sur le continent, les Espagnols soumettront les populations, détruiront leur organisation sociale et anéantiront leurs monuments. Les Portugais feront de même au Brésil.

conquistador Aventurier espagnol parti à la conquête de l'Amérique au 16ᵉ siècle.

Des conquérants assoiffés de richesses

En Espagne, on se bouscule pour faire partie du voyage vers les Indes. Ces nouveaux aventuriers portent le nom de **conquistadores**, un mot espagnol qui signifie « conquérants ». Ces hommes proviennent pour la plupart des régions pauvres de l'Espagne, mais les équipages comptent aussi des Portugais, des Italiens, des Flamands, des

4 TON SUJET D'ENQUÊTE

Décris les conséquences pour les autochtones de la conquête des Amériques par les Européens.

▸ Compare les équipements militaires des Espagnols et des autochtones.

▸ Décris comment les autochtones perçoivent les Espagnols.

▸ Explique les raisons de la chute démographique des populations amérindiennes.

▸ Décris la situation des populations autochtones une fois leurs territoires conquis.

▸ Explique comment les conquérants règlent le problème de la pénurie de main-d'œuvre en Amérique.

8.23
Reconstitution de La Isabela, colonie de Colomb sur l'île d'Haïti actuelle.

Français, des Allemands et des juifs convertis au catholicisme. Certains sont de petits nobles peu fortunés, d'autres des criminels, des aventuriers, des soldats, des commerçants ou des prêtres. Contrairement aux premières expéditions, les navires, plus nombreux, transportent des marchandises de commerce ainsi que du bétail, des semences et tout le matériel nécessaire à la construction d'un établissement espagnol en Amérique.

Les premiers affrontements entre les Espagnols et les Amérindiens se produisent dès l'époque de Christophe Colomb. Les nouveaux arrivants désirent

FAITS D'HIER — LA SCIENCE DE LA POLITIQUE SELON MACHIAVEL

Tu te souviens de Florence, cette cité-État italienne qui a vu naître la Renaissance? À la fin du 15e siècle, Florence connaît une importante crise politique: les dirigeants se succèdent en prenant le pouvoir par la force. Victime de cette instabilité, Nicolas Machiavel (1469-1527) perd son poste de fonctionnaire et doit s'exiler. Il en profite alors pour réfléchir sur l'exercice du pouvoir politique.

Dans un ouvrage intitulé *Le Prince*, Machiavel explique comment s'emparer du pouvoir et le conserver, et illustre le tout avec des exemples remontant jusqu'à la plus haute Antiquité. Contrairement aux humanistes de son temps, le philosophe florentin considère l'être humain comme une créature mauvaise et peureuse. Aussi le prince, ou souverain, est-il justifié de maintenir son pouvoir par tous les moyens: par la loi, par la force et même par la ruse.

Bien que Machiavel consacre une partie de son étude à la conquête d'un État par un autre, il ne se penche pas sur le très récent partage du monde entre Portugais et Espagnols. Voici un extrait dans lequel l'auteur énumère les façons d'affirmer son autorité sur un pays conquis.

> Quand les États conquis sont, comme je l'ai dit, accoutumés à vivre libres sous leurs propres lois, le conquérant peut s'y prendre de trois manières pour s'y maintenir: la première est de les détruire; la seconde, d'aller y résider en personne; la troisième, de leur laisser leurs lois, se bornant à exiger un tribut, et à y établir un gouvernement peu nombreux qui les contiendra dans l'obéissance et la fidélité.
>
> Nicolas Machiavel, *Le Prince*, chapitre III, 1513.

8.24

Portrait de Nicolas Machiavel, par le peintre italien Sarti di Tito, 1600, palais Vecchio, Florence.

leur part des richesses des territoires d'Amérique. Certains Espagnols pillent les villages et soulèvent la colère des chefs taïnos. Au fil des ans, pillages et affrontements se multiplient dans les îles des Antilles puis sur le continent. En effet, comme les Antilles ne possèdent pas de gisements de métaux précieux, la soif de l'or pousse les Espagnols vers le continent.

Pourquoi les Européens se comportent-ils ainsi? Sans doute parce qu'ils vivent très loin de leur royaume et que les dirigeants comme Colomb et ses successeurs n'arrivent pas toujours à maintenir l'ordre. Mais surtout parce que ces hommes au passé pas toujours recommandable ne trouvent pas dans les îles l'or promis. Ils sont venus en Amérique pour s'enrichir et pour acquérir des terres. Rappelle-toi le système féodal : grâce à leurs terres, les nouveaux venus pourront vivre en seigneur et établir le **servage**.

Des armes inégales

La **cupidité** et la désobéissance n'expliquent pas à elles seules la rapidité et la brutalité de la conquête. La supériorité militaire des Espagnols entre aussi en jeu. Avec leurs chevaux, leurs armures métalliques, leurs **armes blanches** et leurs armes à feu, les conquistadors se lancent dans une bataille inégale. Sans compter qu'ils disposent de féroces dogues, des chiens redoutables dressés au combat. De leur côté, les peuples amérindiens se défendent avec des armes en bois munies de lame de pierre, des frondes et des flèches à pointe de pierre taillée, d'os ou d'arêtes de poisson. De plus, ils n'ont jamais vu de chevaux avant l'arrivée des Européens.

servage Condition du serf.

cupidité Désir excessif et immoral de gagner de l'argent, de s'enrichir de tout.

arme blanche Arme de main constituée d'une partie en métal comme une épée.

8.25
Armes aztèques. Gravure du 16e siècle illustrant la conquête du Mexique par le conquistador Hernán Cortés.

Rencontre de Cortés et de l'empereur aztèque Moctezuma. Extrait d'un manuscrit sur l'histoire des Amérindiens de l'Espagnol Diego Duran, 1579, Bibliothèque nationale d'Espagne, Madrid.

Des civilisations vulnérables

Les Amérindiens n'ont pas la même perception de la situation que les Européens. D'abord, ils prennent les Espagnols pour des dieux descendus du ciel! Venus sur des « îles flottantes » (les navires), grands, blancs et barbus, vêtus de métal, possédant parfois un corps de cheval (les cavaliers), les Espagnols inspirent la crainte et le respect. Qui oserait s'en prendre à des créatures divines? De plus, pour leur plus grand malheur, les Amérindiens ne conçoivent pas la guerre de la même façon que les Espagnols. Pour eux, le but principal de la guerre est de capturer l'ennemi vivant, et non pas de le tuer. Les Espagnols sauront profiter de la situation.

D'autres motifs facilitent la conquête européenne. Au début du 16e siècle, les empires amérindiens sont fragiles. D'une part, les Mayas et les Incas prennent part à de sanglantes guerres civiles. D'autre part, certains peuples conquis par les Aztèques et les Incas, mécontents de leur condition, refusent de combattre auprès de leur empereur. Par ailleurs, les peuples ennemis ne se gênent pas pour collaborer avec les Espagnols. Ainsi, lorsque le conquistador Hernán Cortés (1485-1547) se présente devant l'empereur Moctezuma (v. 1479-1520) à Tenochtitlán, en 1519, il est accompagné de ses nouveaux alliés, les Tlaxcaltèques, ennemis jurés du peuple aztèque.

Les envahisseurs européens reçoivent également une aide tout à fait inattendue. En effet, ils apportent avec eux des maladies jusque-là inconnues en Amérique. Des infections comme la grippe ou la variole sont parfois mortelles pour les Amérindiens qui n'ont pas les anticorps pour les combattre.

AILLEURS

LES VOYAGES D'UN AMIRAL CHINOIS

Au 15e siècle, les Portugais et les Espagnols ne sont pas les seuls à sillonner les mers. Depuis quelques siècles déjà, la Chine peut prétendre au titre de première puissance maritime mondiale. L'an 1405 marque le début de l'âge d'or des explorations maritimes chinoises. L'amiral Zheng He (1371-v.1434) est nommé par l'empereur à la tête d'une imposante flotte composée de plus de 300 navires dont une soixantaine de «bateaux trésors», d'énormes jonques de plus de 120 mètres de long. Cette véritable ville flottante regroupe près de 28 000 marins et soldats, incluant des savants, des artisans, des marchands et des interprètes.

> **tribut**   Contribution payée par un État à un autre, en signe de dépendance, de soumission. Cette contribution peut être forcée et imposée au vaincu par l'État vainqueur d'un conflit.
>
> **allégeance**   Obligation de fidélité et d'obéissance à un État ou à un souverain.

La mission d'une telle flotte? Accroître l'influence de l'Empire des Ming en mer de Chine méridionale et autour de l'océan Indien en établissant des relations diplomatiques et commerciales avec les régions explorées. De 1405 à 1433, Zheng commande sept expéditions qui le mènent jusqu'en Inde et sur la côte orientale de l'Afrique bien avant Vasco de Gama. Les souverains rencontrés paient un **tribut** et prêtent **allégeance** à l'empereur chinois en échange d'une protection militaire. Contrairement aux Européens, les Chinois ne cherchent pas à s'accaparer les richesses des pays qu'ils croisent, pas plus qu'ils ne veulent les asservir ou les convertir.

8.27

Le bateau trésor de la flotte de Zheng He mesure environ 120 mètres de long. La caravelle de Vasco de Gama est longue d'environ 23 mètres.

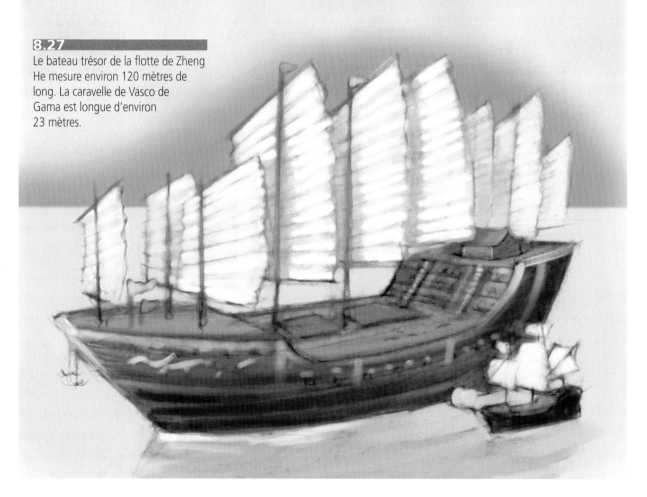

Une victoire foudroyante

Tour à tour, les civilisations de la Mésoamérique et de l'Amérique du Sud sont vaincues par la force. Rapidement, les Européens soumettent les peuples de la mer des Caraïbes et du Brésil au travail forcé. En 1521, après deux ans de conflits, les Aztèques rendent les armes. Cortés se hâte de faire raser Tenochtitlán afin d'y construire la ville espagnole de Mexico. Les Espagnols frappent fort aussi chez les Incas. Francisco Pizarro (v. 1474-1541) prend Cuzco et fait assassiner l'Inca en 1533. Quant aux Mayas, ils s'opposent aux envahisseurs pendant plus de 20 ans et abandonnent la résistance en 1541. Les Européens mettent alors en place une nouvelle organisation sociale et économique.

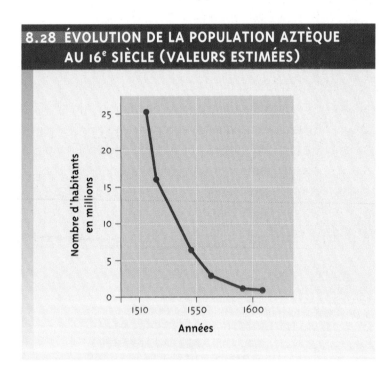

8.28 ÉVOLUTION DE LA POPULATION AZTÈQUE AU 16ᵉ SIÈCLE (VALEURS ESTIMÉES)

En un siècle à peine, les populations amérindiennes subissent un choc démographique effroyable, causé autant par les massacres et les tortures de la guerre que par les maladies comme la variole, la grippe et la rougeole. Les autochtones sont parfois frappés par ces maladies avant même l'arrivée des Européens, car elles empruntent la route des marchandises troquées avec les Européens. Ainsi, l'Inca Huayna Capac et ses troupes seraient morts de la variole en 1527 sans avoir rencontré un seul Espagnol.

L'asservissement des Amérindiens

Lorsqu'ils survivent aux conflits et aux épidémies, les Amérindiens sont soumis au travail forcé par les Espagnols qui ont besoin de main-d'œuvre pour exploiter « leurs » nouvelles possessions. Dans chaque nouveau territoire, les colons espagnols reçoivent des terres ainsi que les autochtones qui s'y trouvent. Ces derniers doivent travailler dans les champs ou dans les mines, mais ils doivent aussi payer des taxes à leurs nouveaux « maîtres ». En échange, les colons s'engagent à les protéger et à les évangéliser. Résultat ? Les Amérindiens deviennent de véritables esclaves. Ce nouveau système d'exploitation ne tient pas compte de leur organisation sociale et économique traditionnelle. Les Amérindiens, qui

Passe à l'action

Une civilisation amérindienne

Poursuis la réalisation du site Internet en trouvant des vestiges d'une civilisation amérindienne, et explique ce qu'ils peuvent nous apprendre sur la façon ancestrale de vivre de ces peuples avant l'arrivée des Européens.

résistent très mal aux mauvais traitements, à la malnutrition et au surmenage, meurent d'épuisement, fuient ou se suicident.

Peu à peu, des rapports dénonçant les atrocités commises par les Espagnols en Amérique parviennent en Europe. Ces témoignages forcent les Européens à s'interroger sur l'esclavage des Amérindiens. Les « Indiens » d'Amérique appartiennent-ils à l'espèce humaine ? Ces gens étranges qui pratiquent le sacrifice humain et des rituels cannibales ont-ils une âme ? Sont-ils inférieurs ou égaux aux Européens ? Dans les faits, plusieurs sont convaincus de la supériorité de la civilisation occidentale. Pour les colons et les conquistadors, cette supériorité justifie la conquête par la force, la soumission des Amérindiens ainsi que leur conversion au catholicisme, « la seule et véritable foi ».

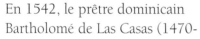
Travail dans une mine d'argent du Potosí en Bolivie actuelle. Gravure de Théodore de Bry, 1602.

En 1542, le prêtre dominicain Bartholomé de Las Casas (1470-1556) publie sa *Très brève relation de la destruction des Indes* à l'intention du roi d'Espagne et empereur germanique, Charles Quint. Las Casas, missionnaire à Cuba et au Mexique, s'indigne des crimes contre les Amérindiens. Il décrit ces derniers comme des créatures de Dieu « extrêmement simples, sans méchanceté, très obéissantes et très fidèles ». Défenseur des « Indiens » d'Amérique, Las Casas rappelle que ces populations sont « aptes à recevoir notre sainte foi catholique ». Il ne s'oppose pas à la colonisation, mais plutôt à la brutalité des colons. Le missionnaire ne se gêne pas pour dénoncer l'attitude des Espagnols :

C'est chez ces tendres brebis [les Amérindiens] que les Espagnols, dès qu'ils les ont connues, sont entrés comme des loups, des tigres et des lions très cruels, affamés depuis plusieurs jours. Depuis quarante ans, et aujourd'hui encore, ils ne font que les mettre en pièces, les tuer, les inquiéter, les affliger, les tourmenter et les détruire par des cruautés étranges, nouvelles, variées, jamais vues, ni lues, ni entendues. [...]

Si les chrétiens ont tué et détruit tant et tant d'âmes et de telle qualité, c'est seulement dans le but d'avoir de l'or, de se gonfler de richesses en très peu de temps et de s'élever à de hautes positions disproportionnées à leur personne. [...] Ils n'ont eu pour eux ni respect, ni considération, ni estime. [...] Ils les ont traités je ne dis pas comme des bêtes [...], mais pire que des bêtes et moins que du fumier.

Bartholomé de Las Casas, Très brève relation de la destruction des Indes, 1542.

engagé   Travailleur européen qui s'engage volontairement afin de servir dans les colonies pour une durée et un salaire fixés par un contrat.

traite négrière   Commerce et transport des esclaves noirs.

Les autochtones meurent en si grand nombre que le recrutement de main-d'œuvre pour exploiter les terres d'Amérique devient un problème. On emploie des prisonniers et des **engagés** européens, mais ils supportent mal le climat tropical. La solution à cette pénurie se trouve du côté de l'Afrique. Depuis le 15e siècle, les Portugais et les Espagnols achètent des esclaves noirs aux marchands musulmans du nord et aux chefs locaux de la côte. Ces esclaves travaillent comme domestiques ou dans les plantations des îles portugaises de l'Atlantique.

Pourquoi ne pas déporter les Noirs d'Afrique en Amérique ? Si l'Église catholique et certains humanistes s'opposent à l'esclavage des « Indiens », ils approuvent le travail gratuit des Africains ! Une telle position peut sembler absurde aujourd'hui, mais les justifications d'un tel comportement sont très anciennes. Déjà, dans l'Antiquité, le philosophe grec Aristote expliquait que l'esclavage provient d'une inégalité naturelle entre les êtres humains : il y a des hommes libres, capables de se gouverner, et des esclaves, incapables de se conduire seuls. Même la Bible dans l'Ancien Testament autorise l'asservissement. Il y est écrit qu'un jour Cham se moqua de son père Noé, nu et ivre. Noé, furieux, maudit alors les descendants de Cham et les condamna à l'esclavage. Les Noirs d'Afrique seraient les descendants mêmes du fils indigne de Noé : la couleur de leur peau démontrerait leur mauvaise nature ! C'est donc ainsi, en toute bonne conscience, que les Occidentaux donnent un sérieux coup de pouce à leur économie coloniale en se dotant d'une main-d'œuvre abondante, robuste et gratuite. La **traite négrière** est lancée.

opinion

Existe-t-il encore dans le monde actuel des formes d'esclavage ?

8.30
Colon blanc porté par des esclaves noirs du Brésil du 17e siècle.

3 Les empires coloniaux

Au fil des explorations, les Portugais et les Espagnols constatent très vite l'enjeu économique de leurs découvertes : ils peuvent ainsi agrandir leur royaume à l'échelle de la planète. Chaque territoire découvert, chaque État soumis devient une portion d'un nouvel empire, qu'il soit portugais ou espagnol. Au 16e siècle, ces puissances y établissent des colonies en fonction des ressources disponibles et des besoins des **métropoles**. À la fin du siècle, les **Provinces-Unies**, les royaumes de France et d'Angleterre vont aussi se tailler une part du commerce mondial et se constituer des empires coloniaux.

métropole État considéré par rapport à ses colonies, à ses territoires extérieurs ; ici, l'Espagne et le Portugal.

Provinces-Unies République majoritairement protestante, fondée en 1579 et située dans le territoire actuel des Pays-Bas.

Les Européens se partagent le monde

La mise en place d'un empire colonial débute par des explorations. Comme tu as pu le constater, l'étape suivante, la conquête, s'effectue souvent dans un climat de violence. Il ne s'agit pas toujours de s'approprier une région étendue, comme ce fut le cas en Amérique. On peut aussi chercher à implanter un réseau commercial accessible par la mer, comme en Afrique et en Asie. Alors même que la Chine et le Japon se ferment aux étrangers, les Occidentaux étendent leur domination au reste du monde.

La protection des « possessions »

À partir des années 1480, les souverains du Portugal et d'Espagne ressentent le besoin de « protéger » leurs découvertes. Par le biais d'une bulle, une lettre officielle signée par le pape, les Portugais se réservent d'abord la possession des territoires découverts sur les côtes africaines. Le premier voyage de Colomb pour le compte de l'Espagne bouleverse la situation internationale.

5 TON SUJET D'ENQUÊTE

Explique en quoi consistent les empires coloniaux du 16e siècle.

▶ Décris ce qu'est un comptoir de commerce de la Renaissance.

▶ Explique pourquoi on favorise la colonie de peuplement en Amérique.

▶ Décris en quoi la colonisation espagnole change le mode de vie des autochtones d'Amérique.

▶ Explique en quoi consiste le commerce triangulaire.

▶ Indique à combien on évalue le nombre d'Africains déportés en Amérique du 15e au 19e siècle.

▶ Explique en quoi les grandes découvertes entraînent des modifications dans les activités commerciales européennes.

8.31 LES EMPIRES COLONIAUX PORTUGAIS ET ESPAGNOL

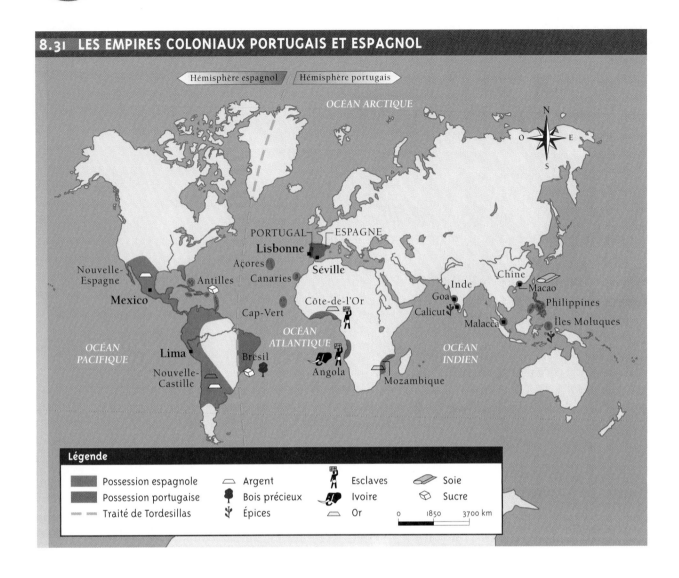

Les Espagnols veulent aussi s'assurer l'exclusivité des terres qu'ils explorent. En 1493, une nouvelle bulle du pape Alexandre VI partage les mers et les terres découvertes et à découvrir entre les deux royaumes. La ligne de démarcation s'étend d'un pôle à l'autre et passe en plein milieu de l'Atlantique : à l'ouest de la ligne, l'exploitation des terres et l'évangélisation des peuples relèvent des Espagnols, à l'est, des Portugais.

Le Portugal conteste ce partage. En 1494, un traité international entre les deux royaumes est signé à Tordesillas, une ville du nord-ouest de l'Espagne. Comme tu peux le voir sur la carte 8.31, la nouvelle entente repousse la ligne de partage vers l'ouest, à l'avantage du Portugal.

Des découvertes sous-marines

Complète le site Internet de la conquête de l'Amérique en illustrant par des exemples de découvertes archéologiques sous-marines en quoi consistaient les cargaisons des galions espagnols attaqués par des corsaires et des pirates. Agrémente le tout en établissant la biographie d'un ou d'une célèbre pirate du 16e ou 17e siècle.

PIRATES OU HÉROS NATIONAUX ?

La piraterie existe depuis la plus haute Antiquité : là où il y a des bateaux chargés de marchandises, il y a des pirates pour les piller. À partir du 15e siècle, la piraterie devient aussi une affaire d'État. En effet, les gouvernements eux-mêmes soutiennent les voleurs de bateaux. Pourquoi ?

galion Grand navire espagnol armé destiné au commerce avec l'Amérique.

Parce que les Portugais et les Espagnols ne veulent pas partager avec d'autres les privilèges que leur accorde le traité de Tordesillas. Lorsque les **galions** espagnols remplis d'argent du Pérou, d'or de l'Équateur et d'émeraudes de la Colombie déversent leurs trésors dans le port de Séville, la France et l'Angleterre veulent aussi leur part des richesses.

Tous les moyens sont bons. Dans les années 1520, alors que la France et l'Espagne sont en guerre, le capitaine français Jean Fleury s'empare de vaisseaux espagnols rentrant du Nouveau Monde. Fleury n'est pas un pirate ordinaire : c'est un corsaire. Ce dernier parcourt les mers et pille les navires ennemis avec la permission écrite de son souverain, à qui il doit remettre une partie de son butin. Au début, Français et Anglais interceptent les bateaux au large de l'Europe à leur retour d'Amérique puis, au fil des ans, ils arment de véritables flottes pour attaquer les riches ports de la mer des Caraïbes. À la fin du 16e siècle, les corsaires anglais John Hawkins et Francis Drake font trembler les navigateurs portugais et espagnols. Brouillée avec l'Espagne, la reine Élisabeth Ire les appuie et n'hésite pas à recourir à leurs services pour renforcer la marine de guerre anglaise.

8.32
Abordage d'un navire par des pirates au 17e siècle. Gravure du 19e siècle.

Le comptoir, un établissement rentable

Au fur et à mesure que les vaisseaux portugais découvrent les côtes africaines puis asiatiques, ils y établissent des comptoirs commerciaux. L'installation d'un comptoir se déroule parfois dans le conflit. Ainsi, lorsque Vasco de Gama reprend la route des Indes en 1502, il commande une flotte de guerre avec laquelle il soumet les ports musulmans de la côte orientale de l'Afrique et canonne la ville de Calicut. Ses victoires lui permettent de s'imposer comme partenaire commercial exclusif des pays soumis. Cependant, les Portugais ne cherchent pas à conquérir de vastes territoires, ni à soumettre les populations d'Afrique ou d'Asie. Leur but est plutôt d'établir un vaste réseau de commerce maritime.

Qu'est-ce qu'un comptoir colonial? C'est un établissement commercial qui peut prendre différentes formes: un quartier dans le port d'une ville existante, une fortification située sur un site stratégique comme une île ou une colline, ou plus rarement une véritable petite colonie de peuplement européen près de la côte, comme celle de Macao, en Chine [← carte 8.31, p. 84]. Ce comptoir d'échanges regroupe principalement des entrepôts mais, selon sa taille, on y trouve aussi des logements, une chapelle, un potager, etc. On y croise surtout des soldats et des marchands qui commercent avec les populations locales.

opinion

Les autochtones d'Amérique ont-ils raison de revendiquer des compensations pour la perte de territoires à l'époque de la conquête de l'Amérique?

8.33

Dans les années 1600, Québec est l'un des premiers comptoirs français à voir le jour dans la vallée du Saint-Laurent, sur le territoire de populations nomades de chasseurs-cueilleurs. Gravure d'après un dessin de Samuel de Champlain, publiée à Paris en 1613.

Les Portugais ne sont pas les seuls à établir des comptoirs à l'étranger. Au 17ᵉ siècle, ils sont concurrencés par les Hollandais, les Français et les Anglais. À cette époque, la mise en place de comptoirs ainsi que le transport des colons vers les nouveaux territoires sont confiés à des compagnies de commerce. Cette façon de faire coûte moins cher aux gouvernements et les investisseurs peuvent espérer empocher d'importants profits grâce aux échanges commerciaux avec la métropole. Ainsi, l'imposante Compagnie néerlandaise des Indes Orientales, fondée en 1602, va contrôler les nombreux postes de commerce hollandais dans l'océan Indien et le Pacifique jusqu'à la fin 18ᵉ siècle.

CITOYEN, CITOYENNE

Des besoins et des ressources à contrôler

Au fil des siècles, les sociétés humaines ont peuplé les territoires de la planète. Leur population toujours croissante a aussi développé des besoins de plus en plus nombreux, complexes et variés. Il a été possible de les combler grâce aux ressources locales et aux échanges commerciaux avec les autres sociétés. Cependant, pour satisfaire ces besoins sans cesse croissants, certaines ressources naturelles ont été surexploitées. Les sociétés actuelles prennent conscience de la fragilité de ces précieuses ressources, qui n'apparaissent plus aujourd'hui comme inépuisables. Les observateurs scientifiques actuels notent entre autres que l'action humaine entraîne de graves problèmes tels que la disparition d'espèces végétales et animales, la déforestation, des changements climatiques et une pollution croissante. En somme, l'état de santé général de l'environnement préoccupe de plus en plus les sociétés humaines qui doivent à présent protéger et contrôler l'exploitation des ressources, afin d'en assurer la conservation. Le défi des sociétés modernes est donc d'établir un équilibre entre les besoins croissants des populations humaines et les ressources naturelles disponibles.

Question citoyenne

Explique le rôle d'une institution mise en place dans ta société pour protéger les ressources naturelles ou l'environnement.

Action citoyenne

Choisis une ressource naturelle avec tes camarades et propose des actions que vous pouvez poser pour aider à la protéger. Établissez ensuite un plan de promotion de ce moyen d'action écologique auprès des autres élèves.

La colonie de peuplement : l'Espagne en Amérique

En Amérique, les Espagnols décident d'établir des colons dans les nouveaux territoires afin d'en exploiter les ressources de façon durable. Ils s'établissent sur le pourtour du golfe du Mexique et en Amérique du Sud. La présence de nombreux Espagnols impose la langue, les lois et les institutions de la métropole aux populations conquises. Un gouverneur ou un vice-roi dirige et prélève des taxes au nom du roi d'Espagne. La colonisation portugaise est plus modeste. Les Portugais s'installent sur la côte du Brésil dans le seul but d'exploiter les forêts et des plantations de canne à sucre. Les Anglais et les Français feront de même dans le nord de l'Amérique.

Au fil des ans, une nouvelle organisation sociale se forme dans les colonies espagnoles, sans égard à celle des populations vaincues. Son fonctionnement repose sur la richesse et la couleur de la peau. Les Espagnols, nés dans la métropole, contrôlent l'administration de la colonie et le commerce avec l'Espagne. Les créoles, Espagnols nés en Amérique, possèdent la richesse locale : les grandes propriétés, les mines et le commerce local. C'est parmi eux que l'on retrouve les gens les plus instruits. Vient ensuite le groupe de plus en plus important des sangs mêlés ou métis, c'est-à-dire des personnes issues d'unions interraciales. En effet, il n'est pas rare qu'un conquistador épouse une Amérindienne ou qu'une esclave venue d'Afrique porte l'enfant de son maître blanc. Tout au bas de cette hiérarchie sociale se situent les Amérindiens, les esclaves africains ainsi que les métis afro-amérindiens.

La colonisation entraîne aussi la mise en place d'institutions reliées à l'Église catholique : des églises, des monastères et même des universités à partir des années 1550. L'Église coloniale encadre la vie spirituelle des colons et tente de convertir les Amérindiens et les Africains à la religion catholique. On leur enseigne également la culture européenne : vêtements, langue, manières, etc. Les missionnaires font détruire les statues des divinités, les calendriers et les textes religieux des autochtones et construisent des lieux de culte catholique sur le site

8.34
Portrait d'une métisse avec son enfant et son époux espagnol. Tableau de Miguel Cabrera, huile sur toile, 18e siècle, musée de l'Amérique, Madrid.

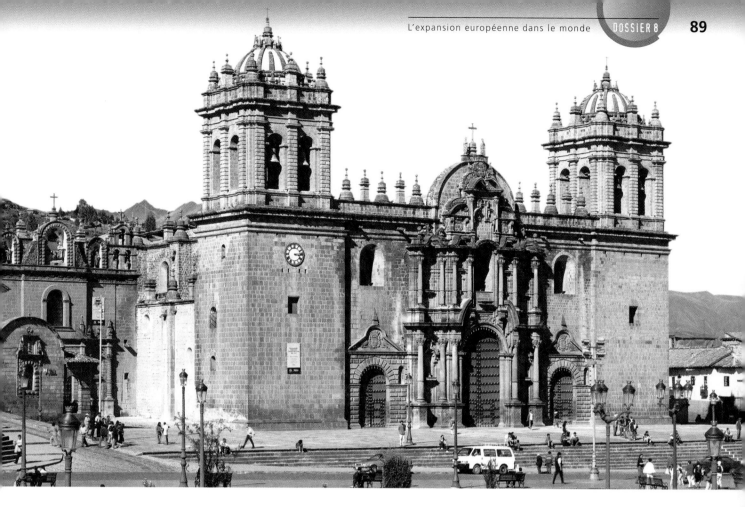

des anciens temples démolis. Malgré cela, la christianisation des Amérindiens progresse lentement. Les prêtres connaissent mal les langues autochtones et ne sont pas assez nombreux. Surtout, les Amérindiens montrent peu d'intérêt pour la nouvelle religion. En fait, ils se tournent vers le catholicisme lorsque les notables de leur communauté s'y convertissent. Ce qui ne les empêche pas de continuer à pratiquer leur ancienne religion.

8.35
Cathédrale coloniale de Cuzco, au Pérou actuel.

L'exploitation des colonies

Tu as vu que le principal enjeu des grandes découvertes consiste à s'approvisionner directement en métaux précieux, en épices et autres marchandises difficiles à trouver en Occident. Avec la création de leurs empires coloniaux, les Espagnols et les Portugais réussissent à exploiter les ressources des colonies et à organiser des réseaux d'échange avec les métropoles. L'arrivée de nouveaux produits, notamment l'or et l'argent, vient bouleverser l'ensemble de l'économie européenne.

Depuis longtemps, le commerce européen prospérait dans les ports de l'Italie du Nord, de la mer du Nord et de la Baltique. À la suite des explorations portugaises et espagnoles, les deux ports atlantiques de Lisbonne et de Séville connaissent un développement spectaculaire. Au 16ᵉ siècle, d'autres ports de la région atlantique comme Rouen, en France, et Londres, en Angleterre, bénéficient directement de l'essor commercial lié aux colonies. N'oublions pas que la colonisation a pour but principal d'enrichir les métropoles européennes.

> **AUJOURD'HUI**
>
> Établis une liste de produits étrangers consommés par tes camarades et toi, et décris leur provenance.

L'empire portugais

L'empire colonial du Portugal est composé principalement de comptoirs [← carte 8.31, p. 84]. Lisbonne devient le magasin d'épices de l'Europe : poivre, clou de girofle, cannelle, muscade en provenance de l'Inde et des îles Moluques. Les bateaux reviennent aussi chargés de tissus de coton, de parfums, de pierres précieuses, de soieries et de porcelaine d'Asie. L'Afrique fournit des ressources encore plus précieuses : l'or, le sucre et la main-d'œuvre.

Dès le 15e siècle, les Portugais commencent à cultiver la canne à sucre dans les îles des Açores et de Madère au large de la côte africaine. La récolte est pénible, car la canne ne se coupe pas aussi facilement qu'une tige de blé. La plante ressemble à un gros roseau de quelques centimètres de diamètre et pousse en touffes serrées qu'il faut tailler au ras du sol. Cependant, les Européens apprécient beaucoup le sucre et cette culture se répand dans les Antilles et au Brésil, où les colons vont recourir à la main-d'œuvre des Noirs d'Afrique après la disparition des esclaves amérindiens.

Pour répondre à leurs besoins en travailleurs agricoles et miniers, les Portugais et les Espagnols mettent sur pied un système commercial appelé commerce triangulaire. Au 16e siècle, ils seront suivis par les autres puissances maritimes européennes. Comme le dit son nom, le commerce

8.36

Le commerce triangulaire dans l'océan Atlantique.

triangulaire s'effectue en trois temps. Première étape : dans un port d'Europe, un navire est chargé de produits appréciés par les marchands d'esclaves : alcool, textiles et armes variées. Le vaisseau fait escale sur la côte africaine où le marchand européen négocie l'achat d'esclaves auprès du chef local. Deuxième étape : on débarque les marchandises et on entasse les esclaves noirs, nus et enchaînés au fond de la cale. On met ensuite le cap sur l'Amérique, dans des conditions sanitaires épouvantables ! Troisième étape : en Amérique, on procède à l'échange des esclaves contre des produits de la colonie. Le navire quitte le « Nouveau Monde » avec, à son bord, du sucre, de l'indigo, du tabac, du coton, des diamants, de l'or ou de l'argent, selon les colonies visitées.

FAITS D'HIER

DES CHIFFRES INTOLÉRABLES

Dans un texte publié en 2004 à l'occasion de l'Année internationale de commémoration de la lutte contre l'esclavage et de son abolition, l'**UNESCO** retrace les grandes lignes du plus important trafic d'êtres humains jamais connu. Le bilan de la traite négrière est accablant : du 15e au 19e siècle, entre 15 et 18 millions de captifs africains ont été déportés vers l'Amérique.

UNESCO   Organisation des Nations Unies pour l'éducation, la science et la culture. Une institution spécialisée de l'Organisation des Nations Unies (ONU), fondée en 1946, pour resserrer la collaboration entre les peuples par le développement de l'éducation, de la science et de la culture.

8.37

Plantation de canne à sucre.

Plus de la moitié d'entre eux furent employés dans les plantations de canne à sucre des Caraïbes et du Brésil où leur espérance de vie n'excédait pas cinq à six ans après leur arrivée. Un système mortifère dans lequel on estime que pour un captif africain parvenu vivant aux Amériques, cinq autres étaient morts pendant les phases de razzia, de guerre et de capture dans les villages de l'intérieur du continent, de marche forcée vers les centres de regroupement et les comptoirs de vente, d'emprisonnement dans les baracoons [enclos] des côtes africaines puis pendant la traversée transatlantique.

Katérina Stenou, Luttes contre l'esclavage, UNESCO, 2004.

L'empire espagnol

Les Espagnols fondent d'abord leur empire sur le pillage des richesses des civilisations amérindiennes (or, argent et pierres précieuses), avant de profiter du travail gratuit des esclaves africains pour exploiter les ressources de leurs colonies. Ils accaparent aussi une partie du commerce des épices grâce à leur colonie des Philippines, située dans le sud-est de l'Asie [← carte 8.31, p. 84]. Les colons d'Amérique établissent des plantations, des ateliers de tissage et des chantiers de construction navale. Ils entreprennent ensuite d'exploiter les richesses du sous-sol. À la fin du 16ᵉ siècle, l'extraction de l'argent dans les mines du Mexique et du Pérou devient l'activité la plus rentable de toute l'Amérique espagnole.

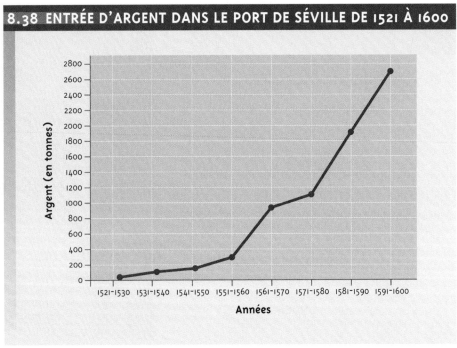

8.38 ENTRÉE D'ARGENT DANS LE PORT DE SÉVILLE DE 1521 À 1600

FAITS D'HIER · LES CHATS DÉBARQUENT

En plus d'introduire en Amérique différents outils inconnus des Amérindiens, les Européens y amènent leurs bêtes : bovins, chevaux, chèvres, volailles, etc. Savais-tu que les Espagnols ont introduit le cheval et le chat domestique dans le « Nouveau Monde » ? Les Amérindiens ne connaissaient que les félins sauvages comme le jaguar.

Longtemps chassé parce qu'on le croyait porteur de la peste, le chat domestique devient un compagnon utile pour les colons. Dès la fin du 15ᵉ siècle, les navigateurs les emploient sur les caravelles pour manger les rats. Ensuite, ces chats ratiers débarquent dans les îles et sur le continent pour protéger les plantations et les réserves de nourriture contre les nombreux rongeurs. C'est un missionnaire français, Joseph Le Caron, qui aurait introduit le chat sur les rives du Saint-Laurent.

La nouvelle « économie-monde » européenne

L'Espagne et le Portugal ne contrôlent pas les grands réseaux de distribution des marchandises à l'intérieur même de l'Europe. Les produits du « Nouveau Monde » sont achetés par les puissantes compagnies de négociants italiens et juifs qui les redistribuent dans tout le continent. Ainsi, les grosses affaires se brassent dans les grandes villes bancaires et commerciales d'Anvers, en Flandre, de Gênes, en Italie, et d'Amsterdam, dans les Provinces-Unies. C'est là que se concentrent les gens d'affaires et les capitaux. Les autres centres urbains d'Europe comme Rome, Londres ou Paris bénéficient également du commerce avec le « Nouveau Monde ».

Ce système économique porte le nom de capitalisme commercial. Souviens-toi que ce sont les hommes d'affaires du nord de l'Italie et de la Flandre qui l'ont mis en place afin d'intensifier le grand commerce à la fin du Moyen Âge. Avec les grandes découvertes, leurs activités commerciales se déploient à l'échelle de la planète. Ces échanges profitent aux investisseurs et aux banquiers européens. Ces derniers placent leur argent dans les compagnies qui possèdent des propriétés dans les colonies, **arment** des navires ou encore contrôlent le réseau de commerce en Europe.

Certains historiens ont élaboré le concept d'« économie-monde » pour expliquer cette organisation économique. L'« économie-monde » serait un ensemble économique qui n'implique qu'une portion de la planète : on parle de l'économie-monde européenne. Il se composerait de trois éléments. Au milieu, on trouve une ville portuaire dominante. Il s'agit d'un grand centre bancaire et commercial qui dirige les échanges. Autour de ce centre, se trouve tout un réseau de villes et de ports importants qui participent aux activités de commerce. Enfin, à l'extérieur de ces foyers urbains s'étend une immense zone moins développée et moins peuplée : les campagnes d'Europe ainsi que le territoire des colonies conquises par les Européens. Aujourd'hui, les spécialistes préfèrent replacer l'économie européenne dans l'ensemble plus vaste de l'économie mondiale et parlent plutôt de « mondialisation » des échanges. En effet, les métaux précieux recueillis en Amérique ne profitent pas qu'aux Européens. L'or et l'argent des colonies se trouvent surtout en Asie, où les Indiens et les Chinois vendent avantageusement leurs produits de luxe aux marchands d'Europe.

armer Équiper un navire de tout ce qu'il faut pour prendre la mer.

8.39
Le port d'Anvers et son marché au poisson. Tableau flamand, vers 1600.

FAIRE L'HISTOIRE

L'être humain et les sociétés regardés à la loupe

De tout temps, des gens se sont passionnés pour les peuples différents du leur. Ces individus à l'esprit à la fois curieux et aventurier n'ont pas hésité à partir à la rencontre de populations inconnues. Déjà au 5e siècle avant Jésus-Christ, le Grec Hérodote voyageait autour de la Méditerranée et s'appliquait à décrire les croyances, les institutions et la vie quotidienne des « barbares ». À partir de la fin du Moyen Âge, les récits de voyage de marchands, d'explorateurs, de missionnaires et de colons se multiplient. La rencontre inattendue de groupes humains comme les Amérindiens d'Amérique ou encore les aborigènes d'Australie au 17e siècle inspire de nombreuses descriptions. Comme tu l'as vu, ces contacts provoquent aussi de nombreux débats chez les Européens quant à la place de ces peuples dans l'humanité et dans l'histoire biblique. On s'interroge sur l'origine de leurs religions, de leurs coutumes ainsi que sur celle de leur organisation sociale et politique.

Ces observations et ces réflexions constituent l'origine lointaine d'une science qui voit le jour au 19e siècle : l'anthropologie, des mots grecs *anthrôpos* et logos qui signifient « science de l'homme ». Au programme : l'étude des sociétés humaines à partir de leur histoire et de leurs caractéristiques physiques, culturelles, politiques et économiques.

Au fil des ans, l'anthropologie s'est divisée en plusieurs champs d'étude. L'anthropologie physique s'intéresse aux changements et aux différences des caractères biologiques de l'être humain : son anatomie, ses traits physiques, son comportement. Dans ses recherches sur l'évolution, le spécialiste de cette discipline étudie les restes humains anciens et observe les primates comme les singes et les gorilles. Depuis quelques décennies, il fait aussi appel aux données de la génétique.

Une autre branche de l'anthropologie se penche plutôt sur la culture et l'organisation des sociétés humaines. Dans tes lectures, tu constateras que l'anthropologie sociale et culturelle porte aussi le nom d'ethnologie. L'ethnologue mène son enquête sur le terrain, c'est-à-dire qu'il se plonge dans la société qu'il étudie, que ce soit un village européen ou africain. En observant chaque individu, chaque coutume, chaque objet, ce cher-

8.40

Manière de faire le sucre d'érable. Gravure extraite de l'ouvrage du missionnaire jésuite Joseph François Lafitau, « *La vie et les mœurs des sauvages amériquains comparées aux mœurs des premiers tems* », Amsterdam, 1732. Lafitau y compare les usages et les coutumes des Iroquois de la région de Montréal avec ceux des peuples de l'Antiquité. Musée de la Civilisation, bibliothèque du Séminaire de Québec.

cheur essaie de mieux comprendre l'ensemble de la société. Aujourd'hui, les lieux et les sujets d'enquête se transforment: l'anthropologue étudie aussi les groupes sociaux des milieux urbains et même des grandes entreprises. Ces travaux se rapprochent de ceux du sociologue qui tente de mieux saisir les règles de fonctionnement des sociétés dans leur ensemble.

Où retrouve-t-on les anthropologues? Dans les universités où ils enseignent leur discipline ou font de la recherche. Les organismes gouvernementaux font aussi appel aux anthropologues à qui ils peuvent demander une étude sur un sujet particulier comme la situation de l'emploi dans une région, les problèmes reliés aux jeux de hasard ou la condition des femmes. La profession d'anthropologue peut aussi s'exercer dans les entreprises privées pour gérer le personnel ou améliorer le fonctionnement de l'organisation. Les anthropologues sont aussi actifs dans le milieu de la coopération internationale, car ils ont une bonne compréhension des sociétés des pays en développement et sont en mesure de faciliter la communication entre les membres de différentes cultures. De la même façon, ils travaillent pour des organismes qui se préoccupent de problèmes socio-économiques. Tu n'as qu'à penser à Amnistie internationale ou encore à un service d'accueil et d'intégration de nouveaux immigrants dans ton quartier.

Certains anthropologues spécialisés travaillent aussi pour un service de médecine légale. De quoi s'agit-il au juste? La médecine légale collabore avec la justice en ce qui concerne tous les aspects médicaux reliés à l'application des lois: pratique d'**autopsie** dans le contexte d'une mort suspecte, examen à la suite d'une agression sexuelle, évaluation des blessures à la suite d'un accident, etc. Les policiers et les tribunaux font appel à l'anthropologue légiste afin d'identifier des restes humains (ossements, membres, etc.). S'agit-il d'ossements humains? Depuis quand se trouvent-ils à cet endroit? Ce spécialiste de l'anthropologie physique peut établir le sexe, l'âge, les caractères physiques de la victime ainsi que les circonstances et les causes de son décès. L'anthropologue peut ainsi reconstituer l'histoire de meurtres et de massacres parfois très anciens!

autopsie Examen physique et chimique de toutes les parties d'un cadavre afin de déterminer la cause de la mort.

8.41
Une anthropologue légiste au travail. Dre Kathy Reichs, anthropologue au Laboratoire de sciences judiciaires et de médecine légale à Montréal.

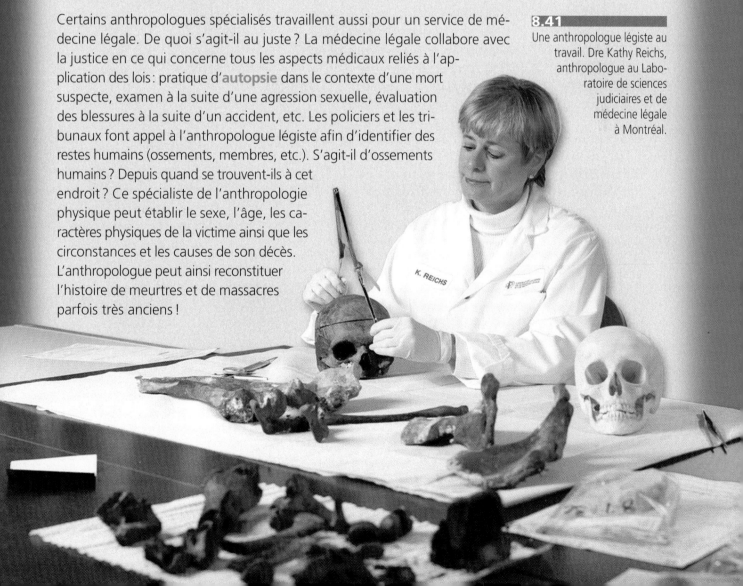

EN CONCLUSION

Ton résumé

Rédige un court résumé de ce que tu retiens de ce dossier sur l'expansion européenne dans le monde aux 15e et 16e siècles. Consulte la ligne du temps, note les dates importantes et les événements les plus marquants. Situe à l'aide des cartes les principaux royaumes qui se lancent dans les explorations ainsi que les nouvelles terres qu'ils découvrent et les colonies qu'ils y développent. Note le nom des explorateurs importants, les outils qu'ils ont utilisés, les motifs qui justifiaient leurs explorations, les rois qu'ils ont servis et les peuples autochtones qu'ils ont rencontrés et asservis.

Aide-mémoire

Les explorations des 15e et 16e siècles ont pour effet de renforcer et d'étendre le capitalisme commercial européen. Les colonies qui s'installent grâce aux grandes découvertes font en sorte que leurs activités commerciales ne se limitent plus simplement à la Méditerranée ou à la mer du Nord mais s'étendent sur toutes les mers du monde. Par contre, si ces échanges profitent aux monarques, aux investisseurs et aux banquiers européens, ils sonnent la fin du mode de vie traditionnel des civilisations autochtones et entraîneront la mort et l'esclavage de milliers d'entre eux.

Mots et concepts clés

Antilles	esclavage
colonisation	grandes découvertes
commerce	héliocentrisme
conquistador	métropole
culture	précolombien
économie-monde	technologie
empire	territoire
enjeu	traite négrière

Ton portfolio

Fais un retour critique sur ta façon d'employer la méthode historique de recherche en répondant dans ton portfolio aux questions suivantes :

- Explique l'importance de noter avec précision tes sources documentaires.
- Énumère des sources documentaires que tu utilises régulièrement.
- Fais une liste de sites Internet en histoire qui te sont souvent utiles.

Tes travaux préparatoires

Le prochain dossier traite des révolutions américaine et française. Afin de t'y préparer, voici quelques suggestions de recherches :

- Dresse une chronologie des événements importants de la Révolution américaine ou de la Révolution française.
- Note la définition des mots et concepts suivants : Ancien Régime, clergé, despotisme, journalier, monarchie, noblesse, siècle des Lumières, tiers état.
- Établis une liste chronologique des monarques de France ou d'Angleterre du 18e siècle.
- Trouve des illustrations d'habitations ou de domaines de la noblesse française ou britannique datant du 17e et du 18e siècle.

LES RÉVOLUTIONS AMÉRICAINE ET FRANÇAISE

TABLE DES MATIÈRES

Pour t'exercer à la pratique démocratique en milieu scolaire, organise une Chambre d'assemblée législative avec tes camarades. Cette assemblée sera constituée de tous les élèves de la classe, qui éliront un président ou une présidente d'assemblée à chaque réunion. Des équipes formées de membres du Conseil proposeront tour à tour des règles et des lois qu'ils aimeraient voir appliquées dans leur société. Le président ou la présidente verra à ce qu'elles soient clairement expliquées et débattues par l'assemblée avant d'être acceptées ou rejetées dans le cadre d'un vote démocratique.

DE L'ANCIEN RÉGIME AU NOUVEL ORDRE

Depuis le début de l'époque moderne, bien des choses ont changé. Les humanistes ont renouvelé la pensée occidentale, les grandes découvertes ont ouvert le monde à l'Europe et les sciences ont connu une véritable révolution. Cependant, l'organisation sociale et politique de la plupart des États européens est demeurée la même : une monarchie et une hiérarchie sociale héritées du Moyen Âge.

Une remise en question du pouvoir monarchique et de la hiérarchie sociale débute au 17e siècle en Angleterre. Le Parlement devient alors le centre de la vie politique, limite les pouvoirs du roi et protège les droits des individus. Le nouveau régime anglais influence les penseurs du 18e siècle. Ces philosophes mènent un même combat contre l'ignorance et l'intolérance. Ils prônent la liberté, le bonheur et le progrès, et critiquent ouvertement les abus du régime en place. Ces nouvelles idées, ajoutées au mécontentement des populations et aux problèmes économiques, préparent les révolutions de la fin du siècle. Une révolution, c'est un changement brusque et violent dans l'organisation sociale et politique d'un État qui survient lorsqu'un groupe se révolte contre l'autorité en place et réussit à s'emparer du pouvoir. Comment les États-Uniens et les Français en arrivent-ils à un changement aussi radical ? Dans ce dossier, tu découvriras ces nouveaux systèmes politiques ainsi que les droits qu'ils accordent à la population. Attention, les choses ne changent pas partout en Occident : la Russie, gouvernée par les tsars, n'a pas encore connu sa révolution…

9.1

Le temps des révolutions.

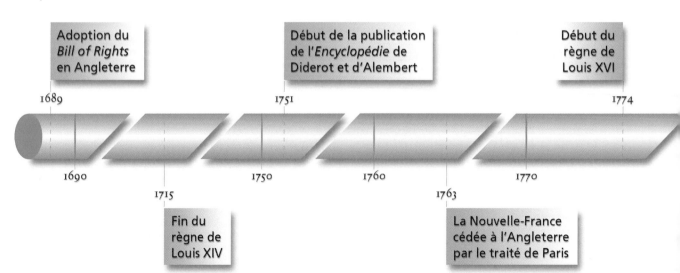

Adoption du *Bill of Rights* en Angleterre

Début de la publication de l'*Encyclopédie* de Diderot et d'Alembert

Début du règne de Louis XVI

1689

1751

1774

1690   1750   1760   1770

1715

1763

Fin du règne de Louis XIV

La Nouvelle-France cédée à l'Angleterre par le traité de Paris

Chacun peut aujourd'hui communiquer librement ses opinions personnelles. Il est aussi possible de s'associer à d'autres personnes pour revendiquer des droits qui nous tiennent à cœur. Dans nos sociétés démocratiques modernes, tous les citoyens sont libres d'exprimer leurs opinions et ont le droit de voter pour élire un représentant de leur choix.

- Énumère des libertés ou des droits fondamentaux.
- Explique par qui sont établis les règlements et les lois qui garantissent tes droits et tes libertés.
- Qu'en était-il au 18ᵉ siècle, en France, avant la révolution de 1789 ?
  - Qui décidait des lois ?
  - Quel rôle jouait le peuple dans les décisions politiques ?

9.2

Une manifestation pour revendiquer des droits.

9.3

La Liberté guidant le peuple d'Eugène Delacroix, 1830, huile sur toile, musée du Louvre, Paris. Ce tableau du peintre français Eugène Delacroix (1798-1863) évoque une révolte populaire survenue à Paris en 1830. Au centre, cette femme de la rue qui porte le drapeau tricolore de l'État français ainsi qu'un fusil représente la liberté du peuple conquise lors de la révolution de 1789.

Déclaration d'indépendance des treize colonies anglo-américaines

Prise de la prison de la Bastille, à Paris

Déclaration des droits de l'homme et du citoyen en France

1776   1789

ÉPOQUE MODERNE

1780   1790   1800

1778   1783   1787   1793   1799

Mort de Voltaire

Naissance des États-Unis d'Amérique

Adoption de la Constitution américaine

Le roi Louis XVI et son épouse sont guillotinés

Napoléon Bonaparte prend le pouvoir en France

9.4 QUELQUES RÉGIMES POLITIQUES DANS LE MONDE À LA FIN DU 18ᵉ SIÈCLE

États-Unis d'Amérique
République, démocratie représentative

Nouvelle-Espagne
Vice-royauté espagnole, gouvernement colonial

AMÉRIQUE DU NORD

OCÉAN PACIFIQUE

OCÉAN ATLANTIQUE

Mississippi

Philadelphie
ÉTATS-UNIS D'AMÉRIQUE

NOUVELLE-ESPAGNE

Mexico

Golfe du Mexique

Amazone

AMÉRIQUE DU SUD

Échelle
0 750 1500 km

OCÉAN ARCTIQUE

Russie
Empire des tsars
Romanov, monarchie

Grande-Bretagne
Monarchie parlementaire,
démocratie

ASIE

GRANDE-
BRETAGNE

EMPIRE DE
RUSSIE

■ Saint-Pétersbourg

Londres ■

EUROPE

■ Paris
FRANCE

Danube

Madrid
■
ESPAGNE

Mer Méditerranée

Tigre

Euphrate

Indus

CHINE
DES QING

Huang he

Beijing
■

Chang jiang

Nil

Espagne
Monarchie

France
République,
démocratie

AFRIQUE

OCÉAN
INDIEN

Chine
Empire de la dynastie
Qing, monarchie

MADAGASCAR

OCÉANIE

Madagascar
Royaume des Mérinas,
monarchie

1 Le régime d'avant la Révolution française

Tu connais déjà le régime en place au 18ᵉ siècle en France, hérité du Moyen Âge. Les révolutionnaires français lui donnent le nom simple et évident d'Ancien Régime. Côté politique, c'est une monarchie. Un souverain, aidé d'un conseil et d'une administration, détient l'autorité et règne sur les sujets de son royaume. Côté social, les sujets sont répartis selon une hiérarchie bien établie qui désavantage ceux qui travaillent. C'est ce régime que tant de gens veulent voir disparaître.

1 TON SUJET D'ENQUÊTE

Caractérise les différents ordres qui composent la société française de l'Ancien Régime.

▸ Établis quels sont les trois grands ordres de la société française.

▸ Décris la noblesse française et ses privilèges, et indique quel pourcentage de la population elle représente au 18ᵉ siècle.

▸ Montre comment un roturier peut accéder à la noblesse.

▸ Décris la situation financière du clergé catholique.

▸ Explique en quoi consiste le tiers état.

roturier Qui n'est pas noble, qui est de condition inférieure, dans la société de l'Ancien Régime.

La société de l'Ancien Régime

Malgré l'essor urbain de la fin du Moyen Âge, l'Europe occidentale continue d'être un monde rural. En France, plus de 80 % de la population vit dans les campagnes. Quant à la société, elle se divise toujours en trois ordres ou états : la noblesse, le clergé et tous les autres, regroupés sous le nom de tiers état. Au fil des siècles, de nouveaux groupes sociaux se sont formés et ont augmenté les inégalités à l'intérieur même des différents ordres.

La noblesse et le clergé

Autrefois formée de chevaliers et de seigneurs, la noblesse a longtemps joué un rôle militaire. Il fallait alors défendre les habitants de la seigneurie ou lever une armée à la demande de quelque grand seigneur ou du roi. À partir du 16ᵉ siècle, cependant, de plus en plus de souverains européens se dotent d'une armée permanente d'hommes bien entraînés. Si la plupart des officiers supérieurs proviennent de la noblesse, les soldats des troupes de l'État sont souvent des **roturiers** qui s'engagent pour la

9.5

Réalisée en 1766, cette œuvre du peintre français Michel Ollivier représente un souper de chasse donné en l'honneur du prince de Conti, cousin du roi Louis XV. Tableau conservé au château de Versailles.

solde ou l'aventure. Les nobles d'épée, de souche ancienne, perdent une large part de leur fonction militaire. Pour s'assurer de leur fidélité, le roi leur accorde aussi beaucoup d'avantages : des domaines, des pensions ou encore des charges honorifiques comme celle de grand écuyer, responsable des écuries royales. Mais les membres de la noblesse vivent principalement grâce aux revenus que leur procurent leurs terres. De nombreux nobles demeurent donc riches et puissants même s'ils ne travaillent pas. Quelques nobles moins influents doivent se résoudre à travailler pour gagner leur vie, et ainsi risquer de perdre leur titre de noblesse. Le travail est considéré comme incompatible avec le statut de noble.

À la fin du 15e siècle, la noblesse de robe s'ajoute à la noblesse de naissance. Ce nouveau groupe est constitué de fonctionnaires comme des juristes, des comptables ou des percepteurs d'impôts que le roi anoblit pour les récompenser de leurs bons services. Il est aussi possible pour de riches roturiers d'acheter des offices dans la fonction publique. Ces emplois vendus par le roi permettent souvent d'accéder à la noblesse.

solde Rémunération versée aux militaires.

journalier Ouvrier qui travaille à la journée.

Peu importe son origine, la noblesse constitue une petite minorité qui profite d'une foule de privilèges : porter l'épée, chasser, avoir son banc réservé à l'église et, surtout, ne pas payer la plupart des impôts. Au 18ᵉ siècle, en France, elle ne représente que 1,5 % de la population !

Quant au clergé, son rôle est toujours de prier, de maintenir les valeurs spirituelles de la population et de veiller à sa conduite morale. Il est aussi responsable de l'enseignement et de l'aide aux plus démunis. Le clergé catholique possède de grandes richesses sous forme de terres et de bâtiments (églises, monastères, palais, etc.). De plus, il bénéficie de la dîme, un impôt sur les récoltes. Le haut clergé, formé des évêques et des abbés, est recruté parmi la noblesse tandis que le bas clergé, qui regroupe les curés et les religieux, appartient plutôt au tiers état. Tout comme la noblesse, cet ordre privilégié verse peu d'impôts.

AUJOURD'HUI

Énumère des privilèges dont certaines personnes jouissent encore dans notre société.

Le tiers état

Le tiers état regroupe la majeure partie de la population : des paysans pour la plupart, des artisans et des **journaliers**. Leurs conditions de vie se sont-elles améliorées depuis le Moyen Âge ? Pas vraiment. Bien que, depuis la fin du 17ᵉ siècle, les grandes épidémies soient moins fréquentes, un enfant sur quatre meurt avant l'âge de un an. Les cultures utiles à l'industrie textile, comme le lin, prennent de l'importance, mais l'agriculture demeure une agriculture de subsistance. Une mauvaise récolte peut provoquer la famine. La vie demeure donc bien précaire, et une personne de 40 ans est alors considérée comme très âgée !

9.6
Gravure française du 18ᵉ siècle montrant un paysan, musée Carnavalet, Paris.

De plus, des taxes de toutes sortes pèsent lourdement sur le tiers état : le cens et les banalités au seigneur, la dîme à l'Église, la **taille** au roi et bien d'autres encore. Il n'est pas rare qu'un percepteur d'impôts, surtout celui qui collecte la gabelle, la taxe sur le sel, se fasse attaquer par des paysans affamés. En effet, comme le sel constitue alors le seul moyen de conserver les aliments, la gabelle est l'une des taxes les plus impopulaires.

taille Impôt sur les revenus de la terre.

Toutefois, une partie du tiers état ne partage pas ces conditions de vie difficiles. Ce groupe favorisé se nomme la bourgeoisie. Ce terme ne désigne plus, comme au Moyen Âge, tous les habitants du bourg, de la ville. Il regroupe en fait les banquiers, les commerçants et les artisans qui ont fait fortune en affaires, des fonctionnaires et des membres de professions libérales, comme les avocats, les notaires et les médecins. Ils sont éduqués et parfois très riches, plus riches que plusieurs nobles. Certains cherchent même à s'anoblir en achetant à grands frais un office ou en mariant leurs enfants à des nobles.

Passe à l'action →

Une loi contre la misère

Consulte tes camarades de l'assemblée législative et rédige un texte de loi qui garantit qu'aucun membre de ta société ne tombe dans une misère si extrême qu'il ne puisse plus se nourrir.

9.7
La hiérarchie sociale de l'Ancien Régime.

FAITS D'HIER

MOLIÈRE, CRITIQUE DE SON TEMPS

En France, sous le long règne de Louis XIV (1643-1715), de nombreux auteurs de théâtre reçoivent de généreuses pensions royales pour écrire des pièces. C'est le cas du fils d'un marchand de Paris, Jean-Baptiste Poquelin, mieux connu sous le nom de Molière (1622-1673), qui obtient la protection du roi après l'avoir fait rire aux éclats lors de la représentation d'une de ses comédies.

Molière a le don de mettre en évidence les comportements ridicules ou caricaturaux de ses contemporains, tout en mettant de l'avant les vertus royales. Dans la pièce *Le Bourgeois gentilhomme*, il se moque de ces riches bourgeois qui rêvent de devenir nobles et qui sont prêts à toutes les singeries pour avoir l'air aristocrate. Dans le même esprit, la comédie intitulée *Tartuffe* se rit des dévots, ces gens très attachés à la religion et à ses pratiques. Molière les présente comme des hypocrites plus attachés aux apparences qu'à la foi catholique. Cependant, la tolérance du haut clergé et de nobles dévots a ses limites. Le roi interdit donc, à leur demande, toute représentation publique de la pièce pendant cinq ans !

9.8

Comédiens français et italiens jouant au Théâtre royal. Molière est probablement le premier personnage à gauche. Huile sur toile, vers 1670, musée de la Comédie française, Paris.

La monarchie absolue : l'exemple français

Depuis la fin du Moyen Âge, certains souverains d'Europe ont acquis davantage de pouvoir que les autres seigneurs de leur royaume. Ils ont agrandi leurs domaines et se sont dotés d'administrations compétentes. En France, le règne de François Ier (1515-1547) confirme le rôle du roi comme unique détenteur de l'autorité. Le pouvoir des rois de France se renforce tout au long de l'époque moderne. De plus, souviens-toi que ces souverains prétendent détenir leur pouvoir directement de Dieu. Cette façon de gouverner en rassemblant les différents pouvoirs entre les mains du roi s'appelle l'absolutisme de droit divin.

Au 17e siècle, sous Louis XIV, le royaume de France devient un modèle de monarchie absolue. En 1661, le jeune roi de 22 ans entend régner seul et sans partage. Il devient l'unique maître de la France. Pour exprimer sa toute-puissance et son rôle central dans l'État, il choisit le soleil comme emblème personnel. Il s'entoure de collaborateurs efficaces à qui il demande conseil, mais il impose ses décisions sans discussion possible. Selon le « Roi-Soleil », « la volonté de Dieu est que quiconque est né sujet obéisse sans **discernement** ».

9.9

Compte tenu de la nature divine de son pouvoir, on croit que le roi possède le don de guérir les maladies. Le souverain touche le malade et prononce : « Le Roi te touche, Dieu te guérit... » *Saint Louis soignant les soldats malades de la peste*, un tableau de Louis Licherie, 17e siècle, musée des Beaux-Arts de Rouen.

2 TON SUJET D'ENQUÊTE

Décris en quoi consiste la monarchie absolue de droit divin.

▶ Montre jusqu'où s'étend le pouvoir du roi dans la monarchie absolue française.

▶ Explique pourquoi on surnomme Louis XIV le « Roi-Soleil ».

▶ Énumère des moyens pris par le Roi-Soleil pour faire rayonner le prestige de la culture française et de la religion catholique en France.

▶ Décris la vie de cour au château de Versailles.

discernement Bon sens, capacité à juger sainement et clairement des choses.

Comme ses prédécesseurs, le souverain français détient tous les pouvoirs qui lui permettent de gouverner son royaume : il fait la loi, il rend la justice, il dirige l'administration, il fait battre la monnaie et collecter les impôts, il commande l'armée et déclare les guerres. Afin d'agrandir le territoire de la France et de montrer sa puissance aux États voisins, Louis XIV n'hésite pas à mener pendant 30 ans des guerres longues et coûteuses. Les révoltes de paysans trop taxés et appauvris sont écrasées dans le sang : le roi ne tolère aucune opposition.

Mais Louis XIV fait plus encore. Il intervient dans tous les domaines de la vie culturelle et économique pour démontrer son pouvoir absolu et accroître le prestige de la France. Grand amateur d'arts, il encourage les artistes en leur versant une allocation et en les regroupant dans des académies. Leurs œuvres célèbrent la gloire du roi : tableaux pompeux, textes flatteurs, places royales où se dresse la statue du souverain, jardins et palais éblouissants. Louis XIV crée aussi des académies scientifiques et surveille le contenu des journaux et des librairies. Même la religion n'échappe pas à son contrôle. Il interdit le culte protestant et persécute ceux qui le pratiquent.

Aidé de ses conseillers, Louis XIV se mêle aussi d'économie. Afin d'enrichir le royaume, il établit des manufactures d'État dans divers domaines comme le textile et la poterie. Il stimule le grand commerce en favorisant le développement des ports et de la marine. De plus, il encourage l'exploitation de ses colonies d'Amérique, tant dans les Antilles qu'en Nouvelle-France. La puissance du « Roi-Soleil » semble sans limites. À sa mort en 1715, de nombreux souverains d'Europe règnent aussi en monarques absolus : en Espagne, en Autriche, en Russie, etc. La monarchie absolue restera en vigueur en France jusqu'à la fin du 18e siècle.

9.10
Louis XIV en habit de sacre, peint par Rigaud en 1701, musée du Louvre, Paris.

Passe à l'action

Valoriser la culture
Consulte les membres de ton équipe de conseillers et proposez ensemble une loi qui favorisera la mise en valeur du patrimoine culturel de ta région.

FAITS D'HIER   LE CHÂTEAU DE VERSAILLES, LE CENTRE DE LA FRANCE

Louis XIV n'aime pas son palais du Louvre en plein cœur de Paris, sur le bord de la Seine. En 1661, il décide de faire agrandir le pavillon de chasse de son père, à Versailles, situé à la campagne à 20 kilomètres au sud-ouest de la grande ville. Le projet est ambitieux, et le nouveau château est grandiose. Sa construction engloutit une grande partie du trésor de l'État. Marbre, dorures, tapisseries venues d'Orient, meubles en bois précieux, tissus brodés de fil d'or ou d'argent, immenses jardins agrémentés de statues, de bassins d'eau et de fontaines gigantesques, rien n'est trop beau pour glorifier le roi ! Des milliers d'ouvriers travaillent à un rythme inhumain, car le roi se plaint de la lenteur des travaux.

Enfin, en 1682, le roi et sa cour s'installent. Versailles devient le centre politique du royaume. Toute la vie du château tourne autour de Louis XIV. À la chapelle royale, on ne regarde pas le prêtre qui dit la messe, mais plutôt le roi qui l'écoute. Assister aux levers et aux couchers du souverain devient un privilège accordé aux nobles les plus méritants. Ainsi, le « Roi-Soleil » a trouvé un moyen habile de surveiller les princes et les grands seigneurs qui pourraient comploter contre lui. S'ils veulent les plus prestigieuses récompenses, ceux-ci doivent s'installer à Versailles auprès du roi et vivre la vie de cour : dîners, ballets, concerts, bals, jeux de hasard, représentations de théâtre et fêtes grandioses. En contrepartie, le roi leur assure richesse, honneurs et privilèges.

> **AUJOURD'HUI**
>
> Nomme et décris des réalisations architecturales européennes ou américaines qui ont marqué le 20ᵉ siècle.

9.11

Vue perspective du château de Versailles, un tableau de Pierre Patel Le Père, huile sur toile, vers 1668, musée du Château de Versailles.

AILLEURS

PIERRE LE GRAND ET SA CAPITALE

La puissance de Louis XIV fait des envieux ! Pierre le Grand, **tsar** de Russie de 1694 à 1725, rêve d'un pouvoir aussi grand que celui du « Roi-Soleil ». Il veut également moderniser son empire et le doter d'une capitale semblable aux grandes villes d'Europe occidentale. Afin de relancer le commerce maritime et d'imposer la présence russe en Europe du Nord, il choisit d'implanter la nouvelle capitale sur la rive de la mer Baltique. Le site est désolant : un marécage sans pierre pour la construction ! À partir de 1703, des dizaines de milliers de sujets réquisitionnés travaillent chaque été à l'assèchement du sol et à l'édification des bâtiments. En l'honneur du tsar, la ville portera le nom de Saint-Pétersbourg.

tsar Du mot latin *caesar*, qui signifie « empereur » ; titre que portent les monarques de l'Empire russe.

Pierre le Grand fait appel à des artistes et à des architectes de France et d'Italie. Le tsar impose des règles très strictes : rues larges aménagées selon un plan précis, obligation de construire en pierre et à une hauteur inférieure à celle du palais impérial, etc. Peu à peu, des édifices gouvernementaux, des églises et des résidences sont érigés. Puis le souverain ordonne aux familles nobles, aux marchands et aux artisans de l'ancienne capitale, Moscou, de déménager à Saint-Pétersbourg. À la mort du tsar, la ville neuve prospère et compte des milliers de bâtiments et plus de 150 000 habitants.

9.12

Inspiré par une visite au château de Versailles, en 1717, Pierre le Grand se fait bâtir un palais semblable pour sa résidence d'été. Le Grand Palais de Petrodvorets, près de Saint-Pétersbourg, en impose avec ses fontaines, ses bassins, ses sculptures et ses jardins bien ordonnés.

2 Un régime menacé

Tu as compris que l'Ancien Régime est une société où il y a de nombreuses inégalités, autant en ce qui a trait à la richesse qu'aux droits des gens. Ainsi, la grande majorité des sujets des royaumes d'Europe ne participent pas à la vie politique. De plus, la justice royale ne traite pas tout le monde de la même façon. Dès le 17ᵉ siècle, les abus du régime absolutiste sont remis en question. En Europe comme en Amérique du Nord, les penseurs et les hommes politiques envisagent de nouvelles façons de gouverner et de vivre en société. Ce sont les Hollandais puis les **Britanniques** qui plongent les premiers dans la révolution...

Britannique   Habitant de la Grande-Bretagne. Depuis 1603, le royaume d'Écosse a été réuni au Royaume d'Angleterre pour former la Grande-Bretagne.

suffrage censitaire Système d'élection restreint auquel seuls les hommes payant un certain niveau d'impôt (le cens) peuvent participer.

La révolution de 1688 en Angleterre

Rappelle-toi que depuis le 13ᵉ siècle en Angleterre, une charte, la *Magna Carta*, limite les pouvoirs royaux au profit du Parlement. Le Parlement britannique comprend deux assemblées. La Chambre des lords regroupe des membres de la haute noblesse et du haut clergé nommés par le roi. La Chambre des communes, quant à elle, rassemble de petits nobles et de riches bourgeois, élus au **suffrage censitaire**. Dans les faits, les souverains convoquent rarement ces assemblées, sinon pour déclarer une guerre ou encore pour lever de nouveaux impôts. Lorsqu'au 17ᵉ siècle certains rois tentent d'imposer de nouvelles taxes sans le consentement du Parlement, la colère gronde. Pas

3 TON SUJET D'ENQUÊTE

Décris les nouveaux projets d'organisation politique et sociale en Angleterre.

▶ Raconte comment les Anglais réagissent quand la monarchie tente d'imposer ses décisions sans consulter le Parlement.

▶ Décris ce que le *Bill of Rights* garantit au peuple anglais.

▶ Explique comment le peuple peut exercer le pouvoir, selon John Locke.

▶ Illustre l'organisation des pouvoirs politiques proposée par John Locke.

9.13
Ce tableau de l'Allemand Anton Hickel montre la Chambre des communes, à Londres, dans la seconde moitié du 18ᵉ siècle,
Parlement britannique.

question de laisser le roi régner en monarque absolu ! Tout au long du
17ᵉ siècle, le pays vivra une intense lutte interne : une guerre civile sanglante,
un roi décapité, une république sans roi, puis un nouveau roi sur le trône !

Enfin, en 1688, survient ce que certains historiens appellent la « Glorieuse
Révolution ». Le roi Jacques II, qui veut établir la monarchie absolue et
réinstaurer le catholicisme, est chassé de façon pacifique par le Parlement.
Le Parlement impose alors au nouveau monarque Guillaume III d'Orange
une déclaration des droits, le *Bill of Rights*. Ce texte garantit notamment aux
sujets britanniques des droits individuels comme la liberté de parole et
d'opinion. Il limite définitivement les pouvoirs du souverain qui doit
consulter le Parlement s'il veut percevoir de nouveaux impôts ou déclarer
une guerre. Ce régime politique porte le nom de monarchie parlementaire.
Au cours des siècles suivants, il deviendra une source d'inspiration pour les
sociétés qui s'engageront sur la voie de la démocratie, ce système politique
où le pouvoir est entre les mains du peuple.

REPENSER LE SYSTÈME POLITIQUE

Le médecin et philosophe anglais John Locke (1632-1704) vit de près les bouleversements politiques de la Grande-Bretagne. Il réfléchit sur la nature de l'être humain, ses droits et son organisation politique. Selon Locke, les individus possèdent des droits naturels comme la liberté, l'égalité et la propriété de leurs biens.

Locke affirme que l'organisation politique de la société doit reposer sur le respect de la volonté du peuple, c'est-à-dire la volonté de la majorité, du plus grand nombre. Toutefois, le peuple ne peut pas exercer son pouvoir directement, comme c'était le cas dans la démocratie grecque. Comment pourrait-on rassembler des millions de Britanniques sur une place publique ? Les membres de la société doivent donc élire des représentants qui gouverneront à leur place. C'est ce qu'on appelle la démocratie représentative.

Un autre aspect important de la pensée politique de Locke, c'est la séparation des pouvoirs. Il faut distinguer le pouvoir législatif, celui de faire les lois, et le pouvoir exécutif, celui de les mettre en œuvre. Le pouvoir législatif, le plus important, appartient au peuple et donc à ses représentants élus à la majorité des votes. Le pouvoir exécutif appartient au roi. En revanche, si le souverain abuse de son pouvoir, le peuple a bien le droit de se révolter. Comme tu pourras le constater, les idées de Locke auront une grande influence sur la pensée politique du 18e siècle.

9.14
Portrait de John Locke, peint par sir Godfrey Kneller en 1697, musée de l'Ermitage, Saint-Pétersbourg.

9.15

Portrait de Voltaire à son bureau, huile sur toile, seconde moitié du 18ᵉ siècle, musée Carnavalet, Paris.

Des Lumières pour éclairer l'absolutisme

Au 18ᵉ siècle, en Europe et en Amérique, de nouvelles idées circulent. Elles s'appuient sur les travaux de savants du siècle précédent comme Descartes, Galilée, Newton et Locke. Souviens-toi que ces hommes remettaient en cause le savoir des Anciens, rejetaient les préjugés et faisaient confiance à la raison. Les philosophes du 18ᵉ siècle partagent cette même confiance. Ils s'enthousiasment pour le progrès scientifique et critiquent l'Ancien Régime. Pour eux, la connaissance constitue la lumière qui éclaire les esprits obscurcis par les préjugés et l'ignorance. Voilà pourquoi ces penseurs parlent de leur époque « illuminée » par la raison comme d'un « siècle des Lumières ».

Philosopher au 18ᵉ siècle

Qui sont donc ces nouveaux philosophes et que font-ils ? Certains appartiennent à la noblesse ou au clergé, mais la plupart d'entre eux viennent de familles bourgeoises. Ils ont eu la chance d'étudier dans les meilleurs collèges. Pour vivre, ils enseignent ou bénéficient de la protection de quelque noble ou d'un monarque européen. Ils s'intéressent à tous les domaines de la connaissance comme la politique, l'organisation sociale, l'économie, la religion, les arts et, bien sûr, la science.

4 TON SUJET D'ENQUÊTE

Décris comment les idées des Lumières influencent les changements politiques au 18ᵉ siècle.

▸ Définis l'expression « siècle des Lumières ».

▸ Montre comment les philosophes du 18ᵉ siècle remettent en question l'Ancien Régime.

▸ Décris le sort réservé à certains écrits des Lumières, et même à leurs auteurs, par la monarchie française.

▸ Caractérise la forme de pouvoir royal que les philosophes français souhaitent mettre en place.

▸ Explique la solution proposée par Montesquieu pour établir un gouvernement juste.

▸ Dis pourquoi l'éducation semble si fondamentale aux yeux des penseurs de la période des Lumières.

Les philosophes des Lumières, comme Voltaire, Diderot, d'Alembert et Rousseau, écrivent pour susciter la discussion sur un changement en profondeur de la société. Ils écrivent de tout : des romans, des essais, du théâtre, des **pamphlets**, des contes et même des chansons ! Ils se rencontrent dans les cafés ou les salons privés pour échanger leurs idées. Ces **polémistes** n'hésitent pas à alerter l'opinion publique et à lutter contre les préjugés religieux et les abus de l'absolutisme royal. Ainsi, dans les années 1760, l'écrivain français Voltaire (1694-1778) intervient dans une affaire d'intolérance religieuse. Jean Calas, un riche négociant protestant, est suspecté à tort d'avoir assassiné son fils. À cause de ses convictions religieuses, Calas est condamné à être torturé puis exécuté. Choqué par cette injustice, Voltaire écrit plusieurs lettres aux autorités et réussit à renverser le jugement.

Cependant, la **censure** frappe certains écrits philosophiques qui sont interdits et brûlés. Il arrive aussi que les auteurs se retrouvent en prison ou doivent s'exiler. Voltaire en sait quelque chose ! Ses critiques contre le système de justice, les institutions politiques et l'intolérance de l'Église lui valent des coups de bâton, deux séjours en prison, puis un exil en Angleterre.

pamphlet Court texte qui attaque avec violence l'Église, le gouvernement ou un personnage connu.

polémiste Personne qui provoque par ses écrits un débat public animé et parfois agressif.

censure Contrôle exercé par l'autorité politique ou religieuse sur les écrits, les spectacles, etc., destinés au public ; examen décidant de l'autorisation ou de l'interdiction de diffuser une œuvre.

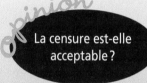

opinion
La censure est-elle acceptable ?

9.16
Tableau représentant une librairie, un des lieux de rencontre des intellectuels du 18ᵉ siècle. *À l'égide de Minerve*, de Léonard Defrance, huile sur bois, 1780, musée des Beaux-Arts, Dijon.

A L'EGIDE DE MINERVE

FAITS D'HIER

LES IDÉES AU CAFÉ!

Les premiers cafés voient le jour en Italie, puis se multiplient rapidement en Angleterre, en Amérique et en France au 18e siècle. On s'y rend pour boire un café, un thé, un chocolat chaud ou encore pour manger une **glace**. Mais on y va surtout pour entendre la lecture du journal, critiquer le dernier roman paru, régler une bonne affaire ou débattre une question politique. Voltaire et ses amis fréquentent un des plus anciens cafés parisiens, le Procope. À la fin du siècle, cet établissement abritera les discussions des révolutionnaires.

glace Boisson ou crème congelée, parfumée à diverses essences; glace au lait, à la crème (crème glacée) ou à l'eau (sorbet).

La philosophie des Lumières se répand aussi dans les salons privés. Des dames de la noblesse et de la bourgeoisie invitent chez elles des artistes, des savants et des penseurs pour parler des idées nouvelles. Ces femmes cultivées choisissent leurs invités, animent les débats et donnent leurs points de vue. Pour ces femmes exclues des cafés et de la vie publique, c'est un lieu exceptionnel où elles peuvent s'exprimer, s'instruire et contribuer à la vie intellectuelle de leur époque.

AUJOURD'HUI

Quelles idées sont aujourd'hui considérées comme révolutionnaires?

9.17

Un salon parisien. *Une Soirée chez Mme Geoffrin*, du peintre français Lemonnier, 1755, musée des Beaux-Arts de Rouen. De gauche à droite: Jean-Jacques Rousseau (1712-1778), buste de Voltaire, Jean d'Alembert (1717-1783), Denis Diderot (1713-1784) et Mme Geoffrin (1699-1777).

Rénover la société de l'Ancien Régime

Contre les abus de l'inégalité sociale et du régime absolutiste, les philosophes lancent leurs mots d'ordre : « raison, tolérance, humanité » ! Inspirés par les ouvrages de John Locke, les penseurs français considèrent que l'être humain, en tant qu'individu, jouit de droits naturels et que ces droits doivent être protégés. Quels sont ces droits ? La liberté, la sécurité, la propriété et l'égalité devant la loi.

La plupart des philosophes ne rejettent pas la monarchie ni la hiérarchie sociale. Cependant, ils réclament un gouvernement plus modéré, éclairé par la raison et la connaissance. Le roi doit rechercher le bonheur de son peuple et non pas son propre plaisir. Il doit respecter la liberté de penser et de s'exprimer de ses sujets. Son pouvoir lui vient du peuple et non de Dieu. S'il en abuse, le souverain peut être renversé. Pour éviter les abus, le philosophe français Montesquieu (1689-1755) propose une solution qui reprend la séparation des pouvoirs énoncée par Locke. Le roi ne doit pas élaborer les lois, les appliquer et faire en sorte qu'elles soient respectées. Il détient ainsi beaucoup trop de pouvoirs et risque de gouverner en **tyran**. Il faut donc séparer ces pouvoirs entre différentes institutions (assemblée, cour de justice, etc.). Montesquieu ajoute aux pouvoirs législatif et exécutif un troisième pouvoir : le pouvoir judiciaire, c'est-à-dire celui de juger les crimes et les conflits entre les individus.

Les penseurs politiques des Lumières ne partagent pas tous les mêmes idées. Par exemple, Jean-Jacques Rousseau va plus loin et affirme que seule la volonté du peuple doit guider le gouvernement. Il insiste sur le principe d'égalité et la mise en place d'une démocratie à la place de la monarchie.

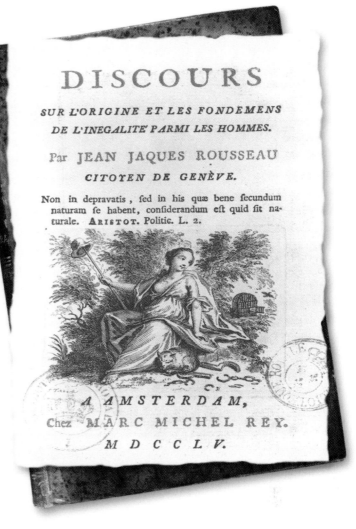

9.18

Page de garde d'un ouvrage de Jean-Jacques Rousseau, 1755, Bibliothèque nationale de France, Paris.

tyran   Souverain qui exerce le pouvoir de manière absolue, injuste et cruelle.

Passe à l'action

Garantir une éducation gratuite

Avec tes camarades du conseil législatif, rédige un texte de loi qui garantit à tous les citoyens une éducation gratuite qui correspond à leurs besoins et à leurs projets d'avenir.

AILLEURS

CATHERINE LA GRANDE, IMPÉRATRICE DE RUSSIE

Catherine II de Russie (1729-1796) voue une grande admiration aux philosophes des Lumières. Voltaire, Diderot et d'Alembert comptent parmi ses connaissances. Elle acquiert leurs ouvrages et fait jouer leurs pièces de théâtre interdites ailleurs en Europe. Sur leurs conseils, l'impératrice s'efforce de transformer Saint-Pétersbourg en un grand centre culturel.

Sensible à la pensée politique des philosophes, Catherine II prétend régner en despote éclairé, c'est-à-dire en souverain absolu qui tient compte des idées des Lumières. Elle affirme s'opposer à l'intolérance, à l'inégalité, à l'esclavage et à la torture. Dans les faits, elle gouverne en tyran. Les privilèges de la noblesse s'accroissent et les conditions des serfs, qui représentent la moitié de la population, s'aggravent. Ceux qui se révoltent contre la tsarine sont torturés et exécutés. Alors que son peuple meurt de faim, Catherine II engloutit d'énormes sommes d'argent dans l'aménagement de son palais. Lorsque la Révolution française éclate en 1789, horrifiée par ces événements, elle interdit les ouvrages de ses anciens amis et ordonne aux Russes présents en France de rentrer au pays.

9.19
Catherine II fait construire le pavillon de l'Ermitage pour agrandir son palais d'hiver à Saint-Pétersbourg. Au fil des ans, elle y amasse une impressionnante collection d'œuvres d'artistes européens. Les tsars du 19e siècle vont en faire un des plus grands musées d'Europe : le musée de l'Ermitage, dont voici une des galeries.

Progrès, éducation, bonheur

Déjà au 16ᵉ siècle, les humanistes commençaient à parler de l'idée de bonheur. Au 18ᵉ siècle, plusieurs philosophes soutiennent que le bonheur est lié à la connaissance. Les progrès réalisés dans le domaine des sciences apporteront le bonheur à l'humanité. L'éducation a une grande importance aux yeux des penseurs, car elle libère l'individu de ses préjugés et lui permet d'accroître ses connaissances. Sorti de l'ignorance, l'être humain sera plus heureux.

opinion

Une personne instruite est-elle plus heureuse ?

FAITS D'HIER

RASSEMBLER TOUTE LA CONNAISSANCE

La publication qui représente le mieux le siècle des Lumières est sans aucun doute l'*Encyclopédie* — ou *Dictionnaire raisonné des sciences, des arts et des métiers* — dirigée par Diderot et d'Alembert de 1751 à 1772. Ce projet original et ambitieux doit rassembler en un seul ouvrage toutes les connaissances humaines. Plus de 150 collaborateurs, dont Voltaire, Rousseau et Montesquieu, vont rédiger quelque 70 000 articles soutenus par de nombreuses illustrations.

On y traite des métiers, des arts et des innovations scientifiques, mais on y aborde aussi la théologie, les droits naturels et l'économie. Évidemment, plusieurs articles expriment les idées chères aux philosophes des Lumières et critiquent les institutions politiques et religieuses. Le roi de France, l'Église catholique et certains protestants réagissent rapidement pour censurer l'ouvrage. Une partie de l'impression et de la distribution des volumes doit s'effectuer clandestinement, ce qui rend l'Encyclopédie encore plus populaire. Avec plus de 4000 exemplaires vendus, il s'agit d'un immense succès de librairie pour l'époque !

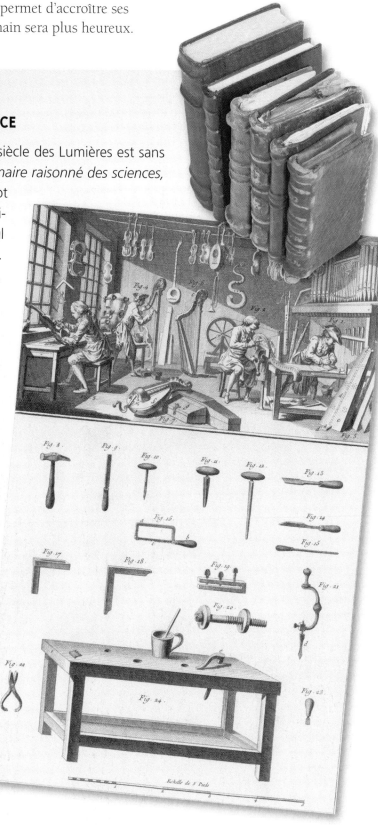

9.20

Planche de l'*Encyclopédie* illustrant l'atelier et les outils d'un luthier, un fabricant d'instruments de musique.

5 TON SUJET D'ENQUÊTE

Décris ce qui a mené à l'indépendance des treize colonies britanniques d'Amérique du Nord.

▶ Explique pourquoi les colons des Treize colonies se révoltent contre l'autorité du roi et du Parlement britannique.

▶ Relate deux incidents violents qui sont l'expression de la forte tension entre les coloniaux américains et la métropole.

▶ Décris les deux mesures votées par les représentants des Treize colonies face à l'intransigeance de la métropole.

▶ Raconte comment se termine l'affrontement entre la métropole et les treize colonies d'Amérique.

▶ Illustre la structure du gouvernement dont se dotent les États-Unis d'Amérique.

La naissance des États-Unis d'Amérique

Dans les années 1770, une autre révolution va influencer l'opinion publique française et enflammer les adversaires de l'absolutisme : l'indépendance des États-Unis d'Amérique. Il ne s'agit pas du renversement d'une monarchie absolue, mais plutôt du rejet du système colonial mis en place au 17ᵉ siècle par les Britanniques. En 1776, après plus de dix ans de mécontentement face à l'Angleterre, les colons des treize colonies britanniques d'Amérique du Nord déclarent leur indépendance. Pour la première fois dans l'histoire occidentale, des colons décident de se séparer de leur métropole et de ne plus reconnaître l'autorité du roi ! Ils vont choisir un régime politique inspiré à la fois du système représentatif britannique et de la pensée politique des Lumières.

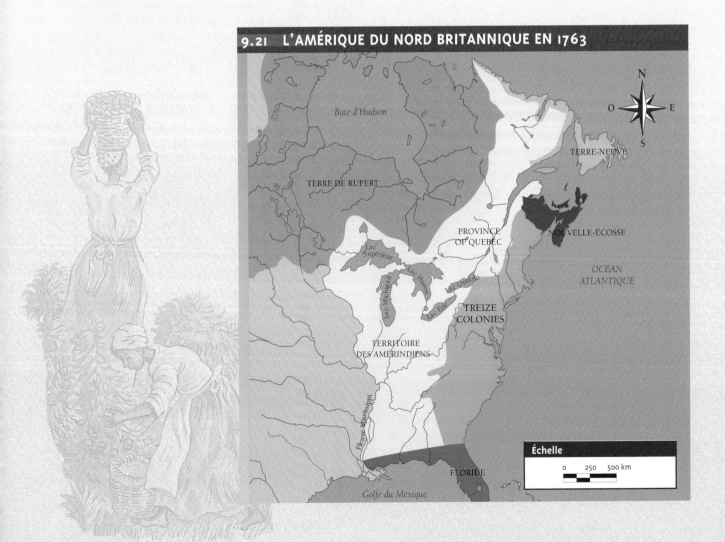

9.21   L'AMÉRIQUE DU NORD BRITANNIQUE EN 1763

Des colonies populeuses et prospères

Depuis le début du 17e siècle, la côte atlantique de l'Amérique du Nord est colonisée par des aventuriers, des commerçants et des réfugiés qui fuient l'Angleterre à cause de la famine, de leurs opinions politiques ou de leurs croyances religieuses. Pour s'installer, ils ont repoussé les Amérindiens par les armes vers l'intérieur du continent. À la veille de la révolution, plus d'un million et demi de personnes sont installées dans treize colonies britanniques sur cette côte d'Amérique. N'oublie pas que le cinquième de cette population est formé d'esclaves amenés d'Afrique de force et servant de main-d'œuvre, surtout aux grands planteurs du sud, pour la culture du tabac, du riz et de l'indigotier.

Pas de cadeau pour les Treize colonies !

En jetant un coup d'œil sur la carte suivante, tu peux constater que le territoire amérindien bloque l'expansion des colonies britanniques vers l'ouest. Or, les colonies très peuplées de la côte auraient bien besoin de nouvelles terres. Au lieu de laisser les colons développer ces territoires, le gouvernement britannique en décide autrement. Il en octroie une grande part aux Amérindiens et, comble d'insulte, il cède en 1774 la vaste région du sud des Grands Lacs à la *Province of Quebec* majoritairement francophone !

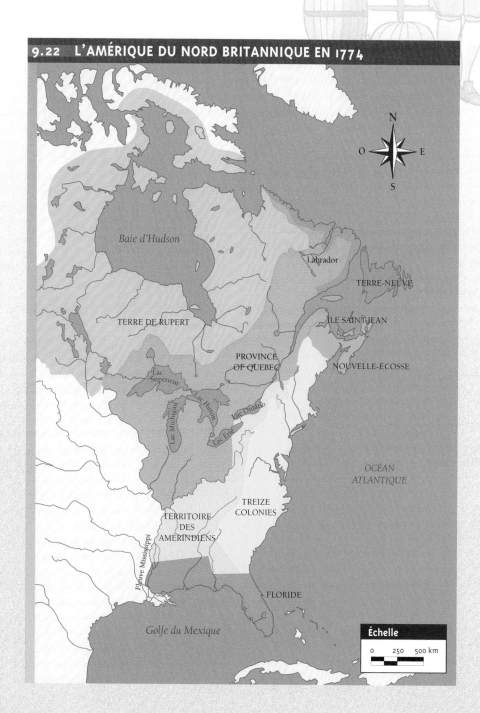

9.22   L'AMÉRIQUE DU NORD BRITANNIQUE EN 1774

Baie d'Hudson

Labrador

TERRE-NEUVE

TERRE DE RUPERT

ÎLE SAINT-JEAN

PROVINCE OF QUEBEC

NOUVELLE-ÉCOSSE

Lac Supérieur

Lac Huron

Lac Michigan

Lac Ontario

Lac Érié

OCÉAN ATLANTIQUE

TREIZE COLONIES

TERRITOIRE DES AMÉRINDIENS

Fleuve Mississippi

FLORIDE

Golfe du Mexique

Échelle

0   250   500 km

Le massacre de Boston en 1770. Une gravure de l'artiste américain Paul Revere (1735-1818), Bibliothèque Clements de l'Université du Michigan.

boycott Cessation volontaire de toute relation, notamment commerciale, avec un pays afin d'exercer une pression.

Ce n'est pas tout! Comme les guerres coûtent extrêmement cher au Trésor britannique, la métropole anglaise entend bien profiter de la prospérité de ses treize colonies américaines pour financer ses dépenses en imposant de nouvelles taxes sur le sucre, le verre, le papier, le plomb et le thé, des produits anglais importés de la métropole ou d'autres colonies de l'empire. Londres prélève aussi une taxe sur tous les documents qui circulent dans les colonies, comme les lettres et les journaux.

Les colons sont furieux, car le gouvernement britannique se mêle des affaires intérieures des colonies, et non plus seulement du commerce extérieur. Ils soutiennent que le Parlement ne peut percevoir une taxe qui les concerne sans les consulter. En effet, les colons d'Amérique ne sont pas représentés dans les deux chambres d'assemblée de Londres. *No taxation without representation*, « pas d'imposition sans représentation », devient le slogan de l'heure. La grogne monte et des révoltes éclatent. On décide d'un **boycott** de tous les produits anglais. Dans la mesure du possible, les colons évitent d'acheter des objets *made in England*.

La présence de l'armée anglaise dans les Treize colonies irrite la patience des colons. Devant leur mécontentement, le roi envoie de nouvelles troupes et oblige les colons à nourrir les soldats et à les loger chez eux. Rien pour calmer les esprits ! En 1770, des habitants frustrés de Boston dans la colonie du Massachusetts insultent des soldats de la garnison anglaise. Dans la confusion, ceux-ci perdent leur sang-froid et tirent sur la foule : cinq morts ! Les partisans de l'indépendance des Treize colonies crient au massacre et cherchent à convaincre l'opinion publique que le roi d'Angleterre est un tyran.

FAITS D'HIER   UN *PARTY* RÉVOLUTIONNAIRE DANS LE PORT DE BOSTON

Le boycott des marchandises anglaises incite le gouvernement britannique à supprimer les taxes irritantes, sauf une faible taxe sur le thé. Les marchands des colonies n'acceptent pas le compromis et refusent d'acheter le thé anglais. De plus, le recul de la métropole leur donne de l'assurance. Dans le port de Boston, durant la nuit du 16 décembre 1773, des colons déguisés en Amérindiens grimpent à bord de navires britanniques et jettent près de 350 caisses de thé à l'eau : c'est le *Boston Tea Party* !

Le Parlement et le roi George III sont furieux ! Il faut absolument remettre ces colons insolents à leur place. Des lois punitives sont votées et le port de Boston est fermé en attendant que la marchandise soit entièrement remboursée. C'est la goutte qui fait déborder le vase ! Face à l'attitude intransigeante de Londres, les Treize colonies décident de faire cause commune : c'est un sérieux pas vers l'indépendance…

9.24
Le *Boston Tea Party*.

La Déclaration d'indépendance

Devant l'urgence de la situation et la répression du gouvernement britannique, des représentants de chaque colonie se réunissent en congrès pour prendre des mesures contre l'Angleterre. Ils se prononcent en faveur de la création d'une armée coloniale et de la rédaction d'une déclaration d'indépendance, bien qu'une grande partie de la population demeure fidèle à la couronne britannique. En fait, les témoins de l'époque estiment que l'opinion publique se divise en trois : un tiers pour, un tiers indifférent et un tiers contre l'indépendance des colonies.

Malgré tout, le 4 juillet 1776, les représentants rejettent l'autorité de la métropole britannique et votent la Déclaration d'indépendance des États-Unis d'Amérique. Avocat et riche planteur, Thomas Jefferson (1743-1826) est le principal auteur de ce texte fondateur qui s'inspire largement de la philosophie des Lumières et des idées de John Locke. En voici un extrait :

9.25

Statue de Thomas Jefferson.

> Nous tenons ces vérités pour évidentes par elles-mêmes que tous les hommes naissent égaux, que leur Créateur les a dotés de certains droits inaliénables ; parmi lesquels la vie, la liberté et la recherche du bonheur. Les gouvernements sont établis parmi les hommes pour garantir ces droits, et leur juste pouvoir émane du consentement des gouvernés. Toutes les fois qu'une forme de gouvernement devient destructive de ce but, le peuple a le droit de la changer ou de l'abolir et d'établir un nouveau gouvernement, en le fondant sur les principes et en l'organisant en la forme qui lui paraîtront les plus propres à lui donner la sûreté et le bonheur.
>
> Déclaration unanime des treize États-Unis d'Amérique réunis en congrès le 4 juillet 1776.

9.26
Reconstitution d'une scène de la guerre d'Indépendance.

La guerre d'Indépendance américaine

Londres refuse de reconnaître le nouveau pays : c'est la guerre ! Elle durera jusqu'en 1783. Contre toute attente, c'est l'armée des **insurgés** qui en sort victorieuse. Comment cette jeune armée, formée en 1775, a-t-elle réussi à battre les troupes du roi George III, une des forces militaires les mieux organisées du monde ? Tout d'abord, les colons se battent chez eux, en terrain connu. Ils deviennent de véritables spécialistes de l'**embuscade** et surprennent souvent les soldats britanniques.

De plus, les insurgés reçoivent l'aide inattendue de certains États européens. La France, l'Espagne et les Pays-Bas viennent leur donner un coup de main dans l'espoir d'affaiblir la Grande-Bretagne, leur redoutable ennemie. Ainsi, grâce à la contribution des troupes françaises, l'armée des Treize colonies inflige une cuisante défaite aux Britanniques en 1781. Enfin, George III se résout à négocier la paix pour limiter les coûts de cette guerre qui nuit au commerce international. Mieux vaut accepter l'indépendance des États-Unis d'Amérique et établir avec eux de nouvelles relations commerciales.

insurgé Qui participe à une insurrection, une révolte ; rebelle.

embuscade Manœuvre qui consiste à se cacher en un endroit propice pour surprendre et attaquer l'ennemi.

FAITS D'HIER

BENJAMIN FRANKLIN, PREMIER AMBASSADEUR DES ÉTATS-UNIS D'AMÉRIQUE

Benjamin Franklin (1706-1790) est un homme des Lumières. À la fois imprimeur, philosophe, physicien et musicien, Franklin participe aussi activement à la vie politique et sociale des Treize colonies. Il met sur pied la première bibliothèque publique ainsi qu'une société de philosophie. Dès les années 1750, il propose même l'union des colonies.

Franklin participe au comité chargé de rédiger la Déclaration d'indépendance : c'est lui qui corrige le texte de Jefferson. Ambassadeur des colonies à Londres avant la guerre d'Indépendance, il devient le premier ambassadeur des États-Unis à la cour du roi de France, fonction qu'il occupe pendant neuf ans. Ami des philosophes et de la noblesse, Franklin parvient à obtenir l'aide militaire et financière de la France pour soutenir la Révolution américaine.

9.27
Benjamin Franklin (le premier à gauche) est reçu à Versailles par le roi Louis XVI en 1778. Gravure du 19e siècle.

CITOYEN, CITOYENNE

Séparation des pouvoirs

Longtemps, l'ensemble des pouvoirs politiques a été détenu par un seul individu ou un petit groupe d'individus privilégiés. Cette façon de diriger est remise en question au 17ᵉ siècle en Europe. Le philosophe anglais John Locke propose alors une séparation des pouvoirs entre le législatif et l'exécutif. Puis le penseur français Charles de Montesquieu désigne un troisième pouvoir : le judiciaire.

Au Canada, par exemple, cette séparation des pouvoirs existe encore aujourd'hui. Ainsi, les députés élus débattent et votent les lois au Parlement : ils constituent le pouvoir législatif. Le premier ministre et ses ministres élus à la majorité forment le Cabinet, qui détient le pouvoir exécutif ; leur rôle est de mettre en place les lois démocratiquement établies. La Cour suprême et les tribunaux correspondent pour leur part au pouvoir judiciaire ; ils s'occupent de l'application des lois.

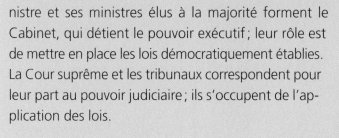

Question citoyenne

Établis une liste des membres du Cabinet du gouvernement actuel du Québec en indiquant le rôle que chacun y joue.

La Constitution américaine

Après les célébrations de la victoire, les Américains se trouvent devant de nouveaux problèmes. Que faire maintenant ? Chaque colonie devra-t-elle se débrouiller seule, formant chacune un pays indépendant ? Certains croient que c'est la meilleure solution, car un petit État sera plus facile à gérer et son gouvernement sera plus proche de la population. Plusieurs pensent au contraire que la guerre d'Indépendance a démontré que l'union fait la force. Il faut réunir les treize anciennes colonies en un seul pays indépendant.

Pendant quatre ans, des représentants de chaque colonie se rassemblent pour écrire la **constitution** de ce jeune pays. Quel régime politique choisir ? Comment maintenir la prospérité des treize États ? Comment organiser ce territoire qui est maintenant deux fois plus grand qu'avant 1783 ? Le nouveau projet de 1787 s'inspire à la fois du régime parlementaire britannique et des principes défendus par les philosophes des Lumières.

constitution Charte, textes fondamentaux qui déterminent la forme de gouvernement d'un pays.

Il s'agit d'une république présidentielle à régime fédéral. Les États-Unis auront un président, élu pour quatre ans. Le président est responsable du pouvoir exécutif, c'est-à-dire qu'il met en place les nouvelles lois et gère le pays avec l'aide des conseillers de son cabinet. Le pouvoir législatif appartient au Congrès, une sorte de Parlement divisé en deux assemblées: le Sénat et la Chambre des représentants. Les sénateurs sont nommés par les différents États et les représentants sont élus par la population au suffrage universel. Pour voter, il faut être un propriétaire de race blanche, être de sexe masculin et avoir plus de 21 ans. Tous les autres citoyens sont exclus. Le pouvoir judiciaire appartient à la Cour suprême dont les membres sont choisis par le président. Toutes ces institutions forment le gouvernement fédéral.

Chaque État possède son propre gouvernement, semblable à celui du fédéral. Le fédéral et les États se partagent différentes compétences. Le fédéral peut prélever des taxes, frapper la monnaie, réglementer le commerce international ainsi que les échanges entre les États et avec les autres pays. Il est aussi responsable de défendre le pays. Toutes les autres compétences comme l'éducation et le commerce local appartiennent aux États.

9.28
Portrait de George Washington, peint par l'Américain Gilbert Stuart en 1796, huile sur toile, musée d'Art de Brooklyn, New York.

Pour rallier toutes les anciennes colonies à la nouvelle constitution, on ajoute à celle-ci dix amendements afin de mieux protéger les droits individuels des citoyens états-uniens comme la liberté de religion, d'opinion et d'expression. Avec ces ajouts, les Américains se dotent d'une déclaration des droits ou *Bill of Rights* dans l'esprit de celle des Britanniques. En 1790, les treize colonies anglo-américaines forment désormais les États-Unis d'Amérique.

③ La Révolution française, la fin de l'Ancien Régime

Lorsque le roi de France, Louis XVI, signe un traité d'amitié avec les insurgés des Treize colonies, il ne se doute pas que la révolte gronde dans son propre royaume… Inspirée par les idéaux des Lumières et les modèles britannique et américain, la Révolution française sera toutefois déclenchée par la rage d'un peuple affamé et par la ruine des finances de l'État. Les révolutionnaires français vont alors tenter de mettre sur pied une toute nouvelle organisation sociale et politique basée sur l'égalité, la liberté et la fraternité.

Crise de subsistance et crise des finances

Les causes de la Révolution française sont nombreuses. Les idées politiques des Lumières, les séjours des philosophes en Angleterre, la passion de l'élite française pour la révolution américaine ne suffisent pas à tout expliquer. À la veille de l'éclatement, de graves crises économiques viennent secouer le royaume et aggraver l'opposition entre les ordres privilégiés et le tiers état.

Le peuple a faim

Malgré un siècle de prospérité, la fin des années 1780 s'annonce plutôt mal en France. Une grave crise frappe l'agriculture. Le climat, marqué par des pluies abondantes, de la grêle et des hivers rigoureux, amène deux saisons de mauvaises

⑥ TON SUJET D'ENQUÊTE

Dresse une liste des conditions qui favorisent la Révolution française de 1789.

▸ Explique les conséquences de la crise agricole des années 1780 en France.

▸ Raconte comment les bourgeois vivent cette crise économique et ce qu'ils pensent des privilèges de la noblesse.

▸ Décris la situation financière de la France avant la Révolution.

▸ Explique la solution que propose le roi pour mettre fin à la crise financière.

▸ Énumère les demandes du tiers état lors des états généraux.

▸ Indique l'injustice dans la structure de votation des états généraux.

QU'EST-CE QUE LE TIERS-ETAT?

Le plan de cet Ecrit est assez simple. Nous avons trois questions à nous faire.

1°. Qu'est-ce que le Tiers-Etat ? Tout.

2°. Qu'a-t-il été jusqu'à présent dans l'ordre politique ? Rien.

3°. Que demande-t-il ? A y devenir quelque chose.

On verra si les réponses sont justes. Nous examinerons ensuite les moyens que l'on a essayés, & ceux que l'on doit prendre, afin que le Tiers-Etat devienne, en effet, *quelque chose*. Ainsi nous dirons :

4°. Ce que les Ministres ont *tenté*, & ce que les Privilégiés eux-mêmes *proposent* en sa faveur.

5°. Ce qu'on auroit *dû* faire.

6°. Enfin ce qui *reste* à faire au Tiers pour prendre la place qui lui est due.

A

9.29
Première page du pamphlet
« Qu'est-ce que le Tiers-État ? »
de l'abbé Sieyès (1748-1836),
régidé en janvier 1789.

récoltes qui provoquent une famine. En 1788, il fait tellement froid que les rivières gèlent : les moulins à farine ne peuvent plus tourner. Le pain devient rapidement hors de prix… lorsqu'il y en a ! Cette année-là, dans la majorité des familles, l'achat de pain engloutit plus de la moitié du revenu familial ! De plus, les maladies s'abattent sur ces populations affaiblies par le manque de nourriture.

À la ville comme à la campagne, le peuple français a faim car, avec la soupe, le pain constitue la base de l'alimentation. Dans cette situation, payer les impôts devient impossible. Lorsque le grenier à sel royal augmente ses prix, que le seigneur réclame sa part des récoltes ou que le curé vient chercher sa dîme, la population n'en peut plus. En fait, c'est souvent une foule en colère armée de fourches et de faux qui accueille le percepteur d'impôts. Comme les gens ne peuvent plus dépenser, les manufactures produisent moins de marchandises et de nombreux ouvriers perdent leur emploi. Dans les villes, tous ces malheureux écoutent donc avec beaucoup d'intérêt les paroles d'égalité et de liberté des chansons écrites par les philosophes. Les affiches collées sur les murs et les pamphlets lus à haute voix transmettent eux aussi de nouvelles idées et l'espoir d'une société meilleure.

La crise sociale

Bien qu'elle s'inquiète de la situation économique du pays, la bourgeoisie mange à sa faim. Cependant, elle réclame l'égalité et la liberté. Les bourgeois trouvent injustes les privilèges de la noblesse : ils aimeraient bien eux aussi jouer un rôle politique. La noblesse a aussi des motifs de se plaindre. D'une part, la noblesse d'épée méprise la noblesse de robe. Pour cette ancienne noblesse, on naît noble, on ne le devient pas. D'autre part, ces seigneurs en ont assez d'être mis à l'écart par la monarchie absolue. Louis XVI est un souverain médiocre et sans grande autorité, et les grands seigneurs voudraient bien retrouver leur puissance politique d'autrefois. De plus, pour la majorité des nobles et du haut clergé, il n'est pas question de renoncer aux exemptions d'impôts dont ils bénéficient depuis toujours. Le bas clergé, quant à lui, provient du tiers état. Il prête une grande attention aux revendications de ses misérables paroissiens.

Le trésor royal est à sec

Les finances du royaume sont dans un état déplorable. La dette atteint des proportions astronomiques et les coffres du trésor royal sont vides. Les impôts, qui sont moins élevés que d'habitude à cause de la crise économique, ne suffisent pas à payer les guerres en Europe, le soutien à la Révolution américaine, les dépenses de la cour à Versailles ainsi que les généreuses pensions versées aux grandes familles nobles. Il faut trouver une solution. Mais quoi? Augmenter les impôts? Le tiers état n'en peut plus et la révolte gronde. Taxer le clergé et la noblesse comme le proposent certains ministres? Le roi hésite. Devant un tel casse-tête, Louis XVI décide de convoquer les états généraux, une réunion extraordinaire des représentants des trois ordres du royaume. Pour faire accepter une nouvelle hausse d'impôts, qui toucherait même les privilégiés, le consentement de cette assemblée est essentiel.

9.30

À l'époque de la Révolution en France, les caricatures servent à faire passer un message politique à la population. Ici, une caricature des trois ordres où le paysan porte la noblesse et le clergé sur son dos.

9.31

Tableau de Louis-Charles-Auguste Couder montrant l'ouverture des états généraux dans la salle de l'hôtel des Menus-Plaisirs à Versailles, le 5 mai 1789. Huile sur toile, 1839, château de Versailles.

Les Français s'adressent au roi

Les Français entendent bien profiter des états généraux pour conseiller leur roi. Durant les mois qui précèdent, ils choisissent leurs représentants. Membres de la noblesse, du clergé et du tiers état mettent aussi par écrit leurs plaintes et leurs revendications dans des cahiers, appelés cahiers de doléances. Contrairement au roi qui veut simplement hausser les impôts, le peuple souhaite d'importantes réformes et compte sur Louis XVI pour les entreprendre. Le tiers état réclame un allègement des impôts, l'amélioration de la situation économique, un plus grand rôle dans la vie politique du royaume et la fin des privilèges pour la noblesse et le clergé.

opinion

L'augmentation des impôts est-elle la seule solution pour régler une crise financière ?

Lorsque les états généraux débutent à Versailles, en mai 1789, la question du vote pose problème. En effet, chaque ordre est composé par un nombre égal de représentants. Même si la noblesse ne constitue que 1,5 % de la population, elle compte autant de députés que le tiers état, qui forme 98 % de la population. Chaque ordre ne dispose que d'un seul vote. À deux contre un, le roi pourra hausser les impôts avec l'accord des états généraux !

« Les hommes naissent et demeurent libres et égaux en droits »

Les représentants du tiers état s'opposent donc à ce que le vote se fasse par ordre. Louis XVI refuse de changer les règles et fait fermer à clé les portes du bâtiment où doivent se réunir les députés… La révolution est lancée ! Les députés du tiers état, le peuple de Paris puis celui de la campagne vont provoquer la fin de la monarchie absolue et de l'Ancien Régime.

Les députés se révoltent

Lorsqu'ils se heurtent à une porte fermée, les députés du tiers état ne perdent pas de temps. Accompagnés de quelques représentants de la noblesse et du bas clergé, ils se réunissent dans la première salle disponible, celle du jeu de **paume**. Les députés prêtent alors serment.

7 TON SUJET D'ENQUÊTE

Décris les conséquences de la révolution de 1789 pour la société française.

▶ Explique la réaction des députés du tiers état face à l'attitude du roi lors des états généraux.

▶ Établis une chronologie des principaux événements qui précèdent la fuite du roi de France.

▶ Décris le sort réservé au roi et à son épouse après leur procès pour conspiration contre la nation.

▶ Donne les caractéristiques du régime politique qui remplace la monarchie constitutionnelle de 1789.

▶ Explique en quoi la nouvelle société révolutionnaire n'est pas égalitaire pour les femmes françaises.

▶ Relate ce qui met fin en 1799 à dix ans de révolution.

paume Ancêtre du tennis ; jeu qui consistait à se renvoyer une balle au moyen de la main et, plus tard, d'un instrument.

9.32
Le Serment du Jeu de paume, le 20 juin 1789. Croquis de Jacques Louis David (1748-1825), château de Versailles.

nation   Groupe humain important dont les membres possèdent une identité commune (histoire, culture, organisation sociale) et la volonté de vivre ensemble sur un territoire commun.

mercenaire   Soldat professionnel au service d'un gouvernement étranger.

Ils jurent de ne pas se séparer tant qu'ils n'auront pas donné une constitution écrite à la France. Ils se proclament « Assemblée nationale », représentante de la nation française. L'ordre des choses est renversé : c'est l'ensemble des citoyens, représentés par l'assemblée, qui possède maintenant l'autorité suprême.

La réaction de Louis XVI ? Il finit par céder sous la pression des députés de la nouvelle Assemblée. Il demande même aux représentants de la noblesse et du clergé de se joindre à eux pour donner une constitution au royaume. En quelques jours, la monarchie absolue est tombée. Louis XVI n'est plus roi de France, mais le roi des Français. Tout comme en Grande-Bretagne, le monarque doit maintenant partager son pouvoir avec l'Assemblée nationale.

Le peuple s'en mêle

Ces réformes politiques ne changent rien aux conditions de vie misérables de la population qui a toujours faim. Les émeutes se multiplient. Le roi commence à craindre pour sa sécurité. Il appelle en renfort des troupes de mercenaires et les regroupe autour de Paris. Lorsque les Parisiens apprennent la nouvelle, ils croient que Louis XVI veut renverser l'Assemblée, et ils se révoltent. Armés de piques et d'outils, des hommes, des femmes et même des enfants pillent les magasins d'armes et dressent des barricades. Le 14 juillet 1789, ils s'emparent de la prison royale de la Bastille qui abrite des militaires ainsi qu'une importante réserve d'armes et de munitions. Pour rétablir l'ordre dans Paris, les insurgés organisent leur propre force militaire, la Garde nationale.

9.33
Le 14 juillet 1789, la prise de la Bastille symbolise la chute de l'absolutisme royal. En effet, jusqu'à ce jour, le roi pouvait faire arrêter n'importe qui et le jeter en prison, car aucune loi écrite ne protégeait les droits des sujets français. Le 14 juillet est devenu la fête nationale des Français. Gouache du Français Claude Cholat, musée Carnavalet, Paris.

Quand la nouvelle de l'émeute de la Bastille parvient à l'extérieur de Paris, elle provoque une véritable panique qui se répand de village en village. Selon les rumeurs, la noblesse pourrait riposter en attaquant les membres du tiers état. Affolés, les paysans s'en prennent aux châteaux des seigneurs ainsi qu'aux abbayes des communautés religieuses. C'est ce qu'on appelle la Grande Peur. Les paysans détruisent les registres où sont inscrits tous les droits seigneuriaux : le cens, les corvées, les banalités pour l'usage du four, du moulin ou du pressoir, etc. Plus de papiers, plus de droits seigneuriaux ! Si certains nobles résistent, on menace de brûler leur demeure. Dans ce contexte, il devient de plus en plus difficile de faire respecter les droits et les privilèges des nobles. À la fin de juillet 1789, la révolution agite toute la France.

La Déclaration des droits de l'homme et du citoyen

Pour calmer la violence qui éclate partout dans le pays, l'Assemblée nationale vote l'abolition des privilèges et des droits seigneuriaux à la suggestion de quelques nobles « éclairés ». Même le clergé doit renoncer à la dîme. En août 1789, le système féodal et les privilèges de la société de l'Ancien Régime disparaissent. Résultat ? Tous les Français, nobles ou pas, deviennent égaux devant l'impôt. Ils peuvent aussi accéder à n'importe quel emploi, que ce soit dans l'administration ou dans l'armée.

9.34
Reconstitution de l'Assemblée nationale française. À la droite du président (au centre, au premier plan) siègent les députés favorables au roi et au maintien de son pouvoir. À sa gauche, on retrouve les partisans d'un pouvoir monarchique faible ou d'une république (sans roi).

La Déclaration des droits de l'homme et du citoyen de 1789. Peinture sur bois, musée Carnavalet, Paris.

L'Assemblée nationale commence alors à mettre en place le nouveau régime politique et social. Elle s'empresse de voter la Déclaration des droits de l'homme et du citoyen, le 26 août 1789. Les citoyens français ont maintenant des droits protégés par une charte écrite. Quels sont donc ces droits ? L'égalité de tous devant la loi se trouve à la base de la nouvelle société. L'article 1 affirme que « les hommes naissent et demeurent libres et égaux en droits ». La Déclaration reconnaît les droits naturels, défendus par les penseurs des Lumières, comme la liberté d'opinion, la liberté d'expression et la tolérance religieuse. Cette charte confirme aussi le droit à la propriété, le droit à la sécurité et le droit de résister aux abus de l'autorité. Les citoyens reçoivent également des garanties d'égalité devant la justice. Ainsi, une personne ne peut être accusée et punie que dans les cas spécifiquement prévus par la loi. Du côté politique, elle proclame la souveraineté de la nation : le pouvoir et la loi doivent venir de la volonté générale du peuple. De plus, l'article 16 garantit la séparation des pouvoirs.

Les déclarations des droits, ou *Bills of Rights*, anglais et américains ne concernaient que les citoyens de ces deux pays. Par contre, la déclaration française se donne une portée universelle, c'est-à-dire qu'elle s'adresse à tous les êtres humains, quelle que soit leur origine. Encore aujourd'hui, cette charte sert d'inspiration à tous les défenseurs des droits humains un peu partout dans le monde.

ET LES DROITS DES CITOYENNES ?

La Déclaration des droits de l'homme et du citoyen de 1789 n'est pas si universelle qu'elle en a l'air. Malgré leur participation aux révoltes des villes et des campagnes, les femmes n'obtiennent pas l'égalité politique : elles n'ont pas le droit de voter ni celui de se faire élire. En effet, seuls les hommes de plus de 25 ans qui paient un minimum d'impôts peuvent élire les représentants du peuple. Et que dire des Noirs des colonies françaises des Antilles ? Même si le gouvernement abolit l'esclavage en 1794, il sera rétabli au début du 19e siècle, et ce, jusqu'en 1848.

Certaines femmes organisent des clubs révolutionnaires pour discuter et critiquer la vie politique. D'autres écrivent pour réclamer l'égalité des droits des hommes et des femmes. En 1791, l'écrivaine Olympe de Gouges (1748-1793) rédige une déclaration des droits de la femme et de la ci-toyenne ! Son texte commence ainsi : « Les mères, les filles, les sœurs, représentantes de la nation, demandent d'être constituées en assemblée nationale. » Dans sa conclusion, elle demande aux femmes de se réveiller, mais il faudra attendre le 20e siècle pour que les femmes obtiennent l'égalité politique.

> L'homme esclave a multiplié ses forces, a eu besoin de recourir aux tiennes pour briser ses fers. Devenu libre, il est devenu injuste envers sa compagne. Ô femmes ! Femmes, quand cesserez-vous d'être aveugles ? Quels sont les avantages que vous avez recueillis dans la révolution ? Un mépris plus marqué, un dédain plus signalé.
>
> Olympe de Gouges, Déclaration des droits de la femme et de la citoyenne, 1791.

9.36

« À Versailles, à Versailles ! » La marche des femmes sur Versailles, le 5 octobre 1789. Gravure couleur, musée Carnavalet, Paris.

La monarchie constitutionnelle

veto Pouvoir de s'opposer à l'entrée en vigueur d'une loi votée par l'assemblée compétente.

sans-culotte Révolutionnaire issu du peuple, appelé ainsi car il porte le pantalon plutôt que la culotte des bourgeois et des nobles, laquelle arrête aux genoux et est portée avec de longs bas.

En 1791, Louis XVI et sa famille tentent de quitter Paris pour préparer le retour de l'Ancien Régime avec l'aide de fidèles du roi et de souverains des pays voisins. Dans sa fuite, le roi est reconnu et ramené à Paris. À partir de ce moment, Louis XVI perd la confiance d'une grande partie du peuple. Quelle sorte de roi tente de fuir son propre pays en pleine nuit ? Certains révolutionnaires comme l'avocat Georges Danton (1759-1794) réclament un régime politique sans roi, une république…

Bien que tous les représentants ne soient pas du même avis, quelques mois plus tard, la France se donne une première constitution, approuvée par le roi. L'Assemblée nationale sanctionne le régime politique en place depuis 1789 : la monarchie constitutionnelle. La Constitution accorde au roi un droit de **veto** : s'il juge une loi mauvaise pour la nation, il peut s'y opposer et en retarder l'application. Cependant, Louis XVI est indécis : un jour, il semble accepter les changements, le lendemain, il les condamne. Il impose tellement de fois son veto que le peuple le surnomme « Monsieur Veto ». La méfiance grandit chez les **sans-culottes**, ces petits marchands et artisans, partisans de la démocratie.

La Révolution menacée de toutes parts

Pour compliquer les choses, les Français n'appuient pas tous la Révolution. Une grande partie du clergé résiste au changement. Le nouveau régime prévoit que les membres du clergé doivent prêter serment à la Constitution. Dorénavant, les curés et les évêques ne seront plus nommés par l'Église mais plutôt élus par la population. Le pape condamne la Constitution et encourage les prêtres et les évêques français à ne pas prêter serment.

Certains nobles fuient la France pour se réfugier dans les États voisins où la noblesse détient encore des privilèges. D'autres organisent la résistance : ils veulent aider le roi à redevenir un souverain absolu afin de retrouver leurs droits seigneuriaux et leurs privilèges. On appelle ces contre-révolutionnaires des royalistes. À l'ouest et au sud du pays, ils bénéficient de l'appui d'une partie de la population très attachée à la religion catholique qui veut maintenir l'Ancien Régime au nom de Dieu et du roi. Dans ces régions, on assiste à de véritables guerres civiles.

9.37
Des sans-culottes.

La menace vient aussi de l'extérieur. En effet, les souverains des pays voisins n'apprécient pas du tout cette France révolutionnaire qui a aboli l'Ancien Régime. Ils veulent à tout prix éviter que l'exemple français se répande dans leur royaume. En 1792, la France révolutionnaire prend les devants et déclare la guerre à l'Autriche. Plein d'espoir, Louis XVI est convaincu que la France perdra cette guerre et qu'il pourra alors rétablir l'Ancien Régime. Mais le roi a mal évalué la situation politique.

CITOYEN, CITOYENNE

Des droits et libertés pour le peuple

Des philosophes comme Locke, Voltaire, Rousseau, Diderot ou d'Alembert affirment que l'être humain jouit de droits naturels : la liberté, la sécurité, la propriété et l'égalité devant la loi. Les révolutionnaires français de 1789 reprenaient aussi ces idées et inscrivaient dans la *Charte des droits de l'homme et du citoyen* que « les hommes naissent et demeurent libres et égaux en droits ». Depuis lors, plusieurs sociétés, dont la société canadienne, ont reconnu ces droits et libertés. Elles ont en outre cherché à mettre en place des mesures pour les garantir.

La *Charte canadienne des droits et libertés* et la *Charte québécoise des droits et libertés de la personne* ont toutes deux été adoptées pour garantir les libertés et les droits fondamentaux des individus au Canada et au Québec. De quels droits et libertés s'agit-il ? Notamment, ces documents garantissent à tout être humain le droit à la vie, à l'intégrité et à la sécurité de sa personne, ainsi que la liberté d'expression, de religion et d'opinion. Ils reconnaissent également que tous les êtres humains sont égaux en valeur et ont droit à une égale protection de la loi. Ces droits et libertés s'appliquent à tous, sans discrimination entre autres en raison du sexe, de l'âge ou de la couleur d'une personne. Ces documents prévoient aussi une limite à l'exercice de ces droits et libertés, leur exercice ne devant pas nuire au bien-être d'autrui et de la société en général.

Question citoyenne

Après avoir consulté les chartes québécoise et canadienne des droits et libertés, choisis un droit ou une liberté qui éveille particulièrement ton intérêt. Imagine ensuite que ce droit ou cette liberté ne soit pas protégé et explique quelles en seraient les conséquences.

Action citoyenne

Réunis tous les membres de ton équipe de conseillers législatifs et, pour la *Charte québécoise des droits et libertés de la personne*, proposez un nouvel article garantissant un droit que vous jugez essentiel à la jeunesse d'aujourd'hui.

Les hauts et les bas d'une jeune république

La guerre commence mal pour les troupes révolutionnaires. Les armées étrangères franchissent rapidement la frontière. Devant l'invasion ennemie, les Parisiens en colère, aidés de soldats volontaires, prennent d'assaut le palais royal : Louis XVI et sa famille sont arrêtés et emprisonnés. On les accuse de trahison pour avoir comploté avec l'étranger afin de renverser la Révolution. C'est la chute de la monarchie ! Les députés proclament la République française, le 22 septembre 1792. Il faut donc élire une nouvelle assemblée et récrire une nouvelle constitution afin de définir un tout nouveau régime politique ! En 1793, le roi et son épouse seront condamnés à mort.

9.38
Arrestation du roi Louis XVI en juin 1792, à Paris. Gravure anglaise, 19ᵉ siècle.

FAITS D'HIER   « AUX ARMES, CITOYENS ! »

Louis XVI ne se doutait pas que l'armée révolutionnaire finirait par repousser l'invasion étrangère en 1794. Cette nouvelle armée française est formée de volontaires prêts à donner leur vie pour la **patrie** en danger. Ces hommes ont le fort sentiment d'appartenir à la nation française qu'ils doivent défendre face à l'ennemi. En fait, à ce moment, de nombreux Français prennent conscience qu'ils sont différents des autres peuples d'Europe. Peu importe qu'ils soient du sud ou du nord du pays, de la ville ou de la campagne, ils réalisent qu'ils partagent non seulement une langue, une histoire et des traditions communes, mais aussi de nouveaux idéaux : « liberté, égalité, fraternité ». Les Français vont donc s'unir pour protéger la France, cette patrie dont ils sont si fiers.

patrie Nation, communauté politique à laquelle on a le sentiment d'appartenir.

En 1795, un chant patriotique composé par un militaire devient l'hymne national de la France. Il porte le nom de *Marseillaise*, car ce sont des volontaires venus de Marseille, dans le sud du pays, qui introduirent ce chant de guerre à Paris. En voici un extrait :

Allons ! Enfants de la Patrie !
Le jour de gloire est arrivé !
Contre nous de la tyrannie,
L'étendard sanglant est levé ! (Bis)
Entendez-vous dans les campagnes
Mugir ces féroces soldats ?

Ils viennent jusque dans vos bras
Égorger vos fils, vos compagnes.
Aux armes, citoyens ! Formez les bataillons !
Marchons ! Marchons !
Qu'un sang impur...
Abreuve nos sillons !

Rouget de Lisle, 1792.

TOUS ÉGAUX SUR L'ÉCHAFAUD

Au début de l'année 1793, le citoyen Louis Capet, mieux connu sous le nom de Louis XVI, est décapité sur la place publique devant des milliers de Français. Sa femme Marie-Antoinette va subir le même sort. Le bourreau utilise alors une invention récente pour trancher les têtes : la guillotine. Autrefois, les condamnés subissaient différents châtiments selon leur crime : la pendaison, l'écartèlement, le bûcher, etc. On réservait aux nobles le privilège d'être décapités à l'épée ou à la hache.

En 1789, le docteur Guillotin, député du tiers état, propose à l'Assemblée nationale d'adopter une machine à décapiter pour tous les condamnés à mort, nobles ou pas. C'est un chirurgien nommé Antoine Louis qui met au point cet appareil qui tue de manière sûre, rapide et, croit-on, sans souffrance. La guillotine sera en usage en France de 1792 à 1977.

9.39

L'exécution de Louis XVI. Huile sur cuivre, 18ᵉ siècle, musée Carnavalet, Paris.

Le règne de la Terreur

Est-ce la fin de la Révolution ? Loin de là. La République connaît des débuts difficiles. Le gouvernement révolutionnaire dominé par Maximilien de Robespierre (1758-1794) juge qu'il faut prendre des moyens extraordinaires pour conserver le nouveau régime. On fixe les prix des produits d'alimentation pour lutter contre la pauvreté. On réorganise l'armée. Et, par-dessus tout, on suspend les libertés individuelles afin de se débarrasser des opposants à la République. Commence alors la période la plus sombre de la Révolution : la Terreur. Pendant un peu plus d'un an, des dizaines de milliers de Français vont être considérés comme des traîtres à la patrie et exécutés, souvent sans procès ! Même des révolutionnaires convaincus comme l'avocat Georges Danton ou le journaliste et député Camille Desmoulins (1760-1794) sont jugés trop modérés et condamnés.

Passe à l'action

Condamnation d'un crime grave
Rédige avec ton équipe une loi punissant un crime grave et prévois une peine autre que la mort.

AILLEURS

DE LA MUSIQUE POUR LE TSAR DE RUSSIE

L'attachement à la nation peut s'exprimer par un chant guerrier, mais aussi à travers différentes formes d'art comme la littérature, la peinture, la sculpture, l'architecture ou encore d'autres genres de musique. Le compositeur Mikhail Ivanovitch Glinka (1804-1857) est considéré comme le fondateur de la musique nationaliste russe. Avant Glinka, l'élite de la Russie tsariste se plaisait à écouter uniquement des pièces musicales importées d'Italie, d'Allemagne ou de France.

Comment l'œuvre de Glinka exprime-t-elle un sentiment nationaliste ? En empruntant à la culture et à l'histoire du pays. Son opéra *La Vie pour le tsar* composé en 1836 se base sur un conte populaire. Il rend hommage au premier tsar de Russie et à son armée. En plus de présenter un sujet russe, l'opéra est chanté en langue russe.

9.40
L'intérieur somptueux du théâtre Bolshoi à Moscou où *La Vie pour le tsar* a été joué pour la première fois. Gravure du 19ᵉ siècle.

Une république modérée mais inefficace

La Terreur cesse avec l'exécution de Robespierre et de ses partisans en 1794. La France est épuisée par cinq années de guerre et de révolution. La République n'a toujours pas de constitution et le peuple réclame du pain. Les nouveaux députés veulent rétablir un peu de stabilité dans le pays. Ils rédigent une constitution qui partage le pouvoir législatif entre deux assemblées et donne le pouvoir exécutif à cinq Directeurs qui forment le Directoire. On veut ainsi éviter qu'un seul homme s'empare du pouvoir.

Le Directoire favorise surtout la bourgeoisie. Ceux qui ne paient pas ou peu d'impôts ne peuvent pas voter, les plus pauvres sont écartés de la vie politique. Ce gouvernement essaie de ramener le calme dans le pays, mais les royalistes tentent de s'imposer. On fait de plus en plus appel à l'armée pour diriger la nation. Les **coups d'État** se succèdent. L'économie du pays est au

coup d'État Prise ou tentative de prise du pouvoir par la force en violation de la constitution et des lois.

plus mal : le papier-monnaie ne vaut plus rien et les prix augmentent. La misère du peuple s'aggrave.

La guerre contre les pays voisins se poursuit. L'armée française connaît beaucoup de succès et le territoire de la France s'agrandit. Le Directoire remplit les coffres de l'État avec les pillages de l'armée. Napoléon Bonaparte, un brillant général qui accumule les victoires, devient de plus en plus populaire. En 1799, il renverse le Directoire et met fin à dix ans de révolution.

Avec l'arrivée de Napoléon Bonaparte, la France retourne vers un pouvoir monarchique. Bien qu'une nouvelle aristocratie apparaisse, toutes les réalisations de la Révolution ne disparaissent pas. Les écoles d'enseignement supérieur d'État, les musées d'État comme le Louvre, la Bibliothèque nationale, le système métrique décimal et surtout les lois civiles (mariage, divorce, etc.) sont maintenus. Les grands principes d'égalité et de liberté reculent dans la vie politique, mais demeurent toujours présents dans le cœur des Français. Tout au long du 19e siècle, il y aura encore des révolutions en France et partout en Occident en vue d'obtenir la liberté, l'égalité, la justice et la démocratie de façon définitive. En fait, comme l'a prédit Georges Danton, le monde se bâtit sur l'espoir qu'a fait naître la Révolution française.

9.41
Une soupe populaire. Gouache de Lesueur, 1794, musée Carnavalet, Paris.

9.42
Cour intérieure du musée du Louvre, Paris.

FAIRE L'HISTOIRE

Le métier de journaliste

échos Rubrique d'un journal consacrée aux petites nouvelles mondaines ou locales.

Avant les grandes révolutions du 18ᵉ siècle, les rares journaux d'Europe et d'Amérique devaient obtenir la permission du gouvernement afin d'être publiés. Leur contenu était étroitement surveillé et on les accusait souvent de répandre de « fausses nouvelles ». Il arrivait qu'un propriétaire de journal se retrouve en prison pour ses opinions. Le *Bill of Rights* de la Constitution américaine et la Déclaration des droits de l'homme et du citoyen accordent la liberté d'expression. Quiconque peut désormais exprimer ses idées en toute légalité dans le respect des droits d'autrui. Cependant, selon les pays, les régimes politiques et les époques, la liberté de presse sera parfois sérieusement limitée et même supprimée.

La liberté d'expression entraîne la multiplication des journaux et les débuts du métier de journaliste. Ces premiers journalistes rapportent et commentent surtout les événements politiques. Au cours du 19ᵉ siècle, les journaux deviennent de plus en plus populaires : on les lit régulièrement, plus seulement en temps de crise (guerre, scandale, etc.). La population mieux instruite s'informe sur des sujets différents de la politique : le théâtre, la littérature, les **échos**, etc. De plus, vers la fin du siècle, de nouvelles techniques et l'amélioration des moyens de communication facilitent la diffusion des journaux.

9.43
Gravure intitulée « Liberté de presse », 1795, Cabinet des estampes, Bibliothèque nationale de France, Paris.

À partir du début du 20ᵉ siècle, le journalisme devient une véritable profession. Un journaliste peut vivre de sa plume. Les sujets se diversifient : la politique, les arts, le sport, les faits divers, la religion, etc. Le métier se spécialise. Alors que certains journalistes analysent l'actualité de leur bureau, d'autres vont enquêter sur le terrain pour faire du reportage. D'autres encore se consacrent à la photographie. Enfin, la presse écrite n'est plus le seul véhicule de l'information. La radio, dans les années 1920, puis la télévision, dans les années 1950, élargissent les horizons du journalisme. Et depuis les années 1990, les journalistes travaillent aussi dans Internet.

Le métier de journaliste consiste à diffuser des informations ou des opinions sur des questions d'actualité. Comme il travaille dans l'intérêt de tous les citoyens, le journaliste doit accomplir ses tâches de recherche, de rédaction et de commentaire dans le plus grand respect de la vérité. Il agit en historien du présent. Il ne peut transmettre que les renseignements dont il connaît la source, sinon il doit en avertir son public. Il lui arrive de retracer les origines d'un événement, d'une institution ou encore la vie d'une personne publique afin d'aider la population à se former une opinion. Selon sa spécialité, c'est un critique de la politique, de la société, des arts ou des sports. Il veille aussi à dénoncer les manquements des dirigeants et des administrations : fraude, **corruption** et crimes de toutes sortes. Ainsi, la profession de journaliste est essentielle dans un pays démocratique, car elle permet aux citoyens de participer à la vie politique de façon avertie.

Au fil des années, les journalistes se sont donné des règles de **déontologie** dans l'exercice de leur profession. Depuis 1971, il existe même une Charte des devoirs et des droits des journalistes. On y apprend que le journaliste doit respecter la vérité et fonder ses affirmations sur des sources fiables. Il a l'obligation de corriger une information qui se révèle inexacte. On y lit aussi que ce professionnel de l'information ne doit pas user de méthodes malhonnêtes pour obtenir ses documents et ses photographies. Il doit respecter la vie privée des gens. Un journaliste ne doit pas dévoiler la source des informations qu'il a obtenues de manière confidentielle : c'est ce qu'on appelle le secret professionnel. Cette charte réaffirme la liberté de presse et réclame aussi « le libre accès à toutes les sources d'information et le droit d'enquêter librement sur tous les faits qui conditionnent la vie publique ».

9.44
Lors de conflits armés, le travail des journalistes n'est pas de tout repos. Certains sont blessés, voire tués, d'autres se font enlever. Cette photo a été prise dans les années 2000 en territoire palestinien.

corruption Emploi de moyens condamnables, voire illégaux, pour faire agir quelqu'un contre son devoir ou sa conscience.

déontologie Ensemble des devoirs qui régissent une profession ainsi que les rapports des membres de cette profession avec le public.

EN CONCLUSION

Ton résumé

Rédige un court résumé de ce que tu retiens de ce dossier sur les révolutions américaine et française. Consulte la ligne du temps, note les dates, les personnages et les événements les plus marquants de ce dossier. Décris les raisons qui ont poussé le peuple à se révolter contre l'autorité royale. Cherche des similitudes entre ces deux révolutions. Explique en quoi la monarchie et la démocratie sont deux régimes politiques si différents. Décris les avantages d'un régime démocratique pour les citoyens.

Mots et concepts clés

censure	noblesse
citoyen	philosophie
clergé	régime politique
constitution	révolution
démocratie	séparation des pouvoirs
droits	siècle des Lumières
hiérarchie sociale	suffrage
journalier	tiers état
justice	tyran
monarchie absolue	

Aide-mémoire

Souviens-toi que l'appellation « Ancien Régime » caractérise une organisation sociale où une classe dirigeante noble domine une majorité de travailleurs agricoles et d'artisans. Dans ces régimes, la propriété terrienne et les richesses sont concentrées entre les mains d'une minorité de nobles et de bourgeois, et le peuple est bien peu considéré. Le peuple, qui constitue alors la grande majorité de la population européenne, n'a presque aucun droit et participe très peu à la vie politique.

Ton portfolio

Fais un retour critique sur ta façon d'employer la méthode historique de recherche en répondant dans ton portfolio aux questions suivantes :

- Décris comment tu établis ton plan de recherche.
- Explique comment tu choisis tes sources d'informations.
- Décris les moyens que tu utilises pour organiser les informations recueillies.

Tes travaux préparatoires

Le prochain dossier traite de la période de l'industrialisation. Afin de t'y préparer, voici quelques suggestions de recherches :

- Dresse une liste d'événements et de personnages caractéristiques de la période de l'industrialisation.
- Situe sur une carte les premières grandes villes industrielles du monde et indiques-en la population.
- Note la définition des mots et concepts suivants : capitalisme, classe sociale, libéralisme, prolétariat, socialisme, syndicalisme.
- Trouve des images de machines et d'équipements industriels caractéristiques de cette période.

L'INDUSTRIALISATION : UNE RÉVOLUTION ÉCONOMIQUE ET SOCIALE

DOSSIER 10

TABLE DES MATIÈRES

PROJET

L'industrialisation aux 18ᵉ et 19ᵉ siècles, c'est entre autres l'affaire d'hommes et de femmes dynamiques qui ont mis sur pied des entreprises ou inventé des technologies permettant d'accroître la production et de faciliter le travail. Ces personnes étaient fières d'exhiber leurs produits et leurs inventions dans le cadre d'expositions universelles et commerciales. En dyade, personnifie ces hommes et ces femmes, et présente dans un stand d'exposition divers aspects de la production et de la consommation propres à cette époque effervescente.

LE BERCEAU DE L'INDUSTRIALISATION

Depuis le début de l'époque moderne, l'exploitation des colonies et la traite négrière font la fortune des ports et des centres bancaires de l'Europe occidentale. Cependant, les autres secteurs de l'économie européenne, comme l'agriculture et l'artisanat, ne connaissent pas la même croissance. L'urbanisation demeure limitée. Les trois quarts de la population vivent encore à la campagne.

Au cours du 18e siècle, cette économie traditionnelle basée sur le travail de la terre s'engage dans une importante modernisation. Grâce à des conditions favorables, la Grande-Bretagne devient la première nation industrielle. Les Britanniques réorganisent leurs campagnes. Mieux nourris, ils sont de plus en plus nombreux. Les progrès technologiques et les échanges avec les colonies permettent de mécaniser l'artisanat afin de répondre aux besoins croissants de la population.

Certains historiens parlent d'une « révolution industrielle », puisqu'ils considèrent qu'il s'agit d'un processus rapide, voire brutal. D'autres spécialistes se représentent plutôt ces transformations comme une lente évolution de l'économie traditionnelle. Ils utilisent le terme « industrialisation ». Chose certaine, la mécanisation de l'artisanat et la forte urbanisation vont entraîner des changements sociaux et économiques considérables en Grande-Bretagne. Tu verras aussi comment, au 19e siècle, l'industrialisation se répandra en Europe, notamment en France et en Allemagne, ainsi qu'aux États-Unis d'Amérique.

10.1

La « révolution industrielle ».

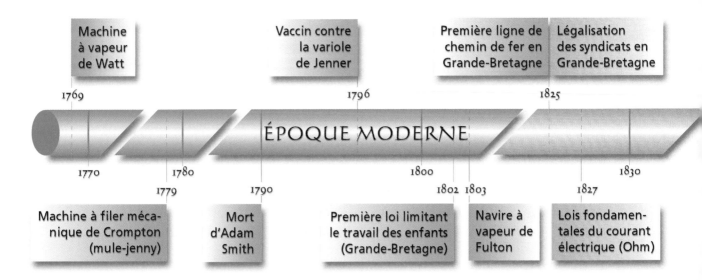

| Machine à vapeur de Watt | | Vaccin contre la variole de Jenner | Première ligne de chemin de fer en Grande-Bretagne | Légalisation des syndicats en Grande-Bretagne |

1769 · 1796 · 1825

ÉPOQUE MODERNE

1770 · 1780 · 1800 · 1830

1779 · 1790 · 1802 · 1803 · 1827

Machine à filer mécanique de Crompton (mule-jenny) · Mort d'Adam Smith · Première loi limitant le travail des enfants (Grande-Bretagne) · Navire à vapeur de Fulton · Lois fondamentales du courant électrique (Ohm)

10.2

Une conférence du syndicaliste Michel Chartrand, défenseur des droits des plus démunis au Québec.

REMUE-MÉNINGES

Aujourd'hui, dans nos sociétés démocratiques, les conditions de travail sont encadrées par des lois et des règlements qui ont été adoptés au fil du temps. L'interdiction du travail des enfants, le salaire minimum, la sécurité au travail, les congés de maladie ou de maternité en sont des exemples. De plus, des organismes publics et des associations ont été mis sur pied pour garantir l'application de ces droits.

- Nomme un organisme créé pour améliorer les conditions de travail et explique son rôle.
- Décris comment les travailleurs d'aujourd'hui peuvent revendiquer leurs droits.
- Décris les conditions de travail des ouvriers au 19e siècle.
- Le travail des enfants était-il permis au 19e siècle ?

10.3

Groupe d'enfants travaillant dans les mines aux États-Unis, photographie de Lewis Hire, 1908.

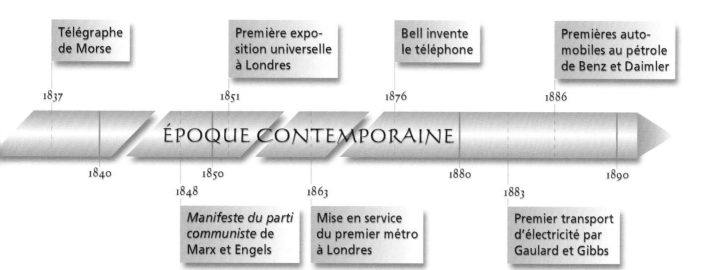

Télégraphe de Morse

Première exposition universelle à Londres

Bell invente le téléphone

Premières automobiles au pétrole de Benz et Daimler

1837   1851   1876   1886

ÉPOQUE CONTEMPORAINE

1840   1850   1880   1890

1848   1863   1883

Manifeste du parti communiste de Marx et Engels

Mise en service du premier métro à Londres

Premier transport d'électricité par Gaulard et Gibbs

10.4 LE MONDE INDUSTRIALISÉ VERS 1850

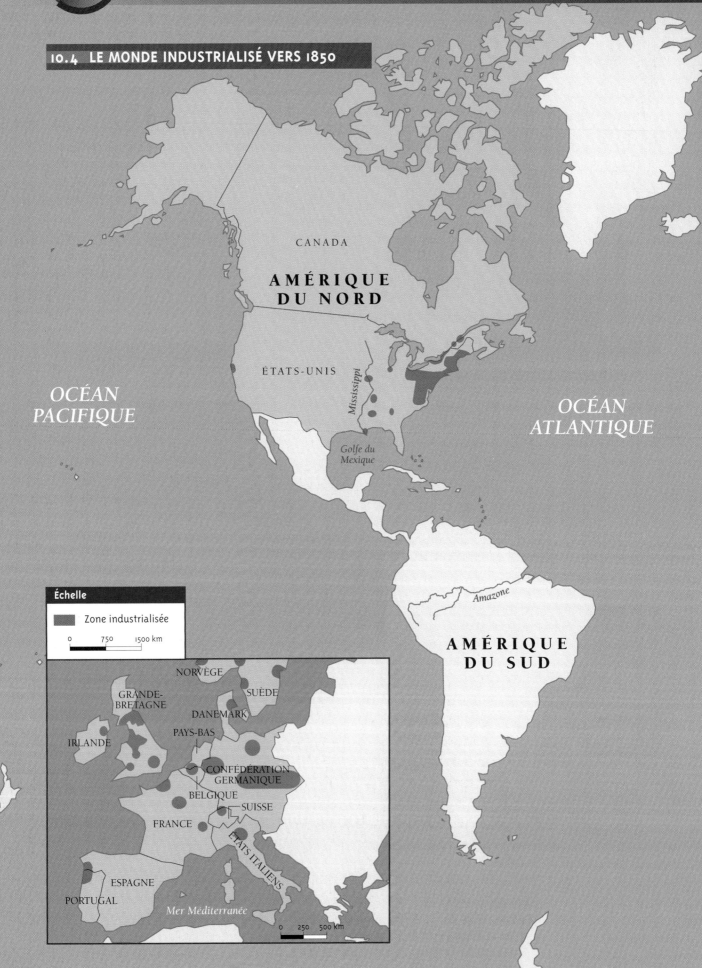

OCÉAN PACIFIQUE

OCÉAN ATLANTIQUE

CANADA

AMÉRIQUE DU NORD

ÉTATS-UNIS

Mississippi

Golfe du Mexique

Amazone

AMÉRIQUE DU SUD

Échelle

Zone industrialisée

0   750   1500 km

NORVÈGE

SUÈDE

GRANDE-BRETAGNE

DANEMARK

PAYS-BAS

IRLANDE

CONFÉDÉRATION GERMANIQUE

BELGIQUE

SUISSE

FRANCE

ÉTATS ITALIENS

ESPAGNE

PORTUGAL

Mer Méditerranée

0   250   500 km

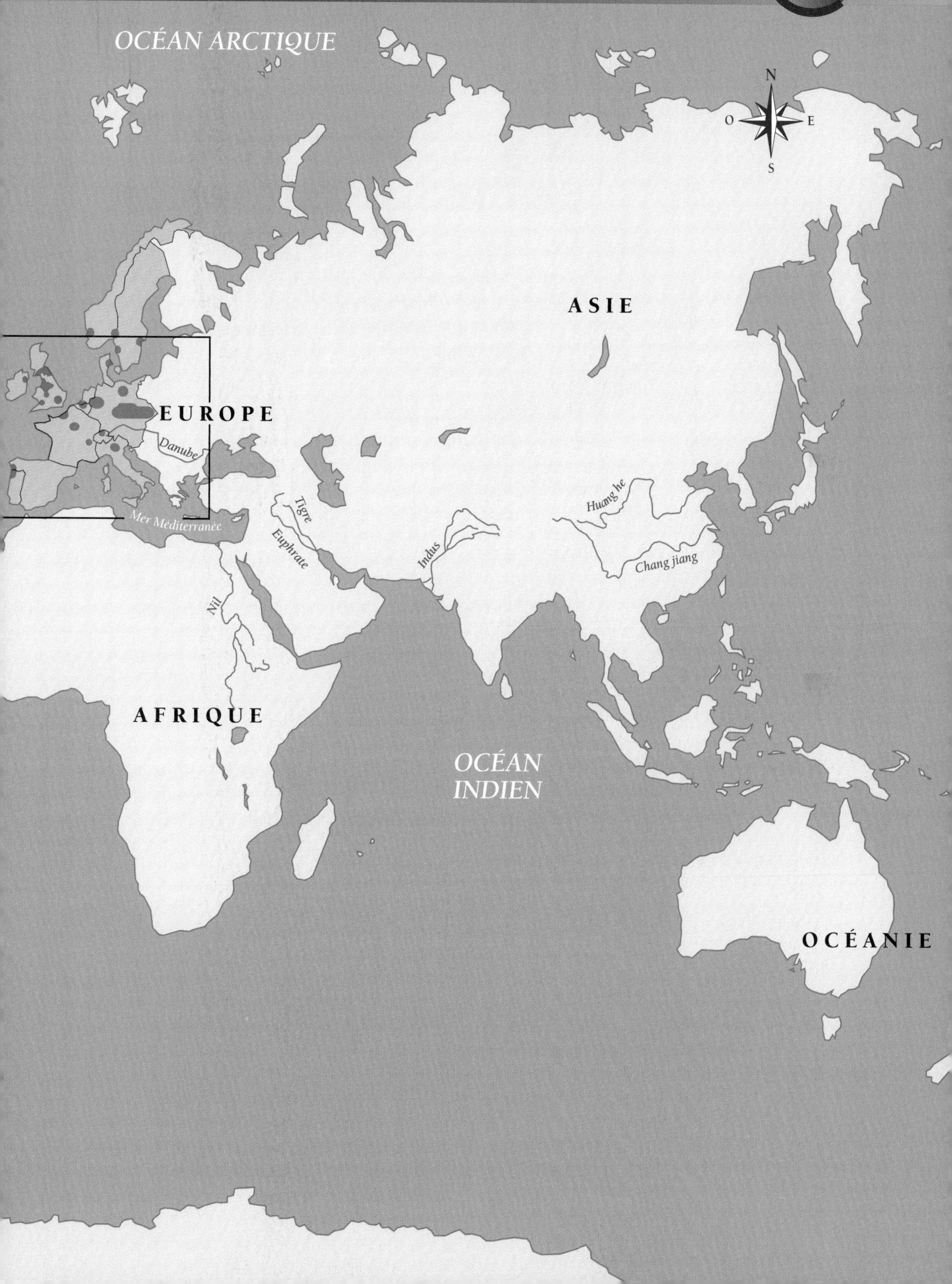

OCÉAN ARCTIQUE

ASIE

EUROPE

Danube

Mer Méditerranée

Tigre

Euphrate

Indus

Huang he

Chang jiang

Nil

AFRIQUE

OCÉAN INDIEN

OCÉANIE

N O E S

1 La grande marche de l'industrialisation

Grâce à ses ressources minières et aux découvertes techniques de ses inventeurs, la Grande-Bretagne devient le premier pays industrialisé, et ce, dès la fin du 18e siècle. Les innovations touchent autant l'outillage du paysan que celui de l'artisan. Peu à peu, de nouvelles machines et de nouvelles sources d'énergie transforment les activités traditionnelles. La production s'accroît. L'usine apparaît. Les investissements se multiplient et les transports s'accélèrent. L'industrialisation se répand ensuite sur le continent européen ainsi qu'en Amérique du Nord. Le phénomène ne s'arrête pas là : les progrès technologiques et scientifiques de la seconde moitié du 19e siècle donneront un deuxième essor à cette révolution industrielle.

1 TON SUJET D'ENQUÊTE

Explique en quoi consiste la « révolution agricole » en Grande-Bretagne au 18e siècle.

▸ Identifie les facteurs qui ont contribué à l'accroissement de la population en Angleterre au 18e siècle.

▸ Énumère des améliorations apportées à l'agriculture à cette époque.

▸ Indique des conséquences de la révolution agricole en Angleterre.

Les origines de la révolution industrielle

Au moment où les idées des Lumières bouillonnent dans toute l'Europe, la vie économique en Grande-Bretagne connaît de profondes transformations. Tant dans les campagnes que dans les villes, l'accroissement de la population et la modernisation de l'agriculture créent des conditions propices à la mise sur pied et au développement d'industries britanniques.

La poussée démographique

Au 18e siècle, l'Europe connaît une forte croissance démographique. Imagine, durant cette période, la population britannique double pour atteindre près de 10 millions d'habitants ! Pourquoi une telle augmentation ? Parce que le taux de mortalité ne cesse de diminuer.

10.5   LA POPULATION BRITANNIQUE DE 1700 À 1851

Pour les historiens, plusieurs facteurs expliquent cette situation : la diminution des guerres, les progrès de la médecine mais surtout l'adoucissement du climat et l'introduction de plantes robustes importées d'Amérique telles que le maïs et la pomme de terre. Celles-ci peuvent remplacer le blé, une céréale plus fragile, dans l'alimentation des gens et des animaux. La modernisation de l'agriculture va aussi contribuer à améliorer l'alimentation des populations.

AUJOURD'HUI

Quels sont les cinq pays les plus peuplés de la Terre ?

Les campagnes britanniques se modernisent

Afin de répondre aux besoins de cette population croissante, les campagnes doivent augmenter leur production. Grâce aux expériences scientifiques et aux inventions de fermiers **agronomes** hollandais et britanniques, les paysans adoptent un nouveau procédé de culture et abandonnent peu à peu la jachère. Au lieu de laisser un champ en repos, on y sème des plantes **fourragères** qui enrichissent naturellement le sol, comme le trèfle, la luzerne et la betterave. L'épandage de fumier pour engraisser les champs se généralise. De nouvelles machines agricoles apparaissent : charrue améliorée, semoir mécanique, houe pour désherber, etc. Rapide et endurant, le cheval supplante le bœuf comme bête de trait. L'élevage aussi se modernise. Grâce à une meilleure alimentation des animaux et à des méthodes de sélection dernier cri, les éleveurs obtiennent des bêtes plus grosses et plus fortes, qui fournissent du lait ou de la laine de qualité supérieure.

agronome   Spécialiste de l'agronomie, c'est-à-dire l'étude scientifique des questions reliées à la pratique de l'agriculture (plantes cultivées, sol, climat, techniques agricoles).

fourrager   Qui sert de nourriture aux animaux d'élevage comme le mouton, le bœuf et le cheval.

Le semoir mécanique de Jethro Tull (1676-1741) permet de semer à la fois trois rangs bien droits de graines.

innovation Adaptation et introduction d'une invention dans le processus de production.

communaux Ensemble des terres (pré, lande, forêt, marais) à l'usage collectif des habitants d'une communauté rurale ; ils peuvent y faire paître leur bétail ou y amasser du bois sans frais.

Afin de mieux tirer profit de ces **innovations** agricoles et d'augmenter le rendement de leurs terres, de plus en plus de riches propriétaires rassemblent leurs parcelles dispersées en un seul grand domaine. Comment s'y prennent-ils ? Ils achètent les petites fermes voisines et s'approprient les **communaux**. Ces vastes terres sont ensuite clôturées par des haies plantées sur des talus : voilà pourquoi ce mode de propriété s'appelle l'*enclosure*, un mot anglais qui désigne l'action de clôturer un champ. Les propriétaires terriens investissent alors dans l'aménagement de leurs domaines élargis, l'achat de machinerie, le développement de cultures nouvelles et de l'élevage. Peu à peu, l'agriculture commerciale va remplacer l'agriculture de subsistance. Les historiens qualifient ce mouvement de révolution agricole. Celle-ci se fait souvent au détriment des petits fermiers qui perdent leurs terres ou l'accès aux communaux. Cependant, ce bouleversement du monde rural permet de mieux nourrir la population toujours grandissante et fait reculer la menace de famine.

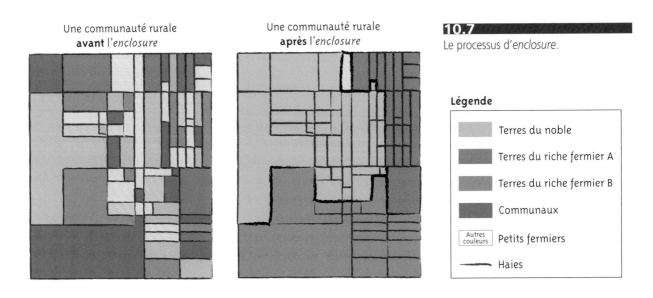

Une communauté rurale **avant** l'*enclosure*

Une communauté rurale **après** l'*enclosure*

Le processus d'*enclosure*.

Légende

Terres du noble

Terres du riche fermier A

Terres du riche fermier B

Communaux

Autres couleurs · Petits fermiers

Haies

Des idées, du charbon et des capitaux

La révolution agricole et l'accroissement de la population stimulent l'industrialisation de la Grande-Bretagne. La modernisation du monde rural entraîne une demande de machines aratoires munies de composantes en fer. Artisans et commerçants doivent s'organiser pour offrir ces nouveaux outils en grande quantité tout en améliorant leur qualité. Ce n'est pas tout : de plus en plus nombreux, les Britanniques doivent non seulement se nourrir, mais aussi se vêtir, se loger et, bien entendu, travailler. Il devient donc nécessaire d'accroître la production artisanale pour répondre à la demande.

L'innovation au service de la production cotonnière

Prends l'exemple de l'artisanat du coton. Depuis le 17e siècle, les plantations des colonies anglo-américaines fournissent du coton bon marché aux négociants de la métropole britannique. Ce coton est ensuite transformé en tissu dans les petits ateliers des villes et des campagnes de Grande-Bretagne. Les artisans travaillent alors avec des rouets et des métiers à tisser manuels, des machines semblables à celles de la fin du Moyen Âge. En effet, depuis cette époque, peu d'inventions sont venues faciliter la tâche de l'artisan. Pour produire plus, il faut tout simplement réunir plus de main-d'œuvre. Ainsi, plus importante que l'atelier, une manufacture peut regrouper sous un même toit des dizaines et parfois même des centaines d'artisans, maîtres ou apprentis.

② TON SUJET D'ENQUÊTE

Explique en quoi consiste l'industrialisation en Grande-Bretagne au 19e siècle.

▸ Décris des innovations apportées à l'industrie textile.

▸ Décris des conséquences sur la campagne anglaise du besoin accru de houille.

▸ Établis une liste d'inventeurs de cette époque et de leurs inventions.

▸ Identifie quelques utilisations de la vapeur dans le transport au 19e siècle.

▸ Explique pourquoi la Grande-Bretagne devient le premier centre bancaire et commercial à la fin du 19e siècle.

▸ Décris comment un particulier peut participer au financement d'une entreprise.

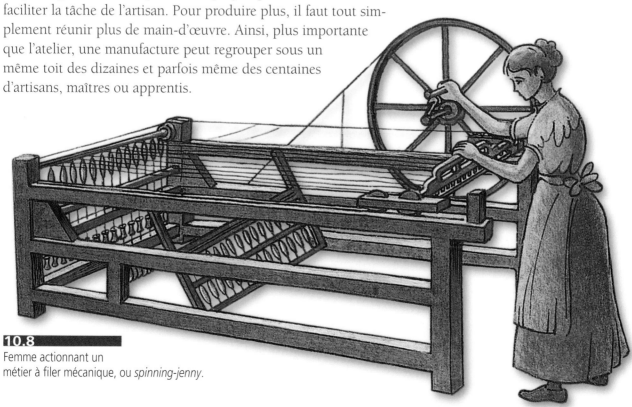

10.8

Femme actionnant un métier à filer mécanique, ou *spinning-jenny*.

10.9

Un atelier familial de tissage durant la révolution industrielle.

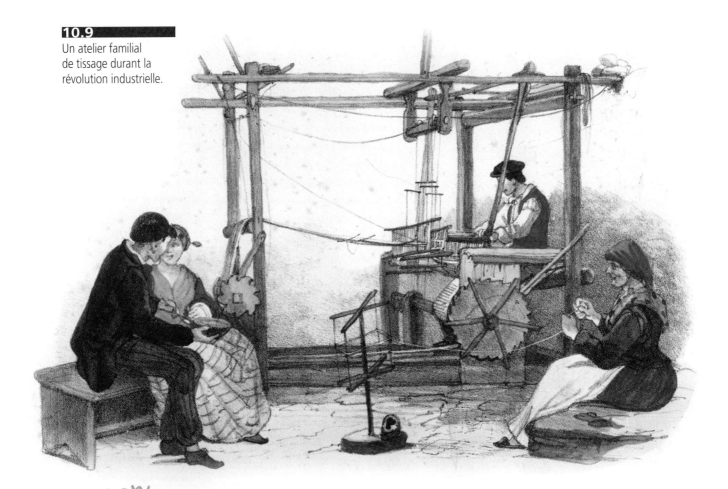

La machine peut-elle remplacer efficacement les travailleurs dans toutes les activités industrielles ?

La demande pour des vêtements abordables force les artisans du coton à innover pour accroître la production. Les innovations touchent surtout les étapes du filage et du tissage. Dans un premier temps, les nouvelles machines sont actionnées à la main et peu coûteuses. Elles s'adaptent bien aux ateliers familiaux. Ainsi, grâce au métier à filer mécanique inventé par James Hargreaves en 1764, une fileuse peut maintenant produire huit fils à la fois, réalisant à elle seule le travail de huit fileuses équipées d'un rouet ! Avec le perfectionnement de ces machines, la **productivité** progresse donc à pas de géant.

À la fin des années 1760, l'invention du métier à filer hydraulique annonce un changement dans l'organisation du travail. Pourquoi ? Parce que l'installation de « moulins » à filer en bordure des rivières force les femmes à quitter l'atelier. De plus, ces constructions exigent d'importants investissements de la part des nouveaux entrepreneurs. Afin de réaliser des bénéfices, ces **filatures** abritent plusieurs machines et emploient des dizaines d'ouvriers. Les premières usines textiles voient ainsi le jour.

Au début du 19e siècle, les artisans de l'industrie textile de la laine tentent de résister à l'industrialisation en détruisant les machines. Ils protestent contre cette nouvelle façon de travailler qui menace leurs emplois, leur tradition artisanale ainsi que leurs revenus.

productivité Rapport entre la quantité de biens produits et les moyens utilisés pour les produire (outillage, temps de travail, travailleurs, énergie dépensée, matières premières utilisées, etc.).

filature Usine où est fabriqué le fil.

Mais le progrès technique et l'accroissement de la productivité ne s'arrêtent pas là ! À partir des années 1790, l'usage de la vapeur pour actionner la machinerie provoque l'essor de la grande usine. En effet, la machine à vapeur est encombrante et encore plus coûteuse que le moulin hydraulique : pour rentabiliser l'entreprise, il faut produire plus, à l'aide de machines plus nombreuses et plus rapides ! Dès le début du 19ᵉ siècle, les filatures de coton britanniques atteignent déjà une taille considérable : plusieurs comptent quelques centaines d'employés et certaines plus d'un millier. La fabrication de tissés de coton bon marché se trouve au cœur de l'industrialisation de la Grande-Bretagne.

10.10
Une filature anglaise de coton, équipée de métiers à filer automatiques (*mute-jennys*). À droite, sous la machine en marche, tu peux voir un enfant qui ramasse des brins de coton. Gravure du 19ᵉ siècle.

FAITS D'HIER

brevet d'invention Titre de propriété accordé par un gouvernement à une personne qui prétend être l'auteur d'une invention et la fait enregistrer pour se protéger des imitateurs. Le brevet donne à l'inventeur un droit exclusif d'exploitation pour un temps limité.

LES GÉNIES DE L'INDUSTRIALISATION

Au 18ᵉ siècle, l'esprit inventif britannique s'emballe dans une véritable course : une invention n'attend pas l'autre. Artisan, négociant, militaire ou mécanicien, fortuné ou sans le sou, plusieurs se révèlent d'ingénieux inventeurs. Leur but ? Inventer ou perfectionner la machine qui leur assurera la fortune.

Ces hommes ne se contentent pas d'expérimenter dans le secret d'un laboratoire : ils tentent de trouver des solutions pratiques et rentables aux problèmes de l'artisanat. Certains deviennent des entrepreneurs prospères comme Richard Arkwright (1732-1792), avec son métier à filer hydraulique, alors que d'autres finissent ruinés comme James Hargreaves (v. 1720-1778), l'inventeur du premier métier à filer mécanique. À la fin du siècle, le phénomène s'amplifie : les **brevets d'invention** déposés en Angleterre atteignent un nombre inégalé. Cette fièvre de l'invention technique touche aussi le continent européen et l'Amérique du Nord, et elle s'accentuera au siècle suivant.

10.11
Portrait de Richard Arkwright par Joseph Wright de Derby. Huile sur toile, 1789-1790.

10.12
Le marteau-pilon à vapeur, inventé en 1839 par l'ingénieur britannique James Nasmyth, forge d'énormes pièces utilisées dans la construction de bateaux et de locomotives. Auparavant, on martelait de plus petites pièces qu'il fallait souder ensemble. Cette machine peut tout aussi bien façonner un simple clou. Gravure, vers 1890.

L'indispensable charbon

Deux autres matières premières sont à la base du démarrage industriel britannique : le fer et le charbon, des ressources abondantes sur l'île de Grande-Bretagne. En effet, la construction de machines exige une importante production de fer. Et la transformation du minerai de fer demande de grandes quantités de combustible. Or, depuis le début du 18e siècle, le charbon de bois, dont les réserves ont diminué à cause du déboisement, a été remplacé par le charbon minéral, aussi appelé houille. Ce combustible est également indispensable au fonctionnement de la machine à vapeur. Par conséquent, les **carreaux de mine** se multiplient dans les campagnes anglaises. Des villes et de nouveaux centres industriels se développent peu à peu sur les bassins houillers, ces régions au nord et à l'ouest du pays qui possèdent un sous-sol riche en charbon [➜ carte 10.13].

Tout comme l'industrie cotonnière, les industries minière et métallurgique profitent d'un enchaînement d'innovations qui permettent d'accroître et de faciliter la production. Les puits des mines s'enfoncent de plus en plus loin dans le sol ; le raffinement de la houille permet de hausser la température des **hauts-fourneaux** ; le moteur à vapeur accélère la forge du métal ; de nouveaux processus augmentent la qualité de l'**acier** ; les machines redessinées façonnent des pièces de plus grandes dimensions avec plus de précision, et ainsi de suite.

carreau de mine
Installations de la mine visibles à la surface où est remonté le minerai extrait.

haut-fourneau Grand four muni d'une cuve destiné à faire fondre le minerai de fer en le mélangeant directement avec le combustible.

acier Alliage de fer et de carbone auquel on donne, par différents procédés, des propriétés variées (dureté, souplesse, résistance, etc.).

Les transports à toute vapeur

L'utilisation de la vapeur ne se limite pas à la production industrielle. Très tôt, des inventeurs comme Denis Papin (1647-1714) ont l'idée de l'appliquer aux transports. Depuis longtemps, on disposait des rails de bois sur certains tronçons de route de terre pour faciliter le passage des charrettes. Dans les mines du 18ᵉ siècle, de petites voitures de charge munies de roues en fer se déplacent sur des rails pour assurer le transport du minerai, poussées par les mineurs ou encore tirées par des chevaux. Bien que l'état des routes et le transport fluvial se soient considérablement améliorés en Grande-Bretagne, les entrepreneurs sont à l'affût d'un moyen plus efficace encore pour transporter les matières premières vers leurs usines, et les produits manufacturés vers les consommateurs.

AUJOURD'HUI

Nomme des inventions modernes qui ont modifié ton mode de vie.

10.13 L'INDUSTRIALISATION DE LA GRANDE-BRETAGNE VERS 1860

OCÉAN ATLANTIQUE

MER DU NORD

Glasgow

ÉCOSSE

GRANDE-BRETAGNE

Manchester

Liverpool

Birmingham

PAYS DE GALLES

Londres

La Manche

Légende

Bassin houiller
Industrie textile
Métallurgie
Construction navale
Voie ferrée

0   90   180 km

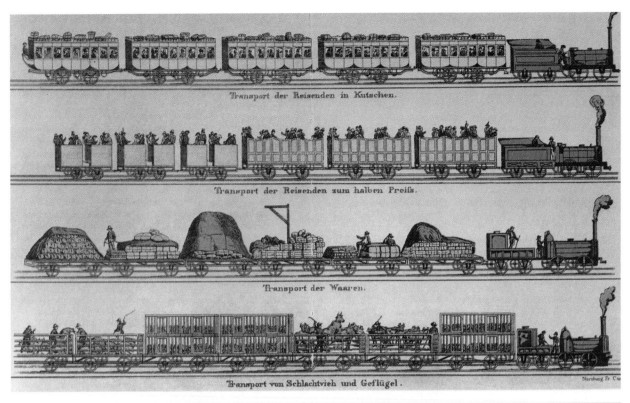

10.14

Trains de la ligne de chemin de fer entre Manchester et Liverpool, ouverte en 1830. Les passagers de première classe prennent place dans des voitures couvertes alors que les autres sont exposés au vent, au soleil ou à la pluie. Il existe aussi des wagons conçus pour les marchandises et le bétail.

sidérurgique Qui concerne la sidérurgie, la métallurgie du fer et des alliages ferreux comme l'acier.

C'est l'ingénieur Richard Trevithick qui met au point en 1804 la première locomotive à vapeur sur rails de métal : elle franchit une distance d'à peine 15 kilomètres à une vitesse de près de 8 kilomètres à l'heure ! Mais la machine n'est pas au point : trop lourde et pas assez puissante, elle brise les rails. Il faut attendre les années 1820 pour qu'apparaissent les premières lignes de chemin de fer destinées au transport de marchandises et de passagers. En Grande-Bretagne, le chemin de fer se développe à une vitesse foudroyante : en 1850, on compte déjà 10 000 kilomètres de voie ferrée. La construction d'un tel réseau provoque un nouvel essor des industries minière et **sidérurgique**. On transporte plus de marchandises en moins de temps. Les coûts de transport diminuent et les produits de l'industrie sont distribués de plus en plus loin de l'usine.

Un roi ou une reine de l'industrie

Choisis un chef d'entreprise marquant du 18e ou du 19e siècle. Réunis des illustrations de son empire industriel, note des anecdotes de sa vie et décris en quoi cette personne a marqué son époque dans le domaine industriel.

FAITS D'HIER   **UNE VIEILLE INVENTION FAIT LA RÉVOLUTION !**

Depuis des siècles, il faut compter sur la force humaine, celle des animaux, du vent ou de l'eau pour se déplacer, tirer des charges ou mettre en mouvement une machine. Étudiée par les Grecs dès le 1er siècle, la vapeur captive les savants européens du 17e siècle. Ils rêvent de créer une machine qui utiliserait cette forme d'énergie et qui faciliterait ainsi le travail manuel. Installé à Londres, l'inventeur français Denis Papin mène des expériences sur la puissance de la vapeur, conçoit des modèles réduits mais ne parvient pas à créer une machine utile à l'industrie ou aux transports. Malgré tout, le principe est lancé !

C'est aux Britanniques que l'on doit le moteur à vapeur qui propulsera l'industrialisation. L'ingénieur militaire Thomas Savery (v. 1650-1715) assemble la première machine à vapeur. Brevetée en 1698, cette brillante invention sert à pomper l'eau qui s'accumule dans les profondeurs des mines de charbon. Le forgeron Thomas Newcomen (1663-1729) perfectionne la « pompe à feu » de Savery en limitant le risque d'explosion. La chaîne des innovations se poursuit jusqu'à la machine à vapeur de l'ingénieur James Watt (1736-1819) créée en 1769. Plus efficace et mieux adaptée à l'environnement des usines, cette machine remporte un succès immédiat. Sans cesse améliorée, elle est utilisée dès la fin du siècle dans différents secteurs de l'industrie britannique comme les mines, la métallurgie et le textile.

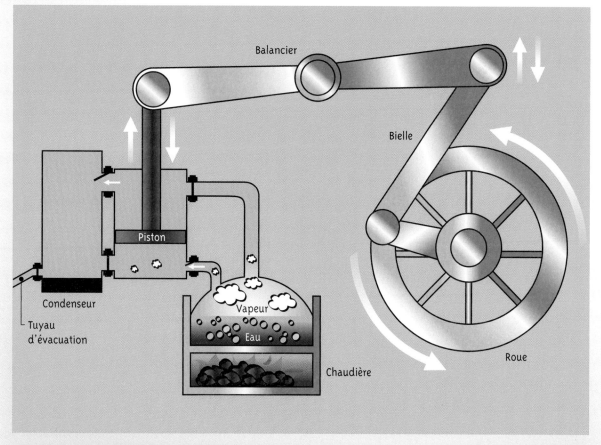

10.15

Schéma du fonctionnement de la machine à vapeur de Watt.

10.16
La Bourse de Londres en 1847. Gravure publiée dans *The Illustrated London News*, le 23 octobre 1847.

Le financement des industries

Aux premiers jours de l'industrialisation, la fortune familiale d'un entrepreneur ou de ses associés suffisait souvent pour mettre sur pied une usine. Au 19ᵉ siècle, l'équipement d'une grande filature, la construction d'un chemin de fer ou encore l'exploitation d'un service régulier de navigation à vapeur exigent des investissements beaucoup plus importants. D'où provient donc l'argent que nécessitent de tels projets ? Depuis le 18ᵉ siècle, le grand commerce de Grande-Bretagne a pris un essor considérable. Les exportations vers les quatre coins du monde, le transport de marchandises pour le compte de négociants d'autres pays ainsi que le commerce triangulaire [← p. 90] ont procuré d'énormes profits aux commerçants et aux armateurs britanniques. Par ailleurs, l'agriculture commerciale a enrichi les grands fermiers et les propriétaires terriens. Sans compter les bénéfices des industriels qui ont réussi à s'**autofinancer**. La richesse ne manque pas au pays. À la fin du siècle, Londres devient même le premier centre bancaire et commercial du monde.

Les banques britanniques ne sont plus réservées aux commerçants et aux riches investisseurs. Elles reçoivent aussi l'épargne des particuliers et prêtent aux grandes entreprises. Une entreprise peut également obtenir des capitaux supplémentaires en formant une compagnie qui peut émettre des actions. Rappelle-toi que les compagnies existaient déjà à la fin du Moyen Âge. Elles permettaient de regrouper plusieurs individus qui fournissaient les fonds nécessaires pour réaliser des activités commerciales d'envergure. Au 19ᵉ siècle, le principe est le même : l'entreprise vend au public des parts de son **capital**, appelées actions, afin de financer son expansion. L'actionnaire devient propriétaire de la compagnie en proportion du nombre d'actions qu'il possède : par conséquent, il partage les profits ou les pertes de l'entreprise dans la même proportion. Les actions des compagnies s'achètent et se vendent par l'entremise d'agents de change dans une sorte de marché public qui porte le nom de Bourse.

autofinancer Financer un projet en utilisant ses propres ressources sans recourir à l'emprunt.

capital Ensemble des biens (bâtiments, machines, argent, etc.) d'une entreprise qui permettent la production. Désigne aussi la fortune, l'argent, les fonds que possède une personne.

AILLEURS

DES ROUES SUR L'EAU

La navigation n'échappe pas à la révolution de la vapeur. À la fin du 18e siècle, plusieurs inventeurs étudient la meilleure façon d'équiper un navire d'un moteur à vapeur et procèdent à de nombreux essais. C'est un mécanicien touche-à-tout, l'États-Unien Robert Fulton (1765-1815), qui conçoit le premier navire à vapeur exploitable.

aube Palette d'une roue hydraulique.

opinion

En quoi la disparition du pétrole affecterait ton mode de vie actuel ?

Venu étudier la peinture en Europe dans les années 1780, Fulton s'intéresse aussi aux canaux et aux embarcations de toutes sortes, incluant le sous-marin ! De retour aux États-Unis en 1806, il se fait livrer un moteur à vapeur, assemblé selon ses propres spécifications par l'entreprise britannique de James Watt, *Boulton and Watt*. L'année suivante, le bateau à **aubes** de Fulton remonte le fleuve Hudson, à une vitesse moyenne d'environ 8 kilomètres à l'heure, en crachant sa fumée noire et en effrayant les animaux de la rive. Dès lors, la navigation à vapeur sur les fleuves d'Amérique du Nord devient chose courante. La première traversée transatlantique à vapeur, sans l'aide de voiles, se fait en 1827.

10.17

Le bateau à roue à aubes de Fulton, le *Clermont*. L'embarcation à vapeur assure une liaison entre la ville de New York et celle d'Albany, 240 kilomètres plus au nord sur le Hudson.

Explique comment l'industrialisation s'étend à l'Europe et aux États-Unis au 19e siècle.

▶ Explique comment les nouvelles inventions sortent de la Grande-Bretagne.

▶ Établis une liste des pays qui concurrencent les industries anglaises au 19e siècle.

▶ Identifie des utilisations du pétrole et de l'électricité à cette époque.

▶ Quels sont les pays industrialisés à la fin du 19e siècle ?

L'industrialisation en pleine croissance

Dans la première moitié du 19e siècle, l'industrialisation s'étend petit à petit à l'Europe occidentale et aux États-Unis. Tout comme en Grande-Bretagne, cette diffusion de la révolution industrielle repose sur l'exploitation des mines de charbon et de fer, l'usage de la machine à vapeur, le développement de l'industrie textile et du chemin de fer. Cette diffusion amène aussi son lot d'innovations. Celles-ci ne cesseront d'alimenter le progrès technique et mèneront à ce que les historiens appellent la deuxième vague d'industrialisation.

10.18 L'EUROPE ET LES ÉTATS-UNIS INDUSTRIELS VERS 1850

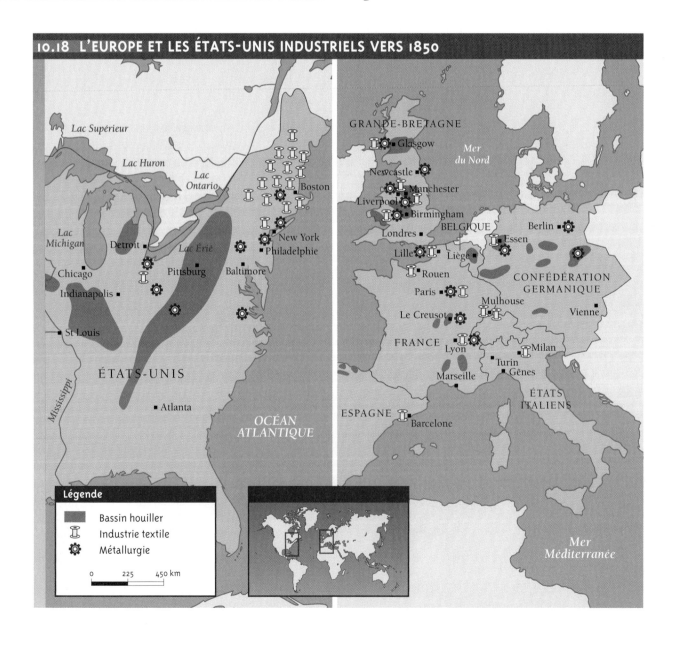

Légende
- Bassin houiller
- Industrie textile
- Métallurgie

0   225   450 km

La diffusion de l'industrialisation

Isolée du continent, la Grande-Bretagne tente de retenir ses inventeurs et leurs créations avec un soin jaloux. Dans la première moitié du 19e siècle, des lois interdisent encore l'émigration des ingénieurs ainsi que l'exportation de machinerie. De plus, selon les régions, certains facteurs freinent l'industrialisation en Europe, comme les conflits armés, l'abondance de bois qui retarde l'usage de la houille et le manque de ressources minières ou financières. Le transfert de technologie se fait d'abord au compte-gouttes.

Les innovations finissent par passer en fraude sur le continent ou en Amérique du Nord. Tous les moyens sont bons : émigration illégale de techniciens, contrebande de machines et espionnage industriel. Ainsi, en 1790, les ingénieurs français Jacques et Auguste Périer réussissent à copier la plus récente machine à vapeur de James Watt grâce à des secrets industriels que leur révèle un ami à Londres. Vers le milieu du 19e siècle, l'industrialisation prend son essor dans le nord-ouest du continent, où la houille et le fer abondent. Même si elle demeurera la plus grande puissance industrielle jusqu'à la fin du siècle, la Grande-Bretagne doit dorénavant affronter la concurrence de la Belgique, de la France, de l'Allemagne ainsi que des États-Unis.

Une deuxième vague d'innovations

L'industrialisation ne prend pas de repos ! À partir des années 1880, de nombreuses avancées techniques lui donnent un nouveau souffle. Les nouvelles applications de l'électricité et les nouveaux usages du pétrole jouent un grand rôle dans cette vague d'innovations. Les procédés électriques et la recherche de dérivés du pétrole profitent au secteur de la chimie, qui devient une industrie à part entière et développe ses propres produits : des colorants artificiels pour

10.19

Dans son laboratoire, l'inventeur états-unien Thomas Edison (1847-1931) travaille à la mise au point de l'ampoule électrique. *The Illustrated London News*, 4 décembre 1880.

AILLEURS

LE PÈRE DE L'INDUSTRIE ÉTATS-UNIENNE

Curieusement, celui que l'on considère comme le père de la révolution industrielle américaine est en fait un émigrant illégal ! Le Britannique Samuel Slater (1768-1835) connaît l'industrie cotonnière comme le fond de sa poche : en plus de gérer une manufacture pour le compte d'un entrepreneur, il apprend la mécanique de la machinerie. Cependant, persuadé qu'il n'aura pas l'occasion de faire fortune dans le textile en Grande-Bretagne, le jeune Slater s'embarque illégalement pour New York, en 1789, déguisé en ouvrier agricole.

Or, l'industrie textile des États-Unis a bien besoin de mécaniciens comme Slater pour se développer. En effet, cette ancienne colonie britannique dépend depuis ses débuts des produits manufacturés de la Grande-Bretagne. Avec l'appui de quelques investisseurs et d'artisans locaux, Slater inaugure la première filature hydraulique du pays, en 1793.

10.20

La première filature de coton en Amérique. Le « moulin » à filer de Samuel Slater à Pawtucket, dans le Rhode Island, dans le nord-est des États-Unis. Huile sur toile, vers 1790, Smithsonian Institution, Washington, DC.

le textile, des engrais chimiques, des produits de lessive et d'hygiène corporelle, des peintures, des médicaments ou encore des fibres synthétiques. Surtout utilisé comme combustible d'éclairage, le pétrole trouve une autre utilité : alimenter le tout récent moteur à explosion qui mettra en mouvement les premières automobiles…

L'électricité trouve également des applications dans le domaine des communications avec l'invention du télégraphe et du téléphone. Elle pénètre aussi le monde des transports. La lampe à incandescence de l'Américain Thomas Edison, inventée en 1879, ouvre la voie à l'éclairage électrique. Grâce au moteur électrique et aux premières lignes de transport d'électricité, cette nouvelle forme d'énergie chasse peu à peu la machine à vapeur de l'usine et permet d'amener le courant dans les foyers.

À l'aube du 20ᵉ siècle, l'industrialisation a gagné de nouvelles régions comme l'est et le sud de l'Europe, le Canada ainsi que le Japon. Cependant, la Grande-Bretagne a perdu son titre de première puissance industrielle, car la relance de l'industrialisation dans les années 1880 a surtout profité à l'Allemagne et aux États-Unis.

Passe à l'action

Une idée innovatrice

Choisis une invention mise au point à cette époque. Trouve des illustrations de cette invention et fais-en une description.

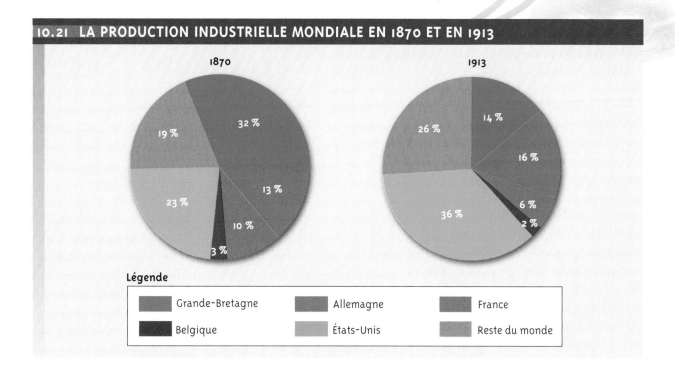

10.21 LA PRODUCTION INDUSTRIELLE MONDIALE EN 1870 ET EN 1913

1870

32 %
19 %
13 %
23 %
10 %
3 %

1913

14 %
26 %
16 %
36 %
6 %
2 %

Légende

- Grande-Bretagne
- Allemagne
- France
- Belgique
- États-Unis
- Reste du monde

2 Société nouvelle, idées nouvelles

En Grande-Bretagne comme ailleurs, l'essor démographique, l'industrialisation et la croissance des villes bouleversent la société. La bourgeoisie en profite pour imposer son modèle et le monde des travailleurs subit de profonds changements. Bien que la mécanisation de la production n'entraîne pas la disparition brutale des artisans et de leurs ateliers, la multiplication des usines fait apparaître un nouveau type d'ouvrier. Une nouvelle hiérarchie sociale se forme.

Les penseurs du 19e siècle conçoivent la hiérarchie sociale comme une série de classes. Qu'est-ce qu'une classe ? Dans une société, c'est un groupe d'individus qui ont en commun un type d'occupation, un niveau de revenus, des valeurs et un mode de vie semblables. Les membres d'une même classe sociale ont aussi le sentiment de partager une identité commune. Découvre le mode de vie, les valeurs et les idées défendues par les différents groupes sociaux en présence au 19e siècle.

lord D'un mot anglais qui signifie « seigneur » ; titre de noblesse en Grande-Bretagne..

4 TON SUJET D'ENQUÊTE

Décris le mode de vie de la bourgeoisie industrielle du 19e siècle.

▸ Nomme quelques « rois de l'industrie » du 19e siècle.

▸ Explique la composition de la « classe moyenne » britannique de cette époque.

▸ Identifie des valeurs bourgeoises d'alors.

▸ Donne des exemples de la philanthropie bourgeoise du 18e siècle.

▸ Explique brièvement en quoi consiste le libéralisme économique d'Adam Smith.

La société bourgeoise

Au 19e siècle, les entrepreneurs de la révolution industrielle viennent grossir les rangs de la bourgeoisie, qui devient alors la classe sociale dominante. Bien que ce groupe rassemble des individus aux niveaux de richesse variés, ils ont un mode de vie et des aspirations comparables.

L'ascension de la bourgeoisie

Lors de la révolution industrielle, les **lords** britanniques conservent une grande influence sur la vie économique et politique de leur pays. En effet, de nombreux propriétaires terriens et plusieurs membres du Parlement appartiennent à la noblesse. Contrairement aux nobles français, ces aristocrates ne répugnent pas à travailler et ont le droit de le faire sans perdre leurs privilèges. Ils s'intéressent aux progrès de l'industrialisation, à l'exploitation des mines qui se trouvent sur leurs terres, **spéculent** à la Bourse et n'hésitent pas à côtoyer banquiers et industriels. Cependant, dans certaines régions d'Europe, le maintien des privilèges de la noblesse freine le libre développement de l'industrie.

La croissance industrielle profite surtout à la bourgeoisie qui s'enrichit considérablement et devient un modèle social. Les nouveaux patrons d'entreprise se taillent une place au sein de cette classe sociale. Ils viennent y rejoindre les banquiers et les négociants qui continuent de s'enrichir tout au long du 19e siècle grâce à l'industrialisation et à la colonisation. On voit apparaître de véritables lignées bourgeoises : chez les Arkwright, des industriels du coton, ou chez les banquiers Rothschild, on dirige l'entreprise de père en fils. Bien que les bourgeois britanniques ne dominent pas la scène politique nationale, leur influence à la tête des villes et des régions est de plus en plus grande.

Tous les bourgeois n'appartiennent pas à cette haute bourgeoisie. En fait, la bourgeoisie regroupe de nombreux entrepreneurs qui possèdent des fortunes plus ou moins importantes. Depuis longtemps déjà, elle compte aussi les fonctionnaires de l'État, les commerçants et les membres des professions libérales comme les notaires et les médecins [← p. 105]. Au cours du 19e siècle, ces gens bien éduqués sont rejoints par les **cadres** des entreprises, les employés des banques et des commerces. Ces petits bourgeois forment ce que les Britanniques surnomment la *middle class*, la « classe moyenne », qui se situe entre les plus fortunés et la classe des ouvriers.

10.22
Au début du 19e siècle, les cinq frères Rothschild, d'Allemagne, entreprennent de fonder de petits établissements bancaires à travers l'Europe : Francfort, Londres, Paris, Vienne et Naples. Depuis, sept générations ont offert des services financiers aux quatre coins du monde.

Passe à l'action

Le moteur d'une société
Enquête sur un roi de l'industrie. Indique les secteurs économiques qu'il contrôle et raconte son histoire.

spéculer Acheter des actions ou toute autre marchandise en vue d'obtenir un gain d'argent lors de leur revente.

cadre Personnel appartenant à la catégorie supérieure des salariés d'une entreprise, personnel d'encadrement.

AILLEURS

LES « ROIS » DE L'INDUSTRIE

En Europe et aux États-Unis, les pionniers de l'industrie et les nouveaux banquiers qui financent l'industrialisation partagent le même esprit d'innovation et la même audace en affaires que leurs confrères britanniques. Issus d'anciennes familles commerçantes ou partis de rien, ces hommes s'illustrent dans tous les secteurs de la vie économique. Certains instaurent de véritables dynasties bourgeoises dont les noms résonnent encore aujourd'hui. On compte des « rois » de l'acier comme les Schneider et les Wendel en France, les Krupp en Allemagne ou encore Andrew Carnegie aux États-Unis. Il y a aussi des « barons » de la finance comme les Rothschild, des banquiers britanniques d'origine allemande qui étendent leurs affaires en Europe occidentale ainsi que l'Américain John Pierpont Morgan et ses héritiers. Cette courte liste ne serait pas complète sans les Rockefeller et les Getty, **magnats** étatsuniens du pétrole.

magnat Représentant puissant du monde des affaires, de l'industrie, de la finance, de la presse.

L'emprise économique de ces entrepreneurs est parfois considérable, comme l'illustre cette caricature. Dans la seconde moitié du 19e siècle, les usines Krupp produisent non seulement de l'acier mais elles le transforment aussi en roues, en rails et en canons. Implanté dans le plus grand bassin houiller d'Allemagne, la vallée de Ruhr, l'empire Krupp contrôle également des mines de charbon et des chantiers de construction navale.

10.23

Cette caricature de J.P. Morgan le représente sous la forme d'une pieuvre qui maîtrise tous les secteurs de l'économie américaine : le pétrole, le gaz, l'électricité, le train, les mines et bien d'autres encore.

Le modèle bourgeois

Forte et influente, la bourgeoisie impose son mode de vie, lance les modes. Qui est donc ce bourgeois du 19ᵉ siècle ? Il tient à se distinguer de la classe populaire des petits artisans, des ouvriers ou des paysans. Bien qu'il vante le mérite du travail et condamne la paresse, le bourgeois ne travaille pas de ses mains. Il se consacre avec sérieux à son entreprise ou à sa profession et réalise des économies pour assurer son **ascension sociale**. Il lui faut bien paraître. Homme et femme accordent donc une grande importance à l'habillement et au logement. Le bourgeois habite un appartement spacieux ou une maison cossue, entretenu par des domestiques dont le nombre varie selon sa fortune. Un soin particulier est apporté au décor du salon et de la salle à manger afin de recevoir des invités. Plusieurs grands bourgeois d'affaires accèdent encore à la noblesse et partagent avec elle un certain goût du luxe. Ainsi, il n'est pas rare qu'ils fassent l'acquisition d'une somptueuse habitation, symbole de leur succès, que ce soit un hôtel particulier à la ville ou encore une résidence secondaire où ils vont en **villégiature**.

La bourgeoisie est très attachée aux valeurs du travail, de l'épargne et de la famille. La vie familiale joue en effet un rôle important dans cette société où triomphe la réussite personnelle. Mais l'argent l'emporte souvent sur l'amour. Ainsi, un mariage avantageux avec une riche héritière peut assurer la promotion sociale à un jeune homme ambitieux ainsi qu'à toute sa famille. L'épouse bourgeoise respectable ne travaille pas. Elle doit remplir son devoir de mère et de maîtresse de maison. Elle dirige les domestiques et s'occupe de ses enfants. Elle surveille surtout ses filles, qui reçoivent une éducation très stricte, basée sur la religion et les travaux féminins (couture, cuisine, musique, etc.). Quant aux garçons, on leur offre la meilleure éducation dans des institutions privées. Fréquenter ces établissements deviendra d'ailleurs un signe distinctif de leur réussite sociale.

ascension sociale   Fait de s'élever dans la société.

villégiature   Séjour de repos ou de vacances, à la campagne ou dans un lieu de plaisance (bord de mer, montagne, etc.).

10.24

The Railway Station (*La gare*) de l'Anglais William P. Frith, huile sur toile, 1862, *Royal Holloway and Bedford New College*, Surrey, Grande-Bretagne. Cette œuvre illustre de façon détaillée le départ d'un train à la gare Paddington de Londres.

LES BONS BOURGEOIS.

Un jeune homme qui est l'espoir et l'orgueil de la famille Badinguet.

philanthrope Personne qui
cherche à améliorer le sort
matériel et moral des autres
par des dons d'argent, la
fondation ou le soutien
d'œuvres, etc.

Parmi ces femmes et ces hommes des milieux aisés britanniques, certains se préoccupent d'améliorer le bien-être commun. En effet, l'accroissement de la population et le travail en usine fait progresser la pauvreté dans les villes. Si l'inégalité entre le maigre salaire d'un ouvrier et les revenus de son patron paraît normale aux yeux de la bourgeoisie, la misère des plus démunis choque. Cette pauvreté apparaît aussi comme une menace pour l'ordre public, car elle pousse à la criminalité. Les bourgeois **philanthropes** se font donc un devoir de soutenir des organisations charitables, des œuvres religieuses ou culturelles. Ils participent à l'amélioration de logements ouvriers, à la création d'écoles et d'hôpitaux. Les femmes se portent bénévoles pour lutter contre la pauvreté et l'alcoolisme, promouvoir l'hygiène ou encore soutenir les missions dans les colonies lointaines. Les plus fortunés financent l'établissement de bibliothèques publiques, d'universités, de musées ou la mise sur pied de clubs sportifs. Ce mouvement philanthropique connaîtra un développement considérable aux États-Unis.

FAITS D'HIER

LE LIBÉRALISME, UN SYSTÈME ÉCONOMIQUE TOUT BOURGEOIS

Dès la fin du 18e siècle, de nouvelles façons de concevoir l'économie et la société accompagnent la révolution industrielle en Grande-Bretagne. Depuis la naissance des empires coloniaux européens au 16e siècle, l'enrichissement d'un pays reposait sur l'accumulation de métaux précieux et la prospérité de son commerce extérieur. L'État contrôlait les échanges à l'aide de diverses mesures de protection contre la concurrence étrangère : interdiction pour les colonies de commercer avec d'autres nations, interdiction pour les marchands étrangers de faire des affaires dans la métropole, obligation pour les colonies de produire uniquement des matières premières, imposition de taxes élevées sur les importations. Cette conception de l'économie porte le nom de protectionnisme ou encore de mercantilisme.

Dans son ouvrage intitulé *Recherches sur la nature et les causes de la richesse des nations*, publié en 1776, le philosophe et économiste britannique Adam Smith (1723-1790) propose une nouvelle théorie qui va favoriser le développement de l'industrialisation et satisfaire les ambitions de la bourgeoisie : le libéralisme économique. Selon Smith,

> *Tout homme, tant qu'il n'enfreint pas les lois de la justice, demeure pleinement libre de suivre la route que lui montre son intérêt, et de porter où il lui plaît son industrie et son capital, concurremment avec ceux de toute autre classe d'hommes.*
>
> *Recherches sur la nature et les causes de la richesse des nations, 1776.*

Ainsi, les intérêts économiques personnels mènent à l'enrichissement de la nation. Les individus doivent avoir la liberté de faire des affaires, sans aide ou obstacle de l'État : seule la loi du marché garantit l'équilibre de l'économie. Qu'est-ce que la loi du marché ? C'est la loi de l'offre et de la demande. En libre concurrence, l'offre, c'est l'ensemble de la production proposée aux consommateurs alors que la demande, c'est la quantité de biens dont ils ont besoin. Le jeu de l'offre et de la demande fixe « naturellement » les prix et l'État n'a pas à s'en mêler. Le rôle de l'État doit se limiter à la défense du territoire, à l'administration de la justice ainsi qu'à la construction et à l'entretien d'une infrastructure (routes, canaux, écoles, etc.).

Ce système libéral fondé sur l'initiative individuelle va connaître un vif succès auprès des économistes, des politiciens et de gens d'affaires du 19e siècle. « Laissez faire, laissez passer » devient la devise de ces bourgeois libéraux.

10.26
Portrait d'Adam Smith, gravure, 1790.

5 TON SUJET D'ENQUÊTE

Décris les conditions de vie de la classe ouvrière dans la société industrielle du 19ᵉ siècle en Grande-Bretagne.

▶ En quoi consiste l'exode rural en Grande-Bretagne au 19ᵉ siècle ?

▶ Compare les perceptions de l'ouvrier des théoriciens du libéralisme avec celles de Marx et Engels.

▶ Décris les conditions de travail des ouvriers d'usine au 19ᵉ siècle.

▶ Explique comment le syndicalisme améliore le sort des travailleurs au 19ᵉ siècle.

▶ Décris la « révolution communiste » proposée par Marx et Engels.

La classe ouvrière

Le succès de la bourgeoisie d'entreprise repose entre autres sur le travail des ouvriers. Or, l'industrialisation change à la fois les façons de travailler et le mode de vie des ouvriers britanniques. À la ville et à la campagne, ils sont de plus en plus nombreux, notamment dans les usines. Ces hommes, ces femmes et ces enfants connaissent des conditions de travail pénibles et vivent souvent dans la plus grande misère. Dès les années 1820, des penseurs critiquent le capitalisme industriel et les ouvriers commencent à s'organiser pour défendre leurs droits.

La naissance du prolétariat

Tout comme la bourgeoisie, le monde ouvrier n'est pas un groupe social uniforme. À la fin du 18ᵉ siècle, il rassemble différents types de travailleurs. À la ville, les maîtres artisans qui possèdent leur propre atelier et tiennent boutique sont encore nombreux. À la campagne, plusieurs paysans augmentent leurs revenus tirés de la terre en pratiquant une forme d'artisanat : les hommes sont tisserands, les femmes travaillent comme fileuses, dentellières, etc. Présents aussi à la ville, ces ouvriers à domicile dépendent d'un marchand entrepreneur qui leur fournit la matière première (coton, laine, etc.), leur achète leur production à bas prix et la revend à profit.

10.27

En 1908, à New York, une famille d'immigrants italiens fait de la couture à domicile pour arrondir le revenu familial. Photographie de Lewis Hine, *New York Public Library*.

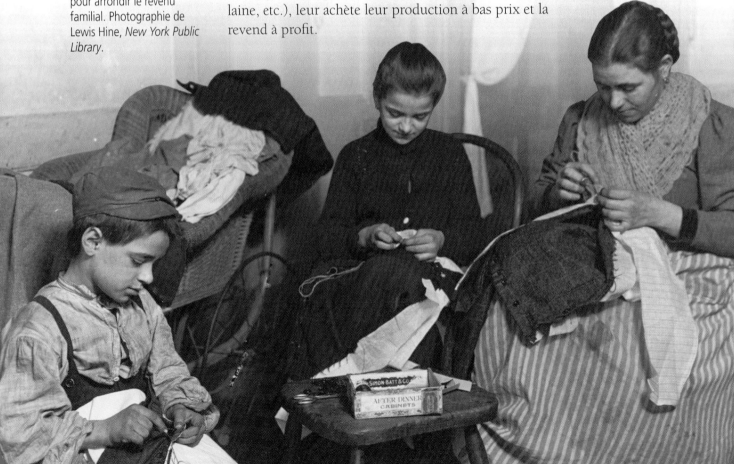

À la même époque, certains entrepreneurs commencent à regrouper les travailleurs et les machines sous un même toit : l'ouvrier d'usine fait son apparition. Formant déjà 30 % de la **population active** de Grande-Bretagne vers 1800, ces travailleurs de l'industrie et des mines en représentent plus de 40 % au milieu du siècle. Pour te permettre de comparer, les ouvriers ne constituent que 25 % de la force active en France au milieu du 19ᵉ siècle.

population active
Ensemble des personnes qui occupent ou recherchent un emploi.

L'ouvrier d'usine doit quitter son domicile pour gagner sa vie. Les premières filatures recrutent d'abord les femmes et leurs enfants, car le filage est alors une activité essentiellement féminine. Par la suite, des familles entières vont travailler à l'usine du village. Cependant, avec l'invention du moteur à vapeur, l'usine se déplace en bordure des villes existantes ou dans les zones industrielles des bassins houillers pour satisfaire les besoins en charbon. Peu à peu, la forte croissance de la population pousse les jeunes à quitter définitivement la campagne pour se trouver un emploi à la ville : c'est ce qu'on appelle l'exode rural. Déracinés de leur milieu, ces nouveaux ouvriers de la grande usine vivent de leur salaire et n'ont plus que leurs bras pour assurer leur subsistance. Ils ne possèdent plus, comme l'artisan ou le paysan, leurs outils de production (charrue, métier à tisser, forge, etc.). Mal payés pour accomplir des tâches qui exigent peu de qualifications, ces ouvriers forment une nouvelle classe sociale qui porte le nom de classe ouvrière ou prolétariat.

CITOYEN, CITOYENNE

L'amélioration des conditions des travailleurs

Les ouvriers du 19ᵉ siècle subissaient souvent des conditions de travail pénibles. Depuis, bien des combats ont été menés pour améliorer ces conditions et rendre les milieux de travail plus sains et sécuritaires. Par exemple, la semaine de travail, qui pouvait compter 6 journées de 12 heures au début du 20ᵉ siècle, est aujourd'hui passée à 40 heures. Dans les années 1940, un programme d'assurance-chômage était mis en place par le gouvernement fédéral pour venir en aide aux travailleurs qui perdent leur emploi. Des lois ont aussi été adoptées pour encadrer le monde du travail. Ainsi, la Loi sur les normes du travail du Québec fixe les conditions minimales de travail que toutes les entreprises du Québec doivent respecter, et le Code du travail du Québec établit entre autres les mécanismes de négociation des conditions de travail et les règles relatives à la mise en place d'un syndicat. Des lois assurent également la santé et la sécurité au travail, le salaire minimum ou l'âge minimum requis pour travailler. Différents champs d'étude ont pour sujet l'amélioration des conditions de travail : les domaines de la psychologie, des relations industrielles, des ressources humaines ou de la médecine en sont des exemples.

Question citoyenne
Compare la situation actuelle des travailleurs avec celle des ouvriers du 19ᵉ siècle.

La condition ouvrière

mode de production
Selon la théorie marxiste, organisation économique.

Les théoriciens du libéralisme économique soutiennent que le travail est la source de la richesse. L'enrichissement est la récompense du travail de l'entrepreneur. À l'opposé, pour ces penseurs la réussite de l'ouvrier importe peu. Dans le système libéral, c'est la rentabilité qui compte. Or, le travail d'un artisan, aussi habile soit-il, ne permet pas une production importante. Il devient nécessaire d'améliorer le **mode de production**. Pour ce faire, le travail complexe d'un seul artisan doit être divisé en plusieurs opérations simples. Chaque étape de la production est effectuée par un ouvrier différent. La division du travail améliore la productivité. Selon les philosophes allemands Karl Marx (1818-1883) et Friedrich Engels (1820-1895), l'ouvrier devient alors « un simple accessoire de la machine, on n'exige de lui que l'opération la plus simple, la plus monotone, la plus vite apprise ».

Dans la première moitié du 19e siècle, les conditions de travail à l'usine et à la mine sont souvent pénibles. Sous la surveillance constante d'un contremaître, les ouvriers doivent travailler pendant de longues périodes — de 12 à 15 heures par jour, 6 ou 7 jours par semaine — au rythme ininterrompu de la machinerie. Les pauses sont courtes et rares. Les tâches sont répétitives, les accidents, fréquents. Le lieu de travail est mal éclairé, mal

10.28
Intérieur d'une mine de charbon en Grande-Bretagne, en 1870.

AUJOURD'HUI
Explique le rôle de
la CSST (Commission
de la santé et de la
sécurité du travail)
au Québec.

10.29
Un accident de travail dans
une filature française.
Gravure d'Alphonse Pronier,
1899.

aéré, humide, parfois étouffant, parfois glacial. La mine constitue un milieu de travail particulièrement meurtrier avec ses menaces constantes d'inondations, d'émanations de gaz toxiques, d'effondrements et d'explosions.

L'exode rural amène à la ville une importante main-d'œuvre disponible. Résultat ? Les patrons ne cessent d'abaisser les salaires, car ils savent qu'ils trouveront toujours des employés prêts à travailler pour presque rien. Or, le prix de la nourriture et des logements ne cesse d'augmenter, si bien que le salaire du père ne permet pas de régler le loyer et de nourrir la famille. Les mères et les enfants qui travaillaient aux champs ou à l'atelier depuis des générations prennent à leur tour le chemin de l'usine ou de la mine. En général, la femme reçoit un peu plus de la moitié du salaire d'un homme, un enfant à peine le quart. Une véritable aubaine pour l'employeur ! Cette misère s'aggrave encore lorsque le travail manque en temps de crise, que le travailleur se met à boire ou que la maladie frappe.

10.30

La Grève des mineurs, un tableau d'Alfred Roll peint en 1880, publié dans *Le Petit Journal* du 1er octobre 1892, à Paris.

Pour une nouvelle organisation sociale

AUJOURD'HUI

Établis une liste des pays communistes du monde actuel.

Face à l'attitude vorace des entrepreneurs et aux conditions inhumaines qu'ils imposent, les travailleurs britanniques doivent s'organiser. Les premiers à le faire sont les artisans les plus qualifiés : tisserands, papetiers, forgerons, typographes, etc. Compte tenu de leurs connaissances techniques, ils ne peuvent pas être remplacés aussi facilement qu'un ouvrier non qualifié. Cette catégorie de travailleurs peut ainsi mieux négocier ses conditions de travail auprès des patrons. Mieux payés, ces employés tiennent à conserver leurs avantages.

Pour défendre leurs intérêts, ces travailleurs se regroupent en association, ou syndicat. Ils choisissent des délégués pour parler en leurs noms et versent d'importantes cotisations afin de créer un fonds de secours. L'argent ainsi recueilli permet d'aider les membres en cas d'accident, de maladie ou d'arrêt de travail. Ces premières unions syndicales ressemblent aux guildes du Moyen Âge, ces corporations de métier qui favorisaient l'entraide et la défense des intérêts des artisans d'une même profession. Elles organisent des marches de protestation et des grèves afin d'obtenir pour leurs membres des augmentations de salaire et une réduction des heures de travail. La réponse des autorités et des patrons est dure : refus d'embaucher des syndiqués, renvoi ou intervention policière. Illégaux à l'origine, les syndicats britanniques obtiennent la liberté d'association en 1824.

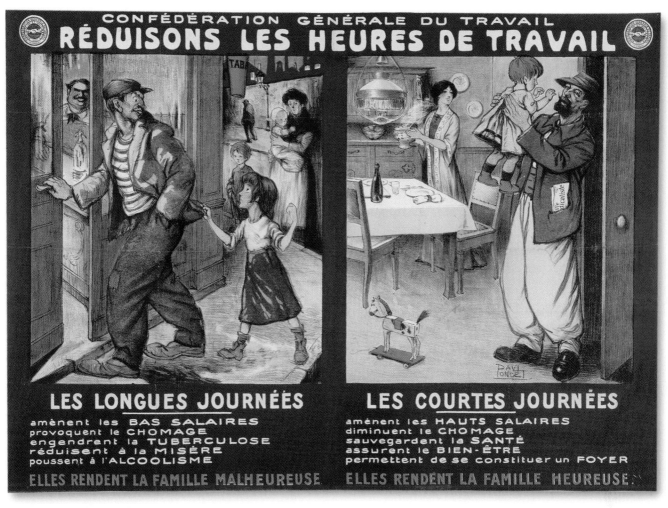

CONFÉDÉRATION GÉNÉRALE DU TRAVAIL
RÉDUISONS LES HEURES DE TRAVAIL

LES LONGUES JOURNÉES
amènent les BAS SALAIRES
provoquent le CHOMAGE
engendrent la TUBERCULOSE
réduisent à la MISÈRE
poussent à l'ALCOOLISME

ELLES RENDENT LA FAMILLE MALHEUREUSE.

LES COURTES JOURNÉES
amènent les HAUTS SALAIRES
diminuent le CHOMAGE
sauvegardent la SANTÉ
assurent le BIEN-ÊTRE
permettent de se constituer un FOYER

ELLES RENDENT LA FAMILLE HEUREUSE.

10.31

Affiche syndicale pour la réduction du temps de travail, publiée à l'occasion du 1er mai 1910 [➡ p. 180]. En France, les travailleurs obtiendront la journée de 8 heures en 1919.

À partir de ce moment, le syndicalisme progresse non seulement en Grande-Bretagne, mais aussi dans le reste de l'Europe et aux États-Unis. Les syndicats se regroupent en grandes associations nationales pour coordonner leurs luttes. Leur influence se fait sentir au niveau politique. En fait, l'élargissement du droit de vote permet à la classe moyenne ainsi qu'à une partie des ouvriers et des agriculteurs d'exprimer leur choix politique. Les grèves deviennent légales. Les heures de travail diminuent. La législation britannique se montre peu à peu favorable aux droits des travailleurs. Fait important : à partir des années 1870, le syndicalisme se porte de plus en plus à la défense des intérêts de la majorité des ouvriers sans qualification. Aux États-Unis, les *Knights of Labor*, ou les « Chevaliers du Travail », une organisation syndicale fondée en 1869, se portent à la défense des droits de tous les travailleurs, incluant les femmes, les enfants et les Afro-Américains. Ils réclament entre autres la journée de travail de 8 heures, l'abolition du travail des enfants et l'équité salariale.

opinion

Devrait-on limiter le nombre d'heures de travail des adolescents encore aux études ?

À l'initiative des unions syndicales britanniques et françaises, le mouvement ouvrier prend une dimension internationale dans les années 1860 avec la création de l'Association internationale des travailleurs. En 1890, le 1er mai devient la fête internationale des travailleurs : un jour de célébration mais aussi de revendication. Malgré tout, la partie n'est pas gagnée : les patrons ne respectent pas toujours les lois et tentent de résister. Le 29 avril 1891, dans la petite ville minière de Fourmies au nord de la France, les industriels affichent un manifeste à l'attention des ouvriers, les invitant à ne pas manifester lors de la fête des travailleurs. Les patrons refusent de consentir aux demandes des travailleurs. Inquiets, ils demandent l'aide des forces policières et la manifestation pacifique se termine par un bien triste bilan en ce 1er mai 1891 : 9 morts, une trentaine de blessés parmi des manifestants pacifiques et non armés.

CITOYEN, CITOYENNE

Des associations puissantes

Au 19e siècle, pour faire face aux entrepreneurs et aux conditions inhumaines qu'ils imposent, les travailleurs britanniques s'organisent en syndicat. Unis, ils sont plus forts : ils parviennent à se faire entendre et à défendre leurs droits. Au Québec, les syndicats ont aussi joué un rôle de premier plan dans la revendication de l'amélioration des conditions de travail. Au fil des ans, et de certaines grèves célèbres, ils ont réussi à améliorer les conditions de travail.

Les syndicats de travailleurs offrent un bel exemple de ce que peut accomplir un regroupement d'individus. Avec le temps, des gens de diverses conditions ont formé des associations pour défendre différentes causes : l'environnement, la culture, l'aide humanitaire, les droits des enfants ou des consommateurs, etc. Ils font ainsi connaître leurs revendications et effectuent des gestes concrets pour arriver à leurs fins.

Question citoyenne
Raconte l'histoire d'une association syndicale ou d'un organisme humanitaire en précisant les événements et les personnages marquants.

Action citoyenne
Décris la structure de l'organisation étudiante de ton école. Explique son rôle dans la vie de ta communauté scolaire et illustre par des exemples en quoi elle contribue à améliorer la vie dans ton école.

LE SOCIALISME, CRITIQUE DU CAPITALISME

À l'époque où les ouvriers tentent de s'organiser, des penseurs critiquent le capitalisme et l'exploitation des travailleurs. Le bien-être de toute la collectivité devrait passer avant les intérêts particuliers de chacun. Cette nouvelle **idéologie** inspirée par certains penseurs des Lumières prend le nom de socialisme. Pour certains socialistes, l'État doit intervenir en adoptant des lois pour réduire les inégalités sociales. Pour d'autres, il faut renverser le système capitaliste fondé sur le libéralisme économique.

idéologie Ensemble d'idées ou de croyances visant à proposer une vision du monde ou de la société.

manifeste Déclaration écrite et publique par laquelle un gouvernement, un individu ou un groupement politique expose son programme ou justifie sa position.

Dans leur *Manifeste du parti communiste*, publié à Londres en 1848, Karl Marx et Friedrich Engels appellent le prolétariat à la révolution. En effet, pour eux, c'est le mode de production qui définit l'organisation sociale. Ainsi, le mode de production capitaliste oppose deux grandes classes sociales : d'un côté, les bourgeois propriétaires, les banquiers, les professionnels et autres qui empochent tous les profits ; de l'autre, les travailleurs salariés qui produisent les biens de consommation et qui sont exclus du partage de ces bénéfices. Pour changer la société, il faut donc changer le mode de production. La solution ? Les ouvriers doivent s'organiser en parti politique pour lutter contre la classe bourgeoise qui possède tous les moyens de production. Une fois la bourgeoisie renversée, il n'y aura plus de différences de classes et les moyens de production appartiendront à tous les citoyens. La société sera alors parvenue au communisme, une organisation économique et sociale idéale où la propriété privée est remplacée par la propriété d'État. La pensée philosophique de Marx aura une influence considérable sur les mouvements ouvriers, l'organisation sociale de certains pays et la scène politique internationale jusqu'à aujourd'hui.

10.32
En 1871, le syndicaliste français Eugène Pottier, dans un poème intitulé « L'Internationale », encourage les ouvriers et les paysans à livrer la lutte finale pour le pouvoir. À la fin du 19e siècle, ce texte mis en musique devient l'hymne révolutionnaire du mouvement ouvrier. Feuille de musique, vers 1900, Bibliothèque des Arts décoratifs, Paris.

AILLEURS

« OÙ VONT TOUS CES ENFANTS… ? »

Que ce soit à la mine, à l'usine ou à la maison, les enfants défavorisés d'Europe et des États-Unis travaillent dans les mêmes conditions que les jeunes Britanniques. Leur exploitation scandalise très peu la bourgeoisie industrielle. On y voit une façon d'augmenter la rentabilité de l'entreprise et d'occuper les enfants afin qu'ils ne traînent pas dans les rues. Cependant, les petits ouvriers attirent la sympathie d'organismes charitables, des syndicats et de certains intellectuels. Dans son poème « Melancholia », l'écrivain français Victor Hugo (1802-1885) dénonce la cruelle exploitation des enfants.

10.33
Alors que le travail des enfants en Europe occidentale ne cesse de diminuer durant le 19e siècle, il atteint son niveau maximum aux États-Unis dans les premières décennies du 20e siècle. Enfants dans une filature dans le sud des États-Unis, en 1907. Photographie de Lewis Hine.

Où vont tous ces enfants dont pas un seul ne rit ?
Ces doux êtres pensifs, que la fièvre maigrit ?
Ces filles de huit ans qu'on voit cheminer seules ?
Ils s'en vont travailler quinze heures sous des meules ;
Ils vont, de l'aube au soir, faire éternellement
Dans la même prison le même mouvement.
[…]
Travail mauvais qui prend l'âge tendre en sa serre,
Qui produit la richesse en créant la misère,
Qui se sert d'un enfant ainsi que d'un outil !
Progrès dont on demande : « Où va-t-il ? Que veut-il ? »
Qui brise la jeunesse en fleur ! Qui donne, en somme,
Une âme à la machine et la retire à l'homme !
Que ce travail, haï des mères, soit maudit !

« Melancholia », *Les Contemplations*, 1856.

Dès la première moitié du 19e siècle, les gouvernements se voient forcer d'enquêter et d'adopter des législations pour limiter le travail des enfants et leur faciliter l'accès à l'éducation. C'est le cas en Allemagne et en France ainsi que dans les États du nord-est des États-Unis. Ainsi, la loi de 1841 relative au travail des enfants réduit le travail des petits Français à 8 heures pour les 8 à 12 ans, à 12 heures pour les 12 à 16 ans et interdit l'embauche des moins de 8 ans. En France comme en Grande-Bretagne, il faudra attendre les années 1880 pour que l'école primaire obligatoire entraîne les enfants défavorisés hors de l'usine.

③ Villes et campagnes de l'âge industriel

C omme tu as pu le constater, la naissance de la société industrielle a provoqué de profonds changements économiques et sociaux. Elle s'accompagne aussi d'une forte urbanisation. À la ville comme à la campagne, les paysages et les milieux de vie se transforment. Ces changements varient beaucoup d'une région à l'autre de l'Europe et de l'Amérique du Nord. Première nation industrialisée, la Grande-Bretagne possède encore ici une longueur d'avance : au milieu du 19ᵉ siècle, la moitié de la population britannique habite déjà en milieu urbain.

Le poids du monde rural

Au 19ᵉ siècle, malgré la révolution industrielle, les paysans demeurent un groupe considérable. En fait, avec l'essor démographique que connaît l'Europe toute entière, la population des campagnes n'a jamais été aussi importante. Cependant, la situation en Grande-Bretagne est différente. L'agriculture mécanisée occupe de moins en moins de main-d'œuvre. Alors que près de 36 % de la population active cultivent les champs au début du siècle, à peine 9 % y travaillent encore en 1901. La majeure partie des terres appartient à de grands propriétaires qui confient la gestion de leur domaine à un régisseur. La propriété est exploitée par des ouvriers agricoles salariés ou louée en partie à des fermiers. Il existe encore de petits propriétaires indépendants.

⑤ TON SUJET D'ENQUÊTE

Décris en quoi l'industrialisation modifie l'aménagement du territoire et les conditions de vie en Grande-Bretagne au 19ᵉ siècle.

▶ Dresse un portrait de la vie rurale au 19ᵉ siècle en Grande-Bretagne.

▶ Décris en quoi l'industrialisation transforme le paysage rural.

▶ Décris les quartiers ouvriers au 19ᵉ siècle.

▶ Identifie des facteurs qui ont favorisé l'amélioration des conditions de vie dans ces quartiers ouvriers.

▶ Donne des exemples d'amélioration de la condition de vie des ouvriers au 19ᵉ siècle.

10.34 COURBE DE POPULATION ACTIVE EN GRANDE-BRETAGNE AU 19ᵉ SIÈCLE

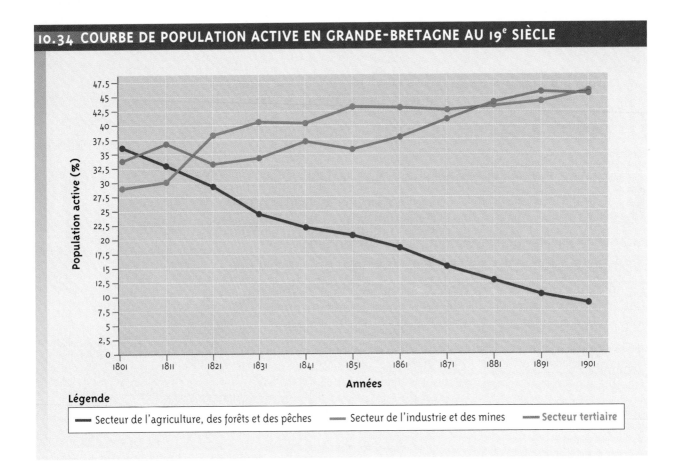

Légende

—— Secteur de l'agriculture, des forêts et des pêches   —— Secteur de l'industrie et des mines   —— Secteur tertiaire

La vie au village

secteur tertiaire Ensemble des activités économiques qui ne visent pas à produire des biens, mais plutôt à offrir des services à la population (commerce, professions libérales, travail domestique, etc.). On l'appelle aussi le secteur des services.

La vie rurale s'organise autour du village : quelques rues, des maisons au toit de chaume ou de tuile, des boutiques et des ateliers (boulangerie, boucherie, forge, tuilerie, tannerie, etc.), une école, une église ainsi qu'une auberge pour les visiteurs de passage. Dans les plus grosses agglomérations, on trouve parfois un moulin hydraulique pour la farine, la coupe du bois ou le textile. Aux abords du village s'étendent de petites fermes et la grande propriété du lord des environs, avec son manoir et ses dépendances. Le village forme un monde où se côtoient les travailleurs agricoles, les domestiques, les artisans, la bourgeoisie locale ainsi que les aristocrates du coin !

10.35
Reconstitution d'un village anglais du 19e siècle.

Malgré le développement du chemin de fer, les villageois se déplacent encore souvent à pied. Les paysans se rendent au marché de la ville voisine en charrette, tirée par un cheval, pour y vendre leurs fruits et leurs légumes. Les mieux nantis utilisent la diligence ou leur propre carrosse pour voyager ou se rendre à la gare la plus proche.

Le train facilite toutefois les communications dans ce milieu où le mode de vie n'a guère changé depuis des siècles. Grâce au chemin de fer, les marchandises, le courrier et les journaux parviennent beaucoup plus rapidement dans les campagnes.

Passe à l'action

Le marché de la consommation
Cherche des produits proposés aux consommateurs du 19e siècle ainsi que des affiches publicitaires et des illustrations de ces produits.

FAITS D'HIER — QUITTER L'EUROPE

Tous ne quittent pas la campagne pour la ville la plus proche. Au cours du 19e siècle, près de 60 millions de personnes quittent l'Europe pour se rendre aux États-Unis, au Canada, en Amérique du Sud, en Sibérie, en Afrique et aussi loin qu'en Australie. Il faut souligner que c'est surtout aux États-Unis que la majorité d'entre elles vont chercher fortune.

pogrom Émeute accompagnée de pillage, de viols et de meurtres, dirigée contre une communauté juive. Les pogroms sont tolérés ou soutenus par les autorités.

Pourquoi tant de gens partent-ils ? Le plus souvent, pour des raisons économiques : une famille affamée par une crise agricole, un travailleur mis en chômage ou un entrepreneur en manque de débouchés. Certains fuient la persécution, comme les juifs de l'Empire russe, frappés par de sanglants **pogroms**. D'autres encore prennent la mer par goût de l'aventure et de l'exotisme ! Les Britanniques et les Irlandais sont les premiers à partir, suivis par les Allemands, les Italiens, les Polonais, les Espagnols et bien d'autres. Tous paient cher leur traversée, serrés comme du bétail dans les cales de navires, en partance pour un monde meilleur.

10.36
Les Émigrants, ce tableau de l'Italien Angiolo Tommasi, peint en 1895, illustre bien l'ambiance sur un quai d'embarquement pour l'Amérique. Galerie Nationale d'Art moderne, Rome.

10.37

Un train chargé de billes de bois sur un pont de bois dans l'ouest des États-Unis, en 1908.

Un paysage bouleversé

Au fur et à mesure que le siècle avance, les fermes s'équipent de machinerie à vapeur, les carreaux de mines se dressent dans les champs et les voies ferrées rayonnent dans tout le pays. La révolution industrielle dévisage la campagne. De véritables villes finissent par pousser sur les gisements de houille. Les villes existantes s'agrandissent et envahissent les champs des environs. Pour faciliter le passage des trains, il faut aménager des tunnels, des ponts de bois ou d'acier ainsi que de nouveaux aqueducs pour ne pas gêner l'approvisionnement en eau des villes. Ces changements se font aussi sentir dans les campagnes de tous les pays qui s'industrialisent.

Vivre à la ville

La croissance démographique et l'exode des paysans les plus pauvres gonflent de manière considérable la population des villes. À partir de la fin du 18e siècle, on assiste à une urbanisation sans aucune planification. Les conséquences sont désastreuses : le taux de mortalité dans les villes britanniques atteint un niveau inégalé depuis la Grande Peste du 14e siècle ! Il faut attendre la seconde moitié du 19e siècle pour que les dirigeants politiques adoptent des mesures pour **assainir** le milieu urbain.

assainir Améliorer un milieu de façon qu'il n'ait pas d'effets nuisibles sur la santé des gens qui y vivent.

L'urbanisation galopante

insalubre Qui ne favorise pas la santé, malsain.

Centre culturel et administratif, la ville de l'âge industriel renforce son rôle de carrefour économique et commercial avec ses voies ferrées et ses canaux. Le port ne cesse de s'étendre. Les usines s'implantent sur le pourtour de la cité. En fait, les villes britanniques attirent trop de nouveaux arrivants, trop vite. Les ouvriers s'entassent peu à peu dans de simples maisons de planches ou des immeubles **insalubres** rapidement construits par les entrepreneurs. Sans eau courante, mal chauffées, les familles vivent à l'ombre de l'usine dans le vacarme de la machinerie. Plusieurs habitations se partagent des latrines au fond d'une cour commune.

10.38
Vue d'un quartier ouvrier de Londres vers 1870, illustré par l'artiste français Gustave Doré.

Les quartiers ouvriers forment des labyrinthes de ruelles et de culs-de-sac. Ils deviennent à la fois des cachettes idéales pour les criminels et de redoutables foyers de maladies comme le typhus et le choléra. L'air y est si pollué qu'on aperçoit rarement les rayons du soleil. L'odeur infecte des cours d'eau, véritables égouts à ciel ouvert, et l'épaisse fumée noire du charbon irritent la gorge et les yeux. En 1851, l'espérance de vie d'un bébé né dans le quartier ouvrier de la ville industrielle de Liverpool, au centre de la Grande-Bretagne, est de 26 ans alors qu'un nouveau-né d'un village du sud du pays peut espérer vivre 57 ans ! De leur côté, les entrepreneurs préfèrent laisser faire. Les villes manquent d'argent pour faire les travaux, car la bourgeoisie d'affaires refuse de payer des taxes à des autorités municipales mal organisées. De toute façon, ce problème n'est pas le leur puisqu'ils habitent souvent les plus beaux quartiers de la ville, à proximité de la campagne. Sans argent, les villes peuvent donc difficilement entreprendre des travaux pour améliorer la vie urbaine.

AUJOURD'HUI
Énumère des avantages de vivre à la ville.

AILLEURS

LA RÉALITÉ TOUTE CRUE DE LA MINE

En Grande-Bretagne, l'écrivain Charles Dickens (1812-1870) décrit avec beaucoup de réalisme et d'ironie la nouvelle société industrielle. Peut-être connais-tu les jeunes héros de ses romans, Oliver Twist et David Copperfield, des enfants exploités par des adultes sans scrupule ? En France, le romancier et journaliste Émile Zola (1840-1902) s'intéresse aussi à l'étude de la société, de ses travers et de ses divers milieux de vie.

Zola prétend appliquer la méthode scientifique à son écriture : la vie quotidienne des ouvriers, des paysans et des bourgeois constitue son laboratoire de recherche. En 1884, lors d'une grève dans une mine du nord de la France, le romancier n'hésite pas à se rendre sur place pour y faire des observations. Il assiste à des réunions syndicales, il interroge des mineurs et leurs conjointes, il descend même dans la mine. Soucieux du détail, Zola prend connaissance de rapports gouvernementaux et d'études sur l'industrie minière. Son enquête lui permet d'écrire *Germinal*, publié l'année suivante. Un roman pour tout savoir sur la vie des mineurs au 19e siècle !

10.39
Affiche pour l'adaptation au théâtre du roman de Zola, *Germinal*, vers 1885.

L'aménagement des villes

Les choses commencent à changer lorsque les classes aisées se rendent compte que l'insalubrité de l'air et de l'eau peut aussi les affecter. Les épidémies et la criminalité ne touchent plus seulement les quartiers défavorisés. Dans la seconde moitié du 19e siècle, le Parlement britannique renforce sa législation sur la santé publique et accorde des budgets pour des travaux d'infrastructure. Mieux financées, les autorités des villes passent à l'action.

À Londres, où la puanteur était intolérable en été, on construit un nouveau système d'égouts et on aménage les berges de la Tamise. Afin d'améliorer la circulation de l'air et de faciliter le nettoyage de la ville, ingénieurs et travailleurs de la voirie construisent de grandes avenues et pavent les rues. Des parcs voient le jour et certains jardins royaux de la capitale sont ouverts au public, à condition que les gens portent une tenue convenable. On n'hésite pas à démolir les taudis ouvriers. Ces rénovations permettent une meilleure circulation des véhicules dans la ville ainsi qu'une surveillance policière plus efficace. Les riches conservent leurs beaux quartiers alors que les ouvriers ont enfin accès à des logements plus décents. En revanche, les plus pauvres d'entre eux survivent toujours dans un état de grande misère.

opinion

La ville est-elle un milieu propice pour élever des enfants ?

À cette époque, les luttes ouvrières contribuent à l'amélioration progressive des conditions de vie de nombreux travailleurs. Les salaires augmentent. Les heures de travail diminuent. Les logements offrent plus de **commodités** : les nouveaux règlements exigent que chaque immeuble possède ses propres canalisations pour l'eau courante et l'égout. Le coût de la nourriture diminue grâce à l'essor de l'élevage et à l'importation de denrées bon marché. Le bas prix des cotonnades et la confection industrielle des vêtements permettent aux travailleurs de suivre la mode bourgeoise. L'ouvrier britannique peut même s'offrir un spectacle au **théâtre de variétés** le plus près de chez lui.

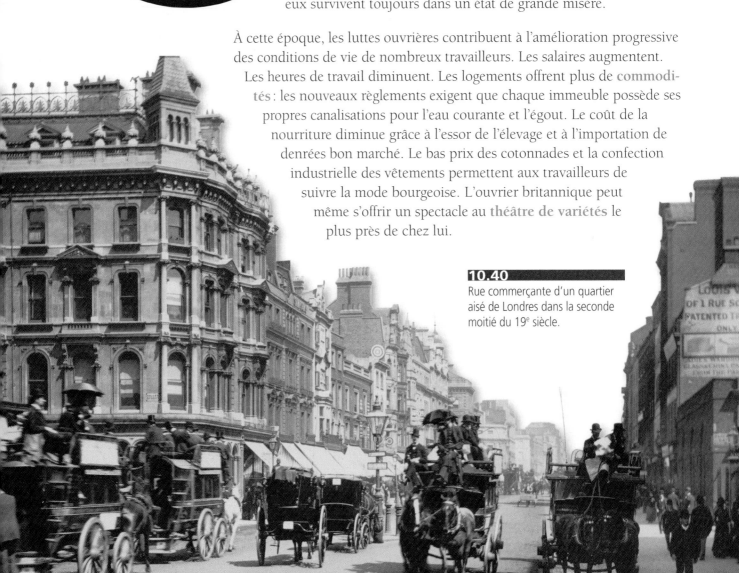

10.40
Rue commerçante d'un quartier aisé de Londres dans la seconde moitié du 19e siècle.

AILLEURS

LE PETIT MONDE DE KRUPP

La ville d'Essen, dans le nord-ouest de l'Allemagne, doit son essor à la présence de gisements de charbon et de fer ainsi qu'à l'usine de sidérurgie d'Alfred Krupp (1812-1887). Les chiffres parlent d'eux-mêmes. Dans les années 1850, Krupp emploie déjà 700 personnes ; 60 ans plus tard, son usine compte 70 000 employés. La population d'Essen, quant à elle, passe de 9000 à plus de 440 000 habitants. Les images suivantes illustrent bien la profonde transformation du paysage aux abords de l'usine.

À partir des années 1850, les dirigeants de l'empire industriel Krupp prennent des mesures sociales favorables à leurs ouvriers : caisse de secours en cas de maladie, caisse de retraite, assurance contre les accidents, etc. Une formation professionnelle de pointe est offerte dans les écoles techniques de l'entreprise, qui met aussi à la disposition de ses employés une bibliothèque scientifique. L'usine Krupp à Essen, c'est aussi des casinos pour les ouvriers, des écoles pour les enfants, une salle de lecture, une clinique dentaire, un hôpital, un hospice pour les employés retraités ou invalides ! À l'avant-garde des industriels de la France, par exemple, les dirigeants s'assurent ainsi d'une main-d'œuvre satisfaite, qualifiée et disponible sur place, de génération en génération.

10.41
L'évolution de l'usine Krupp à Essen.

FAIRE L'HISTOIRE

Le monde industrialisé en exposition

naturalisé Se dit d'un animal mort auquel on a donné l'apparence du vivant ; empaillé.

Longtemps les collections de toutes sortes sont restées à l'abri des regards dans les cabinets des savants et des princes. Fragments d'antiquités, objets exotiques, œuvres d'art admirables, animaux **naturalisés**, minéraux précieux, planches d'herbier, instruments scientifiques, objets insolites ou machines géniales, la vue de toutes ces choses qui racontent une histoire du monde était réservée à quelques privilégiés. À partir du 18e siècle, l'influence des Lumières ouvre au public les portes de ce savoir caché. Soucieux de diffuser les connaissances, des collectionneurs et des souverains d'Europe offrent de faire voir à tous leurs trésors accumulés. Dans les grandes villes et les universités, de nouveaux établissements voient le jour : les musées.

À la fin du 18e siècle en France, un de ces établissements fait la promotion du nouvel esprit d'invention du début de l'âge industriel. Le Conservatoire national des arts et métiers constitue « un dépôt de machines, modèles, outils, dessins, descriptions et livres dans tous les genres d'arts et métiers », et abrite une salle d'exposition. L'État français veut ainsi réunir sous un même toit tous les savoirs techniques afin de faciliter la communication des inventions et des méthodes modernes de fabrication. Ce musée sera une véritable encyclopédie en trois dimensions accessible à toutes les classes sociales.

Cependant, c'est l'Exposition universelle qui propose la diffusion la plus spectaculaire des progrès techniques et scientifiques au 19e siècle. Organisée pour la première fois à Londres, en 1851, cette exposition d'envergure internationale

10.42
Le pavillon des machines agricoles à l'Exposition universelle de Londres, en 1851.

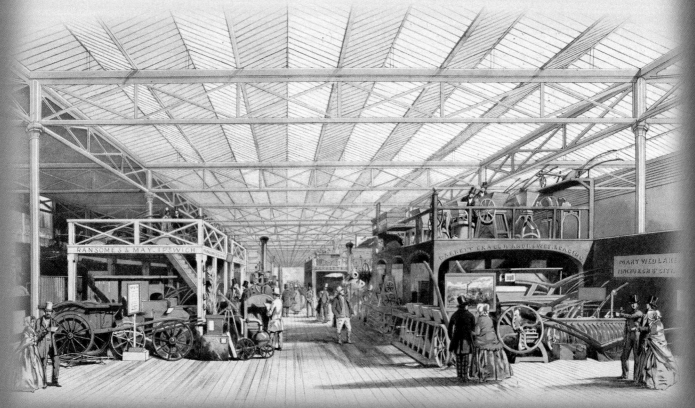

présente au public tout un éventail de matières premières, de machines, de produits manufacturés mais aussi d'œuvres d'art de tous les continents. Les gouvernements y voient l'occasion de renforcer le prestige de leur pays. Les entrepreneurs présentent leurs marchandises dans l'espoir de trouver de nouveaux débouchés et se renseignent sur la concurrence. Les simples visiteurs s'informent sur la fabrication et l'usage des plus récents appareils, découvrent la Chine ou le Canada, ou encore se régalent d'une crème glacée au restaurant de l'exposition !

Événement à la fois commercial, politique, éducatif, **mondain** et populaire, cette exposition de Londres aura de grandes répercussions sur le monde des expositions, des musées et du divertissement. Savais-tu que Montréal avait été l'hôte de l'Exposition universelle en 1967 lors des fêtes du centenaire de la Confédération canadienne ? Ainsi, la révolution industrielle a donné naissance à deux institutions qui célèbrent encore aujourd'hui l'invention humaine : l'Exposition universelle, à laquelle s'ajoutent toutes les expositions de nature commerciale comme les salons internationaux de l'automobile tenus depuis la fin du 19e siècle, ainsi que les musées de sciences et de technologie.

De nos jours, les musées de sciences et de technologie regroupent des collections qui retracent l'histoire scientifique et technique d'une région ou d'un pays. Leurs fonctions ? Conserver, classer, documenter et présenter au public ses collections. Selon leur taille, ils emploient différents professionnels de la **muséologie**, notamment des conservateurs spécialistes de l'histoire, de la sociologie et de plusieurs domaines de la science et de l'ingénierie, des bibliothécaires, des guides-animateurs, des restaurateurs, des graphistes ou encore des techniciens en muséologie. Ceux-ci assument des tâches variées au sein du musée. Les techniciens veillent à prévenir la détérioration des objets de la collection. Ils collaborent aussi à la documentation et à la classification de ces mêmes objets. On peut leur confier les plans et la construction du mobilier des salles d'exposition. Enfin, ce sont eux qui assurent le montage, l'entretien et le démontage des expositions.

mondain Relatif à la vie sociale et aux divertissements de la haute société, des classes aisées.

muséologie Ensemble des connaissances scientifiques, techniques et pratiques concernant la conservation, le classement, la documentation et la présentation des collections d'un musée ainsi que la gestion de cet établissement

10.43
Expérience scientifique présentée au grand public au musée des Sciences et de la Technologie du Canada, Ottawa.

EN CONCLUSION

Ton résumé

Rédige un court résumé sur l'industrialisation en Grande-Bretagne, aux États-Unis, en France et en Allemagne au 19ᵉ siècle. Consulte la ligne du temps, note les dates importantes, les personnages et les événements les plus marquants de ce dossier. Explique en quoi l'industrialisation a transformé le monde du travail et la vie des individus. Décris les inventions technologiques ou scientifiques qui ont rendu possibles ces changements dans le mode de production.

Mots et concepts clés

brevet d'invention	libéralisme
capitalisme	mode de production
classe sociale	productivité
communisme	révolution
exode rural	socialisme
idéologie	syndicalisme
industrialisation	urbanisation
législation	usine

Aide-mémoire

Au 19ᵉ siècle, les entrepreneurs sont peu soucieux des conditions de travail qu'ils offrent aux employés de l'usine et de la mine. Les salaires très bas, les conditions de travail pénibles et dangereuses, et les longues heures souvent insoutenables sont le lot de la classe ouvrière, aussi appelée le prolétariat. Les femmes et les enfants supportent également des conditions de travail pénibles et reçoivent des salaires encore plus bas que ceux des hommes. Au fil des ans, les revendications des travailleurs et de leurs syndicats permettront d'améliorer les conditions de vie de nombreux travailleurs.

Ton portfolio

Fais un retour sur ta démarche de recherche en répondant aux questions suivantes :

- Pour effectuer tes recherches dans ce dossier, tu as consulté des sources variées. Combien as-tu consulté de sources ?
- As-tu bien noté la provenance de chacune ?
- Certaines informations recueillies étaient-elles différentes d'une source à l'autre ?
- Comment as-tu jugé de la fiabilité des sources ?

Tes travaux préparatoires

Le prochain dossier traite de l'expansion industrielle dans le monde. Afin de t'y préparer, voici quelques suggestions de recherches :

- Documente-toi sur des événements importants concernant l'expansion du monde industriel et de la colonisation aux 19ᵉ et 20ᵉ siècles.
- Note la définition des mots et concepts suivants : abolitionnisme, acculturation, colonie, colonisation, discrimination, esclavage, impérialisme, métropole, monopole, nationalisme, protectorat.
- Trouve une illustration de la traite des Noirs au 19ᵉ siècle et fais-en une description.

L'EXPANSION DU MONDE INDUSTRIEL

En équipe, documente-toi au sujet des richesses culturelles du continent africain. Dans un texte illustré, présente un aspect de l'identité sociale d'un des peuples de l'Afrique. Rédige des articles sur les sujets proposés sous les rubriques « Passe à l'action » et regroupe-les par thématiques afin de les publier sous la forme d'un recueil d'histoire que tu distribueras ensuite à tes camarades de classe.

LA COURSE POUR DOMINER LE MONDE

a première expansion de l'Europe remonte aux 15e et 16e siècles. À cette époque, le Portugal et l'Espagne prennent le contrôle des mers et de l'Amérique, vite rejoints par les Français, les Hollandais et les Anglais. Bien implantés en Amérique, les Européens se contentent en Asie et en Afrique de gérer des comptoirs pour commercer avec les populations locales. Au milieu du 19e siècle, les puissances industrialisées d'Europe se lancent dans une nouvelle aventure coloniale.

Menés par la Grande-Bretagne et la France, les États européens en pleine croissance vont rivaliser pour s'approprier et exploiter de nouveaux territoires. Persuadés de leur supériorité, ils souhaitent « civiliser » les peuples du monde entier. Pour un grand nombre d'Africains et d'Asiatiques, il s'agit d'une époque sombre et douloureuse, car l'expansion européenne ne tient pas compte de leurs besoins ni de leurs traditions. Des millions de personnes seront forcées de modifier leur organisation sociale et politique, leur économie et leur culture.

Prospère ou sombre, cette époque coloniale qui se prolonge jusqu'à la fin du 20e siècle ? À toi d'enquêter sur cette période remplie de contradictions où la richesse, la puissance et le progrès cohabitent avec l'appauvrissement, la violence et le travail forcé. Retrace le partage de l'Afrique et de l'Asie par les États européens. Tu pourras aussi constater que de nouvelles puissances comme le Japon se lanceront à leur tour dans cette course coloniale.

11.1
L'expansion du monde industriel.

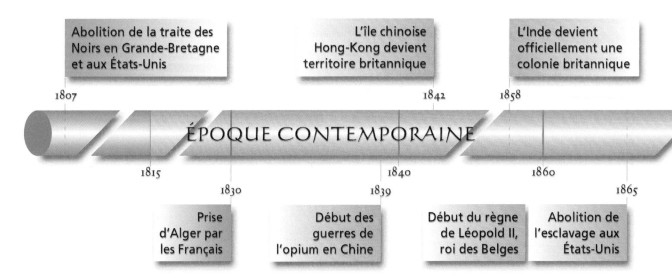

| Abolition de la traite des Noirs en Grande-Bretagne et aux États-Unis | L'île chinoise Hong-Kong devient territoire britannique | L'Inde devient officiellement une colonie britannique |

1807 — 1842 — 1858

ÉPOQUE CONTEMPORAINE

1815 — 1840 — 1860
1830 — 1839 — 1865

| Prise d'Alger par les Français | Début des guerres de l'opium en Chine | Début du règne de Léopold II, roi des Belges | Abolition de l'esclavage aux États-Unis |

L'échange des produits et des ressources entre pays a depuis longtemps été un facteur déterminant de la prospérité de certaines nations. Cependant, s'ils assurent la richesse de plusieurs, ils font aussi le malheur de certains pays en développement : le manque de réglementations environnementales occasionne parfois des désastres écologiques, l'absence de lois du travail entraîne des conditions souvent pénibles et des salaires peu élevés. Des organismes et des institutions ont été créés afin d'améliorer le sort des pays plus pauvres, mais des inégalités subsistent.

- Établis la liste des pays pauvres que tu connais.
- Illustre cette pauvreté par des exemples.
- Dans quel but principal les Européens se sont-ils intéressés à l'Afrique au 19e siècle ?
- Quelles conséquences cette présence coloniale aura-t-elle sur les peuples africains ?

11.2

Scène de rue dans un pays en développement.

11.3

Chargement de caisses de bananes sur un train, en Afrique, au début du 20e siècle.

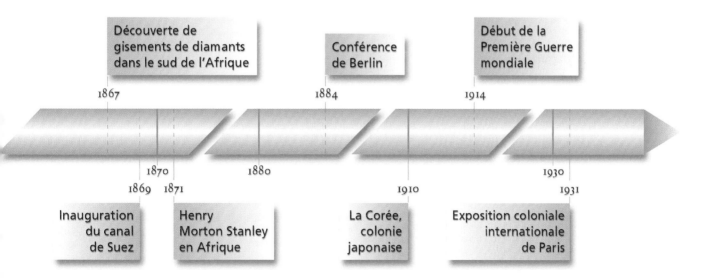

Découverte de gisements de diamants dans le sud de l'Afrique

Conférence de Berlin

Début de la Première Guerre mondiale

1867

1884

1914

1870

1880

1930

1869 1871

1910

1931

Inauguration du canal de Suez

Henry Morton Stanley en Afrique

La Corée, colonie japonaise

Exposition coloniale internationale de Paris

11.4 LES EMPIRES COLONIAUX EN 1914

ALASKA
(É.-U.)

CANADA

ÉTATS-UNIS

Mississippi

OCÉAN
PACIFIQUE

OCÉAN
ATLANTIQUE

*Golfe du
Mexique*

GUYANES

Amazone

Légende

- Empire allemand
- Empire belge
- Empire britannique
- Empire espagnol
- Empire états-unien
- Empire français
- Empire italien
- Empire japonais
- Empire néerlandais
- Empire portugais

0   750   1500 km

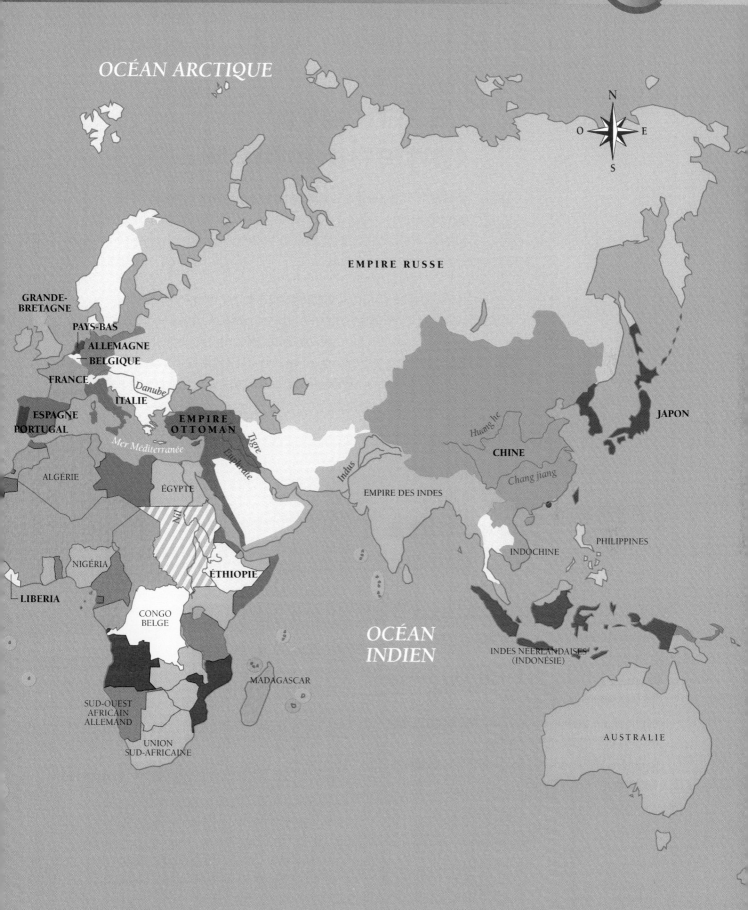

OCÉAN ARCTIQUE

EMPIRE RUSSE

GRANDE-
BRETAGNE

PAYS-BAS

ALLEMAGNE

BELGIQUE

FRANCE

Danube

ITALIE

ESPAGNE

PORTUGAL

EMPIRE
OTTOMAN

Mer Méditerranée

Tigre

Euphrate

Indus

JAPON

Huang he

CHINE

Chang jiang

ALGÉRIE

ÉGYPTE

Nil

EMPIRE DES INDES

NIGÉRIA

ÉTHIOPIE

INDOCHINE

PHILIPPINES

LIBERIA

CONGO
BELGE

OCÉAN
INDIEN

INDES NEERLANDAISES
(INDONÉSIE)

MADAGASCAR

SUD-OUEST
AFRICAIN
ALLEMAND

UNION
SUD-AFRICAINE

AUSTRALIE

1 Le « nouvel impérialisme »

Pendant trois siècles, les empires coloniaux européens se sont enrichis grâce à l'esclavage, au commerce triangulaire et aux importations de produits de luxe en provenance de leurs comptoirs d'Afrique et d'Asie.

Cet ancien système colonial s'est essoufflé. Au 19ᵉ siècle, les États industrialisés d'Europe se donnent de nouveaux moyens de dominer le monde. Pourquoi les Européens se relancent-ils dans une politique d'expansion coloniale ? Pourquoi faut-il attendre la fin du 19ᵉ siècle pour que les Européens pénètrent le continent africain comme ils l'avaient fait pour l'Amérique ?

1 TON SUJET D'ENQUÊTE

Découvre en quoi consiste l'impérialisme européen en Asie et en Afrique au 19ᵉ siècle.

▶ Explique ce qui motive les puissances industrielles européennes à s'intéresser à l'Asie et à l'Afrique.

▶ Énumère des matières premières recherchées par les Européens au 19ᵉ siècle.

▶ Explique en quoi le commerce colonial avantage les travailleurs de la métropole.

▶ Énumère les raisons qui favorisent l'importation de produits des colonies.

âge d'or Temps heureux et prospère d'une civilisation. Pour désigner cette époque brillante en Espagne, on emploie aussi l'expression « siècle d'or ».

Depuis la conquête de l'Amérique

Les empires coloniaux de l'Espagne et du Portugal ont connu leur **âge d'or** au 16ᵉ siècle. Au siècle suivant, la situation se modifie peu à peu en faveur des Anglais, des Hollandais et des Français. Ces Européens s'installent en Amérique du Nord mais menacent aussi plusieurs possessions espagnoles et portugaises dans la mer des Caraïbes, en Amérique du Sud, en Afrique et en Asie.

La fin de l'ancien système colonial

Au 18ᵉ siècle la Grande-Bretagne et la France sont à la tête des deux plus vastes empires coloniaux de l'époque. À partir de la fin du siècle, la situation politique change. La France perd une grande partie de son empire aux mains des Britanniques. De plus, de nombreuses colonies d'Amérique obtiennent leur indépendance : les États-Unis en 1783, puis Haïti en 1804, suivis entre autres du Paraguay en 1811, du Chili en 1818 et de la Colombie en 1819. Le système colonial en Amérique tombe en morceaux.

11.5
Le Vénézuélien Simón Bolívar (1783-1830) a dirigé les luttes d'indépendance du Venezuela, de la Colombie, de l'Équateur, du Pérou et de la Bolivie. On le voit ici, dans les années 1820, paradant sur son cheval blanc dans les rues de Caracas (Venezuela actuel) après l'une de ses nombreuses victoires. Gravure allemande, 1832.

Au début du 19ᵉ siècle, seule la Grande-Bretagne peut encore se vanter de posséder un véritable empire colonial. Comme tu peux le voir sur la carte 11.4 [← p. 198], le Canada, la région du Cap au sud de l'Afrique, une portion de l'Inde ainsi que la côte occidentale de l'Australie comptent parmi ses possessions. Au 19ᵉ siècle, elle se tournera vers l'Asie et l'Afrique, suivie de près par les États industrialisés d'Europe qui veulent, eux aussi, se donner de nouveaux moyens de dominer le monde. Plusieurs raisons motivent cette relance de l'expansion coloniale, qu'on appelle l'**impérialisme**.

L'Afrique se dévoile

Pendant longtemps, les Européens ne connaissaient que les côtes de l'Afrique où ils avaient des comptoirs commerciaux. À la fin du 18ᵉ siècle, Britanniques, Français et Allemands s'aventurent à l'intérieur du continent. Chasseurs, aventuriers, naturalistes ou hommes de Dieu, ces explorateurs paient cher leur curiosité pour les mystères de l'Afrique. En effet, dans la

impérialisme Politique d'un État puissant visant à imposer sa domination politique, militaire, culturelle ou économique à d'autres États.

11.6

Planche du jeu *La conquête de l'Afrique*, basé sur les explorations de Livingstone et Stanley, vendu en France, 19e siècle.

plupart des régions, de redoutables maladies tropicales mal connues les affectent. La quinine est mise au point pour lutter contre le paludisme, mais il faudra attendre le 20ᵉ siècle pour trouver des moyens efficaces de soulager la fièvre jaune et la maladie du sommeil.

Des explorateurs comme le missionnaire britannique David Livingstone (1813-1873) et son compatriote, le journaliste Henry Morton Stanley (1841-1904), deviennent de véritables héros. Ces hommes sont parmi les premiers à établir des contacts avec les peuples africains de l'intérieur, à faire l'inventaire des richesses du continent et à ouvrir de nouvelles voies de communication. La publication de leurs récits de voyage connaît un énorme succès. Le public, pour qui l'Asie et l'Afrique sont des terres de mystères et de légendes, suit leurs aventures dans la presse et se bouscule pour assister à leurs conférences lorsqu'ils reviennent en Europe.

Ces explorations ainsi que la présence de missionnaires incitent les gouvernements européens à protéger et à occuper ces nouveaux territoires. La relance du colonialisme est amorcée !

Passe à l'action

Un peuple africain

Présente un des peuples africains qui vivait au 19ᵉ siècle. Raconte ses origines, décris ses principales caractéristiques culturelles et situe sur une carte la région où il habitait.

FAITS D'HIER   ENFIN LA LIBERTÉ !

Dans les colonies d'Amérique, il n'est pas rare que les esclaves noirs s'enfuient ou se révoltent. Dans les plantations du sud des États-Unis, ces rébellions sont brutalement réprimées. Dans l'île française d'Haïti, elles mènent à la création de l'État noir d'Haïti en 1804. Depuis le 17ᵉ siècle, certains Européens se déclarent contre l'esclavage. D'abord peu nombreux, ces **abolitionnistes** se font entendre de plus en plus. En 1807, la Grande-Bretagne et les États-Unis abolissent le commerce des Noirs.

abolitionniste Personne qui demande la suppression d'une loi ou d'une coutume qu'elle considère comme inacceptable.

Même si elle est de moins en moins rentable, la traite continue de façon clandestine, car l'esclavage lui-même n'est pas encore interdit. La lutte continue tant en Europe qu'en Amérique. En 1833, le Parlement britannique abolit enfin l'esclavage. Puis c'est au tour d'autres États esclavagistes, comme la France en 1848 et les États-Unis en 1865. Alors que la joie explose chez les esclaves, les planteurs expriment leur mécontentement et s'inquiètent de voir disparaître leurs plantations.

11.7
Des esclaves libérés célèbrent l'abolition.

L'expansion économique de l'Europe

L'industrialisation joue un rôle important dans la relance de l'impérialisme européen. Au 19ᵉ siècle, les deux plus grandes puissances d'Europe, la Grande-Bretagne et la France, cherchent en Afrique et en Asie des matières premières et des débouchés pour stimuler leur économie. D'autres États industrialisés comme l'Allemagne, la Belgique et les Pays-Bas ne tardent pas à faire de même.

Des matières premières

AUJOURD'HUI

Identifie le pays qui est le plus grand producteur d'or.

Pour approvisionner leurs nouvelles usines, les pays industrialisés ont besoin de nombreuses matières premières qu'ils ne trouvent pas en Europe. Les comptoirs commerciaux d'Afrique et d'Asie, qui transigeaient surtout des produits de luxe comme l'ivoire et les épices, ne suffisent plus. On a maintenant besoin de produits qui peuvent être transformés dans les usines d'Europe : caoutchouc, coton, zinc, cuivre, pétrole, etc. En plus de l'or et des diamants d'Afrique, les plantes **oléagineuses** comme l'arachide et l'**éléis** sont très appréciées par les Européens. Elles fournissent les huiles nécessaires pour lubrifier la machinerie des usines et fabriquer du savon. Les pays industrialisés recherchent aussi à l'étranger des denrées alimentaires comme le blé ainsi que des produits très populaires comme le thé, le café et le cacao.

Les Européens peuvent se permettre d'importer tous ces produits, car le coût des matières premières d'Afrique et d'Asie est peu élevé. En effet, la main-d'œuvre ne coûte pas cher et le transport est de plus en plus rapide et efficace. Par exemple, la présence de canaux interocéaniques, comme le canal de Suez construit en 1869 entre la Méditerranée et l'océan Indien, diminue les frais et le temps de transport. La Grande-Bretagne, la France et l'Allemagne ainsi que les États-Unis possèdent d'importantes flottes qui leur permettent d'atteindre les quatre coins de la planète. Les progrès techniques de la navigation comme le moteur à vapeur, les nouvelles coques d'acier et les navires propulsés par des hélices accélèrent aussi considérablement les déplacements.

11.8

Une plantation d'hévéas, ou arbres à caoutchouc. À la fin du 19ᵉ siècle, l'invention du pneu gonflable pour la bicyclette et l'automobile crée une grande demande pour la production de caoutchouc naturel.

11.9

Défilé de navires à l'occasion de l'inauguration du canal de Suez, en Égypte, en 1865. Gravure française, 1869-1870, Bibliothèque des Arts décoratifs, Paris. Avant le creusement du canal, les navires européens devaient contourner l'Afrique afin de parvenir en Asie.

De nouveaux marchés

Est-il essentiel d'avoir des colonies pour développer le commerce extérieur? Pas nécessairement. Cependant, une crise économique dans les années 1870 amène plusieurs nations à adopter une politique protectionniste. En effet, les colonies leur permettent d'importer des matières premières à faible coût et elles fournissent de nouveaux débouchés pour leurs produits manufacturés. C'est ce marché que les puissances européennes veulent protéger en mettant en place un **monopole**. Les métropoles interdisent donc à leurs colonies de commercer avec d'autres pays et les obligent à acheter leurs marchandises afin de diminuer l'impact de la crise. Elles limitent aussi la production manufacturière dans les colonies afin de pouvoir exporter leurs surplus manufacturiers vers elles. Comme leurs produits sont écoulés dans les colonies, les travailleurs des usines de la métropole conservent leur emploi.

monopole Situation d'un marché où la concurrence n'existe pas; la métropole contrôle à la fois l'offre et la demande.

AILLEURS

LA CHINE À GENOUX

Depuis l'Antiquité, les Occidentaux s'intéressent aux produits chinois. À partir du 18e siècle, l'Europe importe une grande variété de marchandises : thé, soieries, porcelaine, vêtements, objets en bambou ou en ivoire, meubles **laqués**, feux d'artifice, etc. Le gouvernement impérial chinois contrôle étroitement le commerce avec l'extérieur. Il se préoccupe peu de ce que les Occidentaux ont à offrir et se fait payer en monnaie d'argent. Pourtant, les Européens rêvent de pénétrer le marché de la Chine et de vendre leurs produits à ses millions d'habitants.

laqué Recouvert d'un vernis noir ou rouge préparé avec la résine de certains arbres d'Extrême-Orient.

indemnité Somme allouée en réparation d'un dommage.

Au 19e siècle, l'occasion se présente. L'empire de la dynastie Qing est en déclin. L'armée chinoise est faible, et la corruption ronge l'administration. Des révoltes paysannes agitent le pays. Les Européens vont profiter des faiblesses de la Chine pour l'obliger à commercer avec eux. Comment ? Tout d'abord, les Britanniques trouvent enfin un produit qui intéresse les Chinois : l'opium, une drogue puissante tirée de certaines espèces de pavot cultivées dans une région de l'Inde contrôlée par les Britanniques. Comme l'opium est illégal en Chine, les marchands anglais l'introduisent en contrebande. Lorsqu'en 1839 le gouvernement chinois décide de détruire des milliers de caisses d'opium, le Parlement britannique déclare la guerre à la Chine. Une seconde guerre de l'opium se déroulera dans les années 1850 impliquant à nouveau la Grande-Bretagne ainsi que la France, les États-Unis et la Russie.

11.10

La reine d'Angleterre, l'empereur d'Allemagne, le tsar russe, la République française et le Japon se partagent le « gâteau chinois ». Dessin d'Henri Meyer, 1898.

La Chine perd les deux conflits. Résultat ? Elle doit maintenant commercer avec les puissances occidentales et laisser entrer leurs missionnaires. Chaque pays vainqueur prend le contrôle du commerce dans une portion du pays. Il y fixe les prix, impose des taxes sur les importations et les exportations. À l'intérieur de ces zones d'influence, les étrangers ne sont pas soumis aux lois chinoises. En plus, l'empire chinois doit payer de lourdes **indemnités** aux vainqueurs. Même si la Chine ne devient pas une colonie de façon officielle, les Occidentaux prendront le contrôle de son économie et de ses relations internationales pendant de nombreuses années.

Prestige et puissance de la nation

En plus de stimuler l'économie, les colonies apportent gloire et prestige aux métropoles européennes. La Grande-Bretagne et la France désirent maintenir et étendre leur influence dans le monde. Quant aux nouvelles puissances comme l'Allemagne, l'Italie et la Belgique, elles souhaitent se constituer un empire à la hauteur de leurs ambitions. En 1860, Léopold II (1835-1909), roi des Belges, résume bien la pensée des dirigeants européens qui se partagent les derniers territoires de l'Afrique et de l'Asie : « Je crois qu'il ne faut plus perdre de temps sous peine de voir les meilleures positions, rares déjà, occupées par des nations plus entreprenantes que la nôtre. »

L'orgueil de la nation

Au 19ᵉ siècle, un fort sentiment nationaliste existe partout en Europe. Qu'il s'agisse des habitants des « vieux » États comme la France et la Grande-Bretagne, ou encore de ceux des pays récemment unifiés comme l'Italie et l'Allemagne, tous voient leur nation comme la plus grande d'entre toutes. Qu'est-ce qui alimente cette fierté ? Un passé glorieux, les arts, l'avancement scientifique et technologique, la vigueur de l'économie, mais surtout les conquêtes militaires. Ce n'est pas surprenant qu'à la fin du 19ᵉ siècle on assiste à une véritable course à la colonie... En effet, l'expansion d'une

② TON SUJET D'ENQUÊTE

Situe les puissances coloniales du 19ᵉ siècle et décris comment elles perçoivent les peuples qu'elles colonisent.

▸ Énumère des puissances européennes du 19ᵉ siècle qui se lancent dans la colonisation de l'Asie et de l'Afrique, et donne des raisons qui les motivent.

▸ Explique la conséquence de cette poussée impérialiste européenne sur le Japon des shoguns.

▸ Décris comment les Blancs perçoivent leur rôle face aux peuples qu'ils colonisent.

▸ Explique en quoi consiste le « darwinisme social ».

▸ Décris les deux attitudes des Occidentaux face aux peuples qu'ils colonisent.

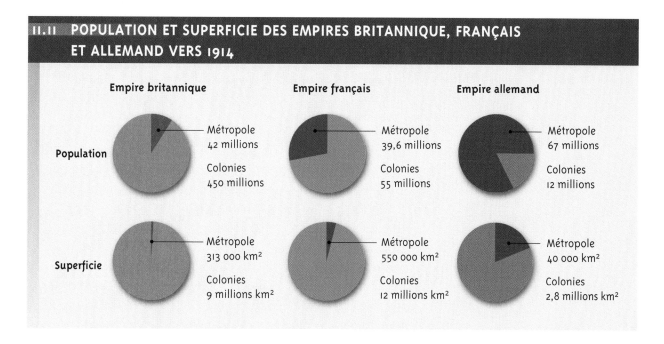

11.11 POPULATION ET SUPERFICIE DES EMPIRES BRITANNIQUE, FRANÇAIS ET ALLEMAND VERS 1914

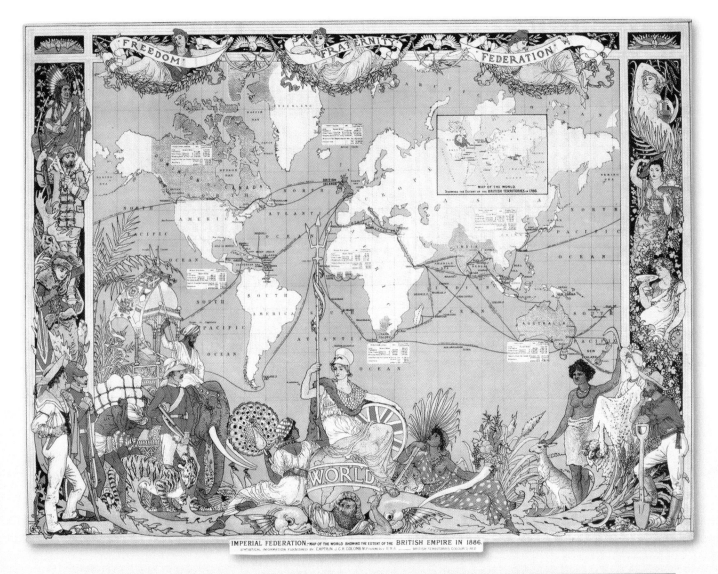

11.12

Sur cette carte montrant la grandeur de l'Empire britannique en 1886, tu peux voir les colonies, leurs ressources et leurs habitants ainsi que les routes maritimes qui les relient à la métropole.

nation sur le territoire de l'Europe même est limitée. L'expansion d'un empire colonial en Afrique et en Asie confirme la supériorité politique d'une nation et flatte l'opinion publique.

Par exemple, l'Inde est une colonie britannique depuis 1858 et constitue le « joyau de la couronne ». Ses paysans produisent le jute et le coton qui alimentent les usines textiles d'Angleterre. En retour, les Indiens achètent les cotonnades fabriquées dans la métropole. Le blé, les oléagineux, les épices et le thé indiens nourrissent la population britannique. L'opium permet le commerce avec la Chine. À la fin du siècle, la domination de ce pays exotique et mystérieux apporte beaucoup de prestige et de puissance à la Grande-Bretagne. On proclame même la reine Victoria impératrice des Indes ! Afin de protéger l'Inde et ses routes commerciales, les Britanniques entreprennent une série de conquêtes et d'accords diplomatiques.

AILLEURS

LA FIN DU SHOGOUNAT

Depuis plus de 250 ans, le Japon des shoguns entretient très peu de contacts avec l'étranger. En 1853, un message du président des États-Unis va mettre fin à cet isolement. À la tête de quatre navires à vapeur, le **commodore** américain Matthew Perry demande l'établissement de relations commerciales et diplomatiques entre le Japon et son gouvernement. L'année suivante, Perry revient intimider les Japonais. À coups de canon, il exige que le shogun ouvre son pays au commerce extérieur. Effrayé par la flotte militaire américaine, le shogun signe un traité qui accorde le droit aux navires américains d'accoster dans deux ports japonais. Les mêmes privilèges sont accordés à la Grande-Bretagne, à la France, à la Russie et aux Pays-Bas.

La réaction des Japonais est immédiate. La noblesse accuse le shogun d'avoir livré le Japon aux étrangers. En 1867, le shogun Yoshinibu met fin au règne des Tokugawa et transmet ses pouvoirs au jeune empereur Mutsuhito (1852-1912), qui devient monarque absolu. Le Japon entre alors dans une époque nouvelle, l'ère Meiji, une expression japonaise qui signifie « gouvernement éclairé ». Forcé sous la menace de s'ouvrir aux pays étrangers, le Japon va vivre une véritable révolution en rejetant son organisation sociale traditionnelle, en modernisant son économie et en adoptant à son tour une politique impérialiste.

commodore Officier de marine britannique ou américain.

11.13
En 1853, le commodore Perry offre un chemin de fer aux Japonais. Gravure japonaise, 19e siècle.

race   Selon le discours scientifique du 19ᵉ siècle, groupe naturel d'êtres humains partageant à la fois des caractéristiques biologiques (couleur de la peau, forme des yeux, etc.) et culturelles (langue, mode de vie, etc.) qui proviennent d'un passé commun.

Le devoir de civiliser

Les Européens sont convaincus de la supériorité de la civilisation occidentale. Ce n'est pas nouveau ! Déjà au 16ᵉ siècle, ils s'appuyaient sur les textes bibliques pour justifier l'esclavage des Noirs. Au 19ᵉ siècle, leur suprématie technique et scientifique constitue pour eux une preuve évidente de cette supériorité. Mais il y a plus : la science européenne confirme l'inégalité des **races** humaines. La race blanche se fait donc un devoir moral d'apporter la civilisation et le progrès aux peuples d'Afrique et d'Asie, donnant ainsi bonne conscience aux colonisateurs qui vont imposer leur langue, leur religion, leurs valeurs, leurs coutumes et leurs lois.

Le racisme scientifique

Tu connais peut-être la théorie de l'évolution de Charles Darwin (1809-1882). Selon ce naturaliste britannique, les organismes qui ont survécu jusqu'à maintenant sont ceux qui ont su s'adapter à leur environnement. Seuls les plus forts, ou les mieux adaptés, se reproduisent et transmettent à la génération suivante les caractéristiques qui leur ont permis de survivre. Les plus faibles disparaissent.

Certains vont appliquer cette théorie de l'évolution aux sociétés et aux races humaines. Ce racisme scientifique s'appelle le darwinisme social. Selon cette théorie, il y a des races supérieures appelées à dominer le monde et des races inférieures, incapables de s'adapter, destinées à disparaître. Les peuples sont classés selon leur niveau de civilisation et leurs caractères physiques. Au sommet de la hiérarchie se trouvent les peuples anglo-saxons, français et germaniques. Les populations amérindiennes et les aborigènes d'Océanie se situent au bas de l'échelle : ils ont prouvé leur infériorité en mourant par millions lors du contact avec les Européens. Dans les revues d'ethnographie, les encyclopédies ou les dictionnaires, les anthropologues, les missionnaires et les médecins multiplient les articles sur le sujet.

opinion

La discrimination basée sur l'origine ethnique constitue-t-elle encore aujourd'hui un obstacle à la réussite professionnelle d'un individu ?

FAITS D'HIER

LE SPECTACLE DES COLONISÉS

À partir de la seconde moitié du 19e siècle, les puissances coloniales comme la Grande-Bretagne et la France tentent de stimuler l'intérêt de l'opinion publique pour l'empire. Articles dans les journaux, publicité, cartes postales : tous les moyens sont bons pour vanter les réalisations de la colonisation dans le monde. L'exposition coloniale constitue sans doute le moyen le plus spectaculaire de montrer les bienfaits de l'impérialisme occidental.

En Europe comme aux États-Unis, les plus importantes expositions présentent des reconstitutions de villages ou de monuments et des pavillons exhibant les richesses des colonies. Les visiteurs peuvent admirer des photographies et des objets exotiques, déchiffrer des cartes géographiques et même voir en personne des indigènes venus d'aussi loin que le cercle polaire ou les forêts équatoriales d'Afrique ! Un véritable zoo humain ! Ce grand « salon » de la colonisation s'accompagne de conférences scientifiques et économiques ainsi que de défilés militaires.

11.15

Affiche de l'exposition coloniale internationale de Paris, en 1931.

UN POÈME LOURD DE SENS

Né en Inde, bien connu pour son *Livre de la jungle*, l'écrivain Rudyard Kipling (1865-1936) est un solide partisan de l'impérialisme britannique. En 1899, il écrit un poème au ton paternaliste qui rappelle à tous les hommes blancs leurs responsabilités envers les races « inférieures ». En voici un extrait :

> Ô Blanc, reprends ton lourd fardeau :
> Envoie au loin ta plus forte race,
> Jette tes fils dans l'exil
> Pour servir les besoins de tes captifs ;
> Pour — lourdement équipé — veiller
> Sur les races sauvages et agitées,
> Sur vos peuples récemment conquis,
> Mi-diables, mi-enfants.
>
> Rudyard Kipling, « Le Fardeau de l'homme blanc », 1899.

« Barbares » ou enfants

Le complexe de supériorité des Occidentaux se manifeste de deux façons. Des politiciens et des colonisateurs européens sont persuadés que les « races inférieures » comme les Noirs d'Afrique sont barbares et primitives : elles méritent donc de disparaître. L'« homme blanc » aurait tous les droits sur les races inférieures. Il devient donc possible de saisir les terres des colonisés et de réduire ceux-ci à l'esclavage. Une attitude qui ressemble drôlement à celle des conquistadores du 16ᵉ siècle [← p. 75] ! Cependant, tous les Européens ne partagent pas cette opinion.

De nombreux Occidentaux perçoivent plutôt les peuples d'Afrique et d'Asie comme des ignorants, des êtres dociles, voire des enfants. En 1895, Joseph Chamberlain, ministre britannique des Colonies, s'exprime ainsi : « C'est notre domination qui, seule, peut assurer la paix, la sécurité et la richesse à tant de malheureux qui jamais auparavant ne connurent ces bienfaits. » Cette attitude protectrice porte le nom de paternalisme. Les Européens croient devoir imposer leurs connaissances, leurs croyances et leurs valeurs pour faire évoluer les races « inférieures », justifiant ainsi la conquête coloniale. Ils espèrent, après des années d'enseignement, élever les peuples d'Afrique et d'Asie au rang de nations européennes, mais ils ignorent combien de temps cela prendra ou si cela se produira un jour.

Passe à l'action

Un personnage marquant

Découvre un homme ou une femme renommé issu du peuple africain que tu as présenté précédemment, et décris les réalisations qui l'ont rendu célèbre.

Des voix contre l'impérialisme et ses abus

La course à la colonie ne soulève pas toujours l'enthousiasme. Certains politiciens français voient dans les interventions militaires coloniales un gaspillage de fonds publics et de vies humaines. De plus, on questionne la théorie raciste et sa hiérarchie des races. En effet, si on s'en tient au darwinisme social, la France aurait perdu la guerre contre les Allemands en 1871 en raison de l'infériorité des Français. Tu comprends que ces derniers refusent cette conclusion. Selon les nationalistes, la France devrait reconquérir les territoires d'Europe qu'elle vient de perdre aux mains de l'Allemagne plutôt que d'acquérir de nouveaux territoires en Afrique.

Sans condamner la colonisation, quelques intellectuels, politiciens et hommes d'Église vont s'élever contre les traitements cruels infligés par les administrateurs coloniaux et les compagnies **concessionnaires**. On accuse les gouvernements européens de ne pas respecter les valeurs et les principes de droit qui définissent les nations occidentales. Comment le travail forcé et la saisie des terres peuvent-ils être justifiés par ceux qui prétendent gouverner au nom de l'égalité, de la liberté et de la démocratie ? En 1890, en visite au Congo, l'historien et pasteur afro-américain Georges W. Williams (1849-1891) écrit une lettre à Léopold II dans laquelle il dénonce les abus de l'administration belge. Williams parle de crimes contre l'humanité et publie sa lettre dans les journaux états-uniens et européens. Cependant, jusqu'aux années 1940, les opposants à l'impérialisme demeurent une minorité. Sans véritables moyens de s'informer, la population occidentale se réjouit de l'image de génie civilisateur de l'empire transmise par leurs gouvernements, les journaux, les revues, les expositions coloniales et missionnaires.

concessionnaire Qui a obtenu une concession de territoire à exploiter ou de travaux à exécuter.

opinion

Un pays peut-il aujourd'hui en dominer un autre comme au 19e siècle ?

11.16
À partir des années 1920, certains intellectuels français, comme le cinéaste Marc Allégret, s'engagent contre le colonialisme. Voici Allégret lors du tournage de son film documentaire *Voyage au Congo* en 1927.

2 L'Afrique mise en pièces

La traite des esclaves a longtemps été le moteur du commerce extérieur africain. Avec son abolition au début du 19ᵉ siècle, l'Afrique doit se tourner vers le commerce de produits de remplacement comme l'or, l'ivoire et les plantes oléagineuses. Échangées dans les comptoirs de la côte, ces marchandises locales assurent la prospérité des régions productrices. En retour, les Africains recherchent le drap, les cotonnades, l'alcool, la pacotille, les armes ainsi que les monnaies européennes.

Attirés par les richesses de l'Afrique, les États européens rivalisent d'ardeur pour explorer et s'approprier de nouveaux territoires. Le partage du continent africain montre bien comment l'impérialisme a bouleversé la vie des populations locales et brisé leur essor économique.

pacotille Assortiment de marchandises, de menus objets (perles de verre, miroirs, clous, etc.) destinés au commerce avec des pays lointains.

3 TON SUJET D'ENQUÊTE

Décris comment s'effectue l'occupation du territoire africain par les Occidentaux.

▶ Énumère quelques règles décidées en 1884 à la conférence coloniale de Berlin.

▶ Décris trois façons qu'utilisent les Européens pour s'approprier le territoire africain.

▶ Donne des exemples de la supériorité militaire des Occidentaux en Afrique.

▶ Décris comment Ménélik II, roi d'Éthiopie, réussit à vaincre les Italiens en 1896.

Le partage d'un continent

À partir des années 1870, l'Afrique devient la scène de conflits, de négociations et de conquêtes. L'exploration du continent africain provoque de nombreuses querelles entre les puissances européennes. Elles se donnent des règles pour limiter les conflits entre elles. En revanche, elles n'hésitent pas à conquérir par la force certaines régions d'Afrique.

Peu à peu, usant d'un mélange de diplomatie, de stratégies politiques et d'interventions armées, les États européens comme la Grande-Bretagne, la France, l'Allemagne, la Belgique et le Portugal se taillent une part du continent africain. Si bien qu'en 1914 seuls deux États d'Afrique conservent encore leur indépendance : le Liberia et l'Éthiopie.

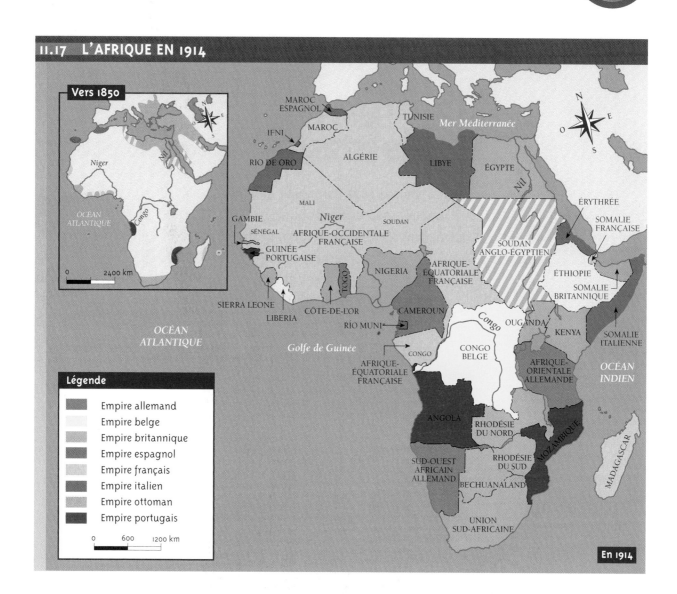

11.17 L'AFRIQUE EN 1914

Vers 1850

Niger

OCÉAN
ATLANTIQUE

Congo

0   2400 km

MAROC
ESPAGNOL

IFNI

MAROC

TUNISIE   *Mer Méditerranée*

RIO DE ORO   ALGÉRIE   LIBYE   ÉGYPTE

ÉRYTHRÉE

MALI   *Niger*   SOUDAN

GAMBIE   AFRIQUE-OCCIDENTALE
FRANÇAISE

SÉNÉGAL

GUINÉE
PORTUGAISE   NIGERIA   AFRIQUE-
ÉQUATORIALE
FRANÇAISE

SOUDAN
ANGLO-ÉGYPTIEN

SOMALIE
FRANÇAISE

ÉTHIOPIE

SOMALIE
BRITANNIQUE

SIERRA LEONE   CÔTE-DE-L'OR   CAMEROUN   *Congo*   OUGANDA

LIBERIA   RÍO MUNI   KENYA   SOMALIE
ITALIENNE

OCÉAN
ATLANTIQUE   *Golfe de Guinée*   CONGO   CONGO
BELGE   AFRIQUE-
ORIENTALE
ALLEMANDE   OCÉAN
INDIEN

AFRIQUE-
ÉQUATORIALE
FRANÇAISE

ANGOLA   RHODÉSIE
DU NORD   MOZAMBIQUE   MADAGASCAR

SUD-OUEST
AFRICAIN
ALLEMAND   RHODÉSIE
DU SUD

BECHUANALAND

UNION
SUD-AFRICAINE

Légende

Empire allemand
Empire belge
Empire britannique
Empire espagnol
Empire français
Empire italien
Empire ottoman
Empire portugais

0   600   1200 km

En 1914

L'art de la diplomatie

La course pour la conquête de l'Afrique cause de vives discussions entre
les gouvernements européens et les entraîne parfois au bord de la guerre.
L'exemple du Congo montre toutefois que les Européens peuvent régler
leurs différends à l'amiable. En 1876, Léopold II, roi des Belges, fonde
l'Association internationale africaine dans le but d'explorer le bassin du
fleuve Congo, en Afrique centrale [voir carte 11.17]. Ce roi très fortuné, qui
veut offrir une colonie à son royaume, confie l'organisation de la conquête
de cette région au célèbre explorateur britannique Henry Morton Stanley.
Cependant, à la même époque, Savorgnan de Brazza (1852-1905) explore
déjà la région pour le compte de la France. Les expéditions se rencontrent
sans toutefois s'affronter : les Français occupent la rive droite du fleuve, les
Belges, la rive gauche. D'autres colonisateurs s'intéressent à la région : les
Portugais estiment qu'ils possèdent des droits sur l'estuaire du Congo
puisqu'ils y sont présents depuis le 15e siècle. Et comme la présence française ne plaît pas aux Britanniques, ces derniers appuient volontiers les
prétentions du Portugal.

11.18
La conférence de Berlin
sur le partage de l'Afrique,
en 1884. Gravure allemande,
1884.

Pour résoudre le casse-tête du partage du bassin du Congo, les États européens choisissent la diplomatie plutôt que l'affrontement armé. À l'invitation du **chancelier** allemand Bismarck, les représentants de treize nations européennes ainsi que des États-Unis se réunissent à Berlin de novembre 1884 à février 1885 « dans un esprit de bonne entente mutuelle ». Toutefois, aucun représentant africain n'a été invité à cette conférence sur le développement du commerce et de la « civilisation » en Afrique ! De plus, à l'exception de Stanley, aucun participant n'a jamais mis le pied en **Afrique noire** !

Le document définitif de la conférence de Berlin propose de nouvelles règles pour le découpage de l'Afrique : liberté de commerce dans le bassin du Congo, liberté de navigation sur les fleuves Congo et Niger, obligation d'aviser les autres puissances lors de la prise de possession d'un territoire, obligation d'assurer une présence suffisante dans les territoires occupés, etc. Les signataires s'engagent aussi sur le plan social à encourager la tolérance religieuse et l'amélioration des « conditions morales et matérielles » des populations indigènes, à protéger les explorations et les missions chrétiennes ainsi qu'à lutter contre l'esclavage et la traite. La conférence ne réglera pas toutes les tensions. La Grande-Bretagne et la France signeront plus de 200 traités **bilatéraux** pour fixer les frontières de leurs possessions.

chancelier   Premier ministre en Allemagne et en Autriche.

Afrique noire   Partie de l'Afrique située au sud du désert du Sahara.

bilatéral   Qui engage les deux États qui ont signé le traité l'un envers l'autre.

Comme tu le constates également en regardant la carte 11.17 de l'Afrique en 1914 [← p. 215], les Belges, les Français, les Portugais et même les Allemands se sont entendus pour obtenir leur part du bassin du Congo.

CITOYEN, CITOYENNE

Le droit à la prospérité pour tous

Les exemples des abus du passé ont permis à de nombreux individus de comprendre qu'un objectif de développement durable et harmonieux entre les peuples est plus avantageux à long terme que le vol des richesses d'un territoire et l'asservissement des autres peuples. Depuis le milieu du 20ᵉ siècle, plusieurs organisations internationales ont été créées afin de promouvoir ces idées de justice sociale dans le respect des différences entre les quelque 200 États actuels de la planète.

L'Organisation des Nations Unies pour l'alimentation et l'agriculture (FAO), créée en 1945 dans le but d'améliorer la production agricole et le niveau de vie du monde rural, en est un bon exemple. Regroupant 188 États membres, c'est aujourd'hui la plus grande institution autonome des Nations Unies. L'Organisation mondiale du commerce (OMC), créée en 1955, regroupe pour sa part 149 États. Cet organisme international règle les échanges commerciaux entre les pays. Il a aussi pour fonction de faciliter les activités des producteurs, des importateurs et des exportateurs et, dans la mesure du possible, de régler les différends par voie de consultations. En 1990, les Nations Unies proposaient un « Pacte mondial » des entreprises visant à promouvoir et à faire respecter des valeurs fondamentales en ce qui concerne, entre autres, les droits de l'homme, l'environne-

ment et la lutte contre la corruption. Aujourd'hui, ce pacte constitue un réseau international regroupant de nombreuses entreprises de chaque continent, des organismes publics, des représentants de gouvernements, d'associations ouvrières et environnementales. Comme tu le vois, nous avons accompli des pas de géant depuis un siècle en ce qui concerne nos relations avec les autres nations. Même si nous sommes loin d'avoir réglé la pauvreté et les injustices dans le monde, les valeurs de bonne entente et d'harmonie ont désormais remplacé celles qui avaient cours durant la période d'expansion coloniale.

Question citoyenne

Illustre et explique plus en détail la composition, le rôle et les réalisations d'un organisme international qui fait la promotion de la justice sociale.

UN ROI AFRICAIN VICTORIEUX

C'est aux Éthiopiens que l'on doit la seule victoire convaincante contre l'impérialisme européen. Comment cela est-il possible ? Le souverain éthiopien Ménélik II (1844-1913) est un fin politicien qui comprend bien le jeu des traités et des alliances des Européens. Il use de diplomatie afin de faire reconnaître son pouvoir et de se procurer des armes modernes. De cette façon, au début des années 1890, Ménélik a lui-même conquis un petit empire et peut compter sur une armée de 100 000 hommes. Lorsque l'Italie tente d'établir un **protectorat** en Éthiopie, Ménélik s'y oppose. La guerre éclate en 1894.

En plus de disposer de troupes bien équipées, Ménélik profite d'une meilleure connaissance du terrain et du mécontentement des populations autochtones face à la colonisation européenne. En 1896, les Éthiopiens infligent une défaite désastreuse aux Italiens. La même année, l'Italie doit reconnaître l'indépendance de l'Éthiopie.

protectorat Forme de colonisation où l'État colonisé conserve ses institutions (gouvernement, nationalité, etc.), mais abandonne le contrôle de sa diplomatie, de son commerce extérieur et de son armée à une puissance européenne « protectrice ».

11.19
L'empereur d'Éthiopie, Ménélik II, photographié en costume d'apparat vers 1912.

Les stratégies politiques

Si les Européens s'entendent entre eux sans tenir compte des Africains, ils cherchent aussi à soumettre les élites indigènes par la négociation. Qu'ils soient missionnaires, explorateurs ou militaires, les premiers Européens arrivés sur place essaient d'établir des relations pacifiques avec les populations locales. Par exemple, lors de leurs expéditions, le Britannique Stanley et le Français Brazza hissent partout leur drapeau national et signent de nombreux traités avec des chefs africains des rives du fleuve Congo. Bien souvent, ces dirigeants ne comprennent pas un mot de l'entente, mais les cadeaux offerts par les Européens et la présence de troupes armées précipitent leur accord. Les puissances coloniales se basent ensuite sur ce genre de traités pour revendiquer le contrôle d'une région.

Autre stratégie pour s'imposer en sol africain : semer la zizanie ! Les colonisateurs misent sur la division de la population d'un territoire pour le conquérir puis s'y maintenir. Ils alimentent et renforcent les disputes entre les différents groupes sociaux, ethniques, linguistiques ou religieux.

Ils favorisent un groupe par rapport à un autre en offrant une meilleure éducation à ceux qui se convertissent au christianisme, une participation à l'administration, un soutien militaire ou financier. Leur but ? Pendant qu'ils se querellent entre eux, les indigènes ne s'unissent pas pour combattre la domination étrangère. Ainsi, en Algérie, les Français s'appuient sur la population berbère, des indigènes de l'Afrique du Nord, au détriment des Arabes, présents dans la région depuis le Moyen Âge. Autre exemple : dans les années 1910, dans la région du Rwanda [← carte, p. VIII-IX], les Belges soutiennent l'aristocratie des éleveurs tutsis aux dépens des agriculteurs hutus.

FAITS D'HIER   LA MITRAILLEUSE, UNE TECHNOLOGIE REDOUTABLE

Dès le 18e siècle, on a tenté de fabriquer une arme au tir rapide et ininterrompu. En 1862, un inventeur états-unien du nom de Richard J. Gatling met au point la mitrailleuse. L'armée américaine, suivie par celles d'Europe, adopte la nouvelle arme qui ne cessera d'être perfectionnée au fil des années.

Le nouveau fusil mitrailleur fait rapidement ses preuves. En 1896, ébranlés par la défaite humiliante des Italiens en Éthiopie, les Britanniques sont décidés à conquérir le Soudan au sud de l'Égypte. Le général Kitchener planifie soigneusement son attaque et met à profit la plus récente technologie. Il construit un chemin de fer au fur et à mesure qu'il pénètre au Soudan. Ses hommes disposent de fusils précis à longue portée, de mitrailleuses et de **canonnières**. En 1898, la bataille décisive est un véritable massacre : armés de lances et de sabres, 11 000 Africains périssent, plus de 15 000 sont blessés, contre seulement une vingtaine de Britanniques.

canonnière Petite embarcation armée d'un ou de plusieurs canons.

11.20

L'inventeur et industriel britannique sir Hiram Maxim a perfectionné la mitrailleuse Gatling. On le voit ici faire une démonstration de sa nouvelle arme à la fin du 19e siècle.

11.21
Un combat inégal. Les troupes coloniales du capitaine français Marchand affrontent des guerriers indigènes en Afrique occidentale. Gravure du *Petit Journal* du 26 août 1893, Paris.

La méthode forte

Lorsque les stratégies politiques échouent, les troupes européennes se chargent de « pacifier » le territoire. Tout comme les Espagnols en Amérique, les Européens bénéficient d'une supériorité militaire et technologique qui leur permet de remporter des victoires relativement faciles contre les forces africaines.

Les soldats européens disposent d'armes à feu modernes comme la baïonnette, le canon et la mitrailleuse alors que les Africains utilisent leurs armes traditionnelles (lances, boucliers, etc.) ainsi que de vieux modèles d'armes à feu peu efficaces. De plus, les militaires des troupes européennes sont des professionnels entraînés à coordonner leurs attaques et à obéir aux ordres de leurs supérieurs, tandis que leurs adversaires africains sont le plus souvent des guerriers peu expérimentés qui manquent d'unité face à ce type de combattants.

AUJOURD'HUI
Quelles armes sont actuellement interdites d'utilisation par l'Organisation des Nations Unies ?

Les nouvelles technologies de communication et de transport favorisent également les Européens. En effet, grâce au chemin de fer, au bateau à vapeur et au télégraphe, il est beaucoup plus facile pour eux de déplacer rapidement leurs troupes là où le besoin se fait sentir. De plus, le train permet d'approvisionner l'armée coloniale en troupe, en chevaux, en armes, en munitions et en nourriture.

Après leurs victoires, les conquérants voient à éliminer toute volonté d'opposition. En règle générale, les Européens essaient de conserver de bons rapports avec les chefs locaux qui collaborent. À l'occasion, les dirigeants vaincus sont humiliés en public, puis tués ou encore exilés. Il arrive aussi que les colonisateurs confisquent les terres ou **profanent** les lieux de culte et les objets sacrés des peuples qui n'ont pas coopéré. Ces représailles permettent de soumettre la population par la peur.

profaner Traiter sans respect, avec mépris une chose sacrée, un objet, un lieu de culte en en dégradant le caractère sacré.

11.22
En 1896, après leur défaite, le roi et la reine des Ashantis, un peuple d'Afrique de l'Ouest, doivent embrasser les bottes des représentants britanniques.

4 TON SUJET D'ENQUÊTE

Caractérise l'impérialisme européen au 19e siècle.

▶ Décris les formes d'occupation du territoire en Afrique au 19e siècle.

▶ Caractérise la hiérarchie sociale dans les colonies africaines.

▶ Montre comment les États-Unis étendent leur influence impérialiste dans le monde.

▶ Explique pourquoi les missionnaires sont acceptés par les Africains.

▶ Explique le rôle de l'école coloniale.

L'occupation du territoire

Une fois le territoire « pacifié » et la population soumise, l'occupation européenne peut prendre différentes formes : simple protectorat, colonie de peuplement, colonie d'exploitation ou mission. Tout dépend des ressources que la région et la population ont à offrir. Plusieurs types de colonisation peuvent se retrouver sur un même territoire : une mission chrétienne peut s'établir sur le territoire d'un protectorat ou encore des gens d'affaires européens, venus pour exploiter une mine, peuvent s'installer en Afrique de façon permanente.

La colonie de peuplement

Comme tu l'as vu dans le chapitre précédent, au 19e siècle, des millions d'Européens émigrent vers les anciennes colonies d'Amérique (Canada, États-Unis, Argentine, etc.) et l'Australie. L'émigration européenne vers l'Afrique est beaucoup moins importante, car il y a peu de colonies de peuplement. La France en compte en Algérie et la Grande-Bretagne, en Union Sud-Africaine. Il existe d'autres peuplements européens, notamment au Kenya et en Rhodésie, mais ils sont beaucoup plus limités [← carte 11.17, p. 215].

11.23

Scène de la vie coloniale : le retour de la chasse.

On estime que des dizaines de milliers de colons blancs viennent refaire leur vie en Afrique. Qu'ils soient militaires, administrateurs, missionnaires, agriculteurs ou commerçants, ils obtiennent les terres les plus fertiles de la colonie à un faible prix ou encore sans frais. S'installant sous la protection de l'armée, ils se constituent de véritables domaines agricoles, emploient des domestiques et recréent une société à l'européenne en sol africain. Quant aux anciens propriétaires africains, ils sont forcés de louer leurs champs ou de travailler pour les colons en échange de faibles salaires.

La communauté blanche minoritaire accapare les postes dans l'administration coloniale, bien qu'un certain nombre de fonctionnaires et de militaires soient recrutés parmi les élites africaines. La hiérarchie sociale de la colonie africaine rappelle celle des colonies espagnoles d'Amérique du Sud : plus la peau d'un individu est claire, plus son statut social est élevé.

11.24
Militaires africains, surnommés « tirailleurs sénégalais », recrutés dans les troupes coloniales françaises. Gravure du *Petit Journal*, juillet 1899, Paris.

11.25
Scène de la vie coloniale : l'heure du thé.

11.26
Chargement de caisses de
bananes dans une plantation
d'Afrique occidentale
française, vers 1920.

La colonie d'exploitation

La colonie d'exploitation voit le jour là où les richesses du sol ou du sous-
sol sont abondantes et utiles à la métropole. Pour satisfaire les besoins des
métropoles européennes, les colonisateurs imposent aussi des cultures
comme le coton, le riz, la banane et l'éléis. Pour la même raison, ils introduisent dans les colonies de nouvelles cultures comme le cacao et le caoutchouc. Les paysans africains perdent ainsi le contrôle de leurs productions
et négligent les cultures qui leur permettent d'assurer leur subsistance. Les
Européens mettent aussi en valeur les ressources minières du continent : or,
diamants, fer, cuivre et étain, sans oublier le charbon pour approvisionner
le réseau ferroviaire et la navigation à vapeur.

Dans ces colonies, les Européens mettent en place une administration
soutenue par l'armée. Fonctionnaires coloniaux et gens d'affaires ne forment
parfois qu'une très faible minorité, et ces quelques centaines d'individus
gèrent la vie politique et économique de millions d'habitants. Ceux qui
occupent des fonctions dans la haute administration, comme les vice-rois
britanniques, les gouverneurs français ou encore les généraux à la tête des
troupes coloniales, s'établissent rarement de façon permanente dans la
colonie. Ces aristocrates s'installent plutôt avec leur famille dans des résidences **de fonction**, isolées de la population locale, et reproduisent leur
train de vie luxueux.

de fonction Mis à la
disposition d'une personne
dans le cadre de son emploi.

Les protectorats

Lorsqu'un territoire est conquis uniquement pour éviter qu'une autre puissance en prenne le contrôle, il est plus économique d'y établir un protectorat. Plutôt que de peupler le territoire et d'en exploiter les habitants et les ressources, la nation colonisatrice se contente d'offrir une protection militaire et de placer quelques conseillers auprès des dirigeants locaux. Les puissances européennes consentent parfois de généreux prêts au gouvernement « protégé ». Ainsi, en 1881, la France impose un protectorat à la Tunisie sous le nez de l'Italie qui occupe la Libye voisine. Autre exemple : en 1901, les Britanniques s'approprient le Nigeria pour freiner l'avancée des Français [← carte 11.7, p. 215].

Les missions

Le désir des Occidentaux de convertir les peuples « païens » remonte à la naissance du christianisme. À l'ère industrielle, ce désir n'a guère changé, mais il s'accompagne d'une volonté d'apporter la « civilisation » et le progrès. En établissant une mission dans une région, protestants et catholiques représentent souvent le premier contact occidental avec les populations de l'intérieur de l'Afrique. Ils profitent de la protection de l'autorité coloniale et participent activement à la colonisation. En général, les Africains tolèrent le missionnaire européen ou nord-américain qui s'installe avec sa famille dans leur village. Plusieurs chefs apprécient la présence d'une école ou d'un **dispensaire**. Ils y voient une occasion de connaître le monde extérieur et d'obtenir de meilleurs soins médicaux.

dispensaire Établissement où l'on donne gratuitement des soins médicaux et où l'on assure la prévention et le dépistage de certaines maladies.

11.27
Missionnaires français au Congo, au début du 20e siècle.

48. - Congo Français. - BRAZZAVILLE
Départ des deux frères pour une excursion apostolique à Linzolo

Col. Leray - Cliché Augouard

Près de la moitié des écoles d'Afrique dépendent des missionnaires. Leur rôle consiste à transmettre la religion, mais aussi à occidentaliser les élites indigènes et à leur démontrer la supériorité occidentale. Certains missionnaires mettent également sur pied des écoles techniques pour l'apprentissage d'un métier « civilisé » comme la menuiserie ou le commerce.

Pour la métropole, l'école coloniale permet de former à peu de frais des fonctionnaires, des infirmières, des ouvriers qualifiés, des agents de commerce et des enseignants. Cette nouvelle élite éduquée sera un lien important entre les colonisateurs et les autochtones. On emploie ces Africains pour traduire les lois européennes dans le dialecte local, percevoir les impôts, administrer la colonie ou maintenir l'ordre. L'éducation des filles permet aussi de transformer la société africaine en profondeur. En effet, comme épouses et mères, les femmes exercent une influence considérable sur leur communauté. Devenues de bonnes chrétiennes, les petites Africaines transmettront leurs nouvelles valeurs à leur entourage.

Passe à l'action

Des mets exotiques

La cuisine traditionnelle africaine est variée et typique de chaque région. Décris en détail les ingrédients d'une recette du pays ou de la région d'Afrique que tu as choisi.

11.28
Cet extrait d'un manuel scolaire français des années 1930 vante les mérites du général Galliéni (en uniforme blanc, à gauche), ancien gouverneur de Madagascar, en Afrique. En fonction de 1896 à 1905, Galliéni considérait l'école et l'enseignement de la langue française comme un instrument de conquête.

AILLEURS

UN EMPIRE SANS FRONTIÈRES

De l'autre côté de l'océan Atlantique, une autre puissance occidentale bâtit son empire. Au 19ᵉ siècle, les États-Unis connaissent une croissance industrielle phénoménale. Comme les Européens, ils ont un besoin pressant de matières premières et de débouchés. Cependant, l'expansion impérialiste soulève un problème moral pour cette ancienne colonie britannique. Lors de leur guerre d'Indépendance, les insurgés ne réclamaient-ils pas le droit de se gouverner eux-mêmes ? Dès 1823, le président James Monroe s'empresse d'annoncer la fin de la domination européenne en Amérique et propose d'apporter la liberté et d'appuyer l'indépendance des autres peuples colonisés d'Amérique.

Malgré ce discours de libération, les États-Uniens visent tout de même la domination économique. Les gens d'affaires américains investissent partout où les matières premières abondent et la main-d'œuvre est bon marché, comme au Canada et au Mexique. Le gouvernement et sa puissante armée n'hésitent pas à soutenir

11.29

Débarquement états-unien à Guantánamo, sur l'île de Cuba. Gravure du *Petit Journal*, juillet 1898, Paris.

des intérêts privés à l'extérieur du pays. Rappelle-toi l'intervention de Perry au Japon [← p. 209]. De même, en 1893, la marine états-unienne appuie un coup d'État organisé par des planteurs américains à Hawaï. Les États-Unis utilisent bien d'autres moyens pour s'établir dans un pays. Ils déclarent la guerre à l'Espagne pour libérer Cuba et s'y installer. Ils achètent l'Alaska aux Russes et les Philippines aux Espagnols. Au début du 20ᵉ siècle, les Américains aident les gouvernements d'Amérique latine et même de Chine afin d'étendre leur influence économique. Ils offrent de généreux cadeaux aux politiciens et ouvrent leurs portes aux étudiants étrangers. C'est la « diplomatie du dollar » ! Sans provoquer de conflit avec les autres puissances impérialistes, l'Empire américain s'étend alors dans toute l'Amérique et dans le Pacifique.

3 Impacts de la domination occidentale

Pendant longtemps, l'histoire de la colonisation a été écrite par les Européens. Seul le point de vue victorieux et civilisateur des colonisateurs était pris en compte. Aujourd'hui, les historiens étudient le « nouvel impérialisme » à travers le regard de ceux qui ont été conquis. Les impacts de la domination occidentale sur le monde colonisé s'avèrent considérables. Le choc de l'extérieur a été particulièrement brutal pour l'Afrique : bouleversements humains, politiques ou économiques, certaines de ces conséquences se font encore sentir de nos jours.

Une grande instabilité politique

almami De l'arabe *al-imam*, « guide » ; imam, chef politique et religieux musulman africain.

En Afrique, la conquête et l'exploitation coloniale se heurtent sans cesse à des résistances, créant une grande instabilité dans les pays touchés. Les populations fuient, rejettent le mode de vie occidental, refusent de travailler ou encore se révoltent. Ainsi, l'empire musulman de l'**almami** Samori Touré (1830-1900), situé au Mali actuel, réussit à résister aux Français de 1882 à 1898. Riche commerçant, Touré a conquis son propre petit empire par la guerre et la diplomatie. Comme l'Éthiopien Ménélik II, il se dote d'une armée moderne, mais ne parvient pas à soulever la Grande-Bretagne contre la France. Son empire, secoué par une guerre civile, ne résistera pas aux assauts des troupes françaises. La plupart des révoltes, que ce soit en Angola portugais ou au Congo français, se terminent par le massacre des colonisés. Dans les années 1900, un soulèvement dans le Sud-Ouest africain allemand mène à l'extermination de plus de 60 000 personnes [← carte 11.7, p. 215] !

5 TON SUJET D'ENQUÊTE

Décris l'impact de la colonisation occidentale en Afrique et en Asie au 19ᵉ siècle.

▶ Explique une conséquence sociale de la division du territoire africain par les Occidentaux.

▶ Décris le sort réservé aux travailleurs africains de certaines colonies.

▶ Décris en quoi la colonisation européenne appauvrit l'agriculture, l'artisanat, l'industrie et la culture traditionnelle des Africains.

▶ Raconte comment le Japon devient une nation impérialiste.

11.30
Dans le Sud-Ouest africain, les Hereros se révoltent contre le travail forcé imposé par les colons allemands. En 1903, cette illustration du *Petit Journal*, un quotidien français, présente plutôt les Allemands comme les victimes des Hereros.

Par ailleurs, le partage de l'Afrique par les Européens selon des frontières **arbitraires** entraîne l'éclatement des États et des communautés politiques indigènes. En effet, les limites des colonies africaines sont tracées en Europe à partir de cartes imprécises, selon les caprices des colonisateurs. Ces frontières absurdes divisent des groupes politiques, ethniques, linguistiques ou religieux. Ces regroupements et ces divisions créent des **minorités** à l'intérieur des nouvelles frontières, une situation qui sera à l'origine de nombreuses guerres civiles dans l'avenir.

Des rapports inégalitaires

La colonisation européenne bouleverse la vie des sociétés indigènes. Malgré certains apports positifs, l'attitude de supériorité des Occidentaux produit des effets dévastateurs sur l'identité de ces peuples. Tant en Afrique qu'en Asie, les populations colonisées se voient forcées d'adopter la civilisation occidentale et de participer à son économie.

arbitraire   Sans fondement, artificiel ; qui ne tient pas compte de la réalité.

minorité   Groupe peu nombreux dont les idées, les intérêts se distinguent dans un pays.

11.31
Construction d'une route en Afrique orientale allemande, en 1904.

AUJOURD'HUI
Explique le rôle d'un organisme canadien dont la fonction est de protéger les droits des travailleurs.

Le travail forcé

Dans certaines colonies, des compagnies ou de riches planteurs assurent la mise en valeur du territoire. Les Européens réquisitionnent aussi les hommes pour porter leur matériel et aménager l'infrastructure de la colonie : routes, chemin de fer, canaux d'irrigation, etc. Soucieux de maximiser leurs profits, ils commettent parfois des abus choquants envers les populations et les travailleurs. On voit apparaître une variante de l'esclavage : le travail forcé. Seule différence : le travailleur n'appartient pas au planteur ni à la compagnie qui exploite la mine. En échange de son travail, il reçoit une maigre compensation, souvent sous forme de nourriture ou de tissu.

Les deux Congo, belge et français, se forgent une triste réputation dans ce domaine. Cette région d'Afrique étant peu peuplée, des villages entiers se trouvent vidés de leurs hommes par les entreprises. Ceux qui résistent sont durement punis. Dans les plantations belges d'arbres à caoutchouc, on tente d'augmenter la productivité par la terreur. Les méthodes brutales sont aussi utilisées dans les mines de Rhodésie [← carte 11.7, p. 215] et de l'Union sud-africaine. Influencés par les manœuvres d'intimidation ou les cadeaux des Britanniques, les chefs de village désignent les hommes qui doivent partir travailler à la mine. Comme dans les plantations, le taux de mortalité y est très élevé, la nourriture est pauvre, les heures de travail sont longues et on y compte de nombreux accidents.

L'appauvrissement

La colonisation occidentale provoque l'appauvrissement économique du continent africain. Comment le développement peut-il appauvrir ? Il faut dire que jusqu'aux années 1910, les Occidentaux pratiquent plutôt le pillage des ressources que le développement. Les paysans perdent leurs terres. Les pâturages dont ils disposent pour leur bétail diminuent au profit des plantations. Les communautés africaines passent d'une agriculture **autosuffisante** à la monoculture imposée par les Européens, que ce soit le café, le cacao, la banane ou l'arbre à caoutchouc. L'arrivée de produits manufacturés européens (outils, tissus, etc.) entraîne aussi la disparition de l'artisanat traditionnel.

autosuffisant   Qui permet de subvenir à ses propres besoins.

CITOYEN, CITOYENNE

Des organismes internationaux pour l'entraide

Certaines populations du monde connaissent encore aujourd'hui la famine et la misère sociale. Divers facteurs expliquent ces drames, par exemple les catastrophes naturelles, les changements climatiques à long terme, les épidémies et les conflits armés. Pour ces cas d'extrême urgence, il existe des organismes dont le rôle est de permettre aux populations vulnérables de vivre ces épreuves dans la dignité et de s'en sortir avec le moins de séquelles possible.

L'Organisation des Nations Unies supervise plusieurs de ces organismes. L'un d'entre eux, l'Unicef, est actuellement actif dans près de 160 pays. Depuis sa création en 1946, l'Unicef travaille à la protection des droits de l'enfant, dans les secteurs de la santé, de la nutrition et de l'éducation. Des organismes privés et gouvernementaux sont aussi sur le terrain pour aider les populations dans le besoin. Oxfam International est un bel exemple d'organisation privée. Constitué de plus de 3000 partenaires répartis dans plus de 100 pays, cet organisme élabore des programmes d'aide à long terme contre la pauvreté et intervient rapidement en cas d'urgences ou de catastrophes. Au Canada, l'Agence canadienne de développement international (ACDI) est un organisme fédéral qui planifie et met en œuvre le programme canadien de coopération et de développement international. L'ACDI travaille depuis des années afin de réduire la pauvreté et de favoriser le développement des pays les plus démunis de la planète. Ces quelques exemples montrent qu'on se mobilise pour aider les populations en détresse.

Question citoyenne

Établis avec tes camarades une liste d'organismes humanitaires et explique en quoi chacun contribue à aider les populations en difficulté.

Action citoyenne

Constitue avec tes camarades des équipes de bénévoles et organisez des événements ou des activités pour amasser des fonds et venir en aide à l'organisme humanitaire de votre choix.

11.32
Affiche publicitaire pour le chocolat suisse
Suchard, 1890.

De plus, la métropole et les
banques qui investissent dans
l'exploitation des grandes plantations, des mines et des autres
ressources contrôlent l'économie
des pays colonisés. Favorisant un
monopole, la métropole limite la
transformation des produits dans
ses colonies. Les régions domi-
nées par les puissances occidentales se trouvent donc endettées
et dépendantes du commerce
international. Limitées à la
production de matières premières, elles sont aussi privées
d'une industrie qui leur per-
mettrait de concurrencer les
Occidentaux.

Le coût de l'impérialisme
européen est lourd à payer
pour les pays colonisés. Les
autochtones ne contrôlent ni
les productions, ni les prix, et
ils doivent débourser pour leur propre colonisation ! En
effet, les métropoles veulent bien « civiliser » l'Asie et
l'Afrique, mais celles-ci doivent en payer les frais.
C'est avec l'impôt des Asiatiques et des Africains
que sont financés les chemins de fer, les écoles,
les dispensaires, l'administration et les troupes
coloniales. Or, les taxes doivent être versées
le plus souvent en argent : dans ces sociétés
qui pratiquent traditionnellement le troc,
les habitants doivent donc travailler pour
les Européens afin de gagner un faible salaire
ou leur vendre des produits qui les intéressent
pour obtenir un paiement en espèces. Une
part importante de ces maigres revenus est
donc retournée à l'administration coloniale
sous forme d'impôt.

Passe à l'action

Des œuvres étonnantes

Décris un masque, une statue
ou une statuette issu des traditions
culturelles du peuple africain que tu as
choisi. Explique son origine, sa composition, la technique de fabrication,
la symbolique des formes et des couleurs,
son utilité courante ou sa fonction
rituelle et sacrée.

La disparition de la culture

Parmi les aspects positifs de la colonisation européenne en Afrique, on mentionne souvent la mise en place d'infrastructures, la mise en valeur des ressources, l'introduction de la médecine moderne et l'éducation des élites. Comme tu as pu le constater, certains de ces changements s'effectuent au coût de vies humaines. Les colonisateurs tentent aussi d'assimiler les cultures africaines à la leur en imposant leur langue, leur religion, leur calendrier, de dévaloriser la médecine traditionnelle et de faire adopter leurs vêtements, plus « civilisés ». La transformation des valeurs, du mode de vie et des savoirs traditionnels par la culture occidentale mènera à l'acculturation des populations africaines.

Par exemple, en se convertissant à la foi chrétienne, les Africains doivent renoncer à l'islam ou à leur religion traditionnelle. Or, ces traditions religieuses règlent tous les aspects de la vie sociale. Ainsi, les Africains convertis ne peuvent plus pratiquer la polygamie et doivent se limiter à une seule épouse. Conséquence : l'homme ne bénéficie plus de la richesse que lui apportaient ses épouses.

Autre exemple : l'aménagement des villages dans certaines régions d'Afrique noire. Les huttes rondes sont regroupées de façon irrégulière en fonction des différentes alliances familiales, et plusieurs générations habitent parfois la même hutte. Or, avec les meilleures intentions, les missionnaires réaménagent les villages, en rangées bien droites de maisons rectangulaires. Chaque maison doit abriter une seule famille formée d'un homme, de son épouse et de leurs enfants. L'organisation sociale de la famille et du village se trouve complètement modifiée.

opinion

La publicité et l'abondance de produits étrangers disponibles sur le marché peuvent-elles affecter l'identité culturelle des jeunes Québécois ?

11.33

Rue d'une mission canadienne en Angola montrant les maisons des Africains convertis au christianisme, vers 1900.

Par ailleurs, dans les écoles, les missionnaires et les gouvernements coloniaux décident des matières à enseigner. Les petits Africains n'apprennent pas l'histoire et la géographie de leur pays, mais celles de leur métropole et de la colonisation. Même chose pour la langue. En 1909, un examen d'une école missionnaire de la colonie allemande du Togo [← carte 11.7, p. 215] demandait aux élèves de nommer les principaux fleuves d'Allemagne et de préciser dans quelle direction ils coulaient !

Malgré leurs efforts pour s'intégrer à la civilisation occidentale, les Africains continuent d'être traités en inférieurs. Victimes de discrimination, les élites africaines acculturées vivent à cheval entre leur culture ancestrale et la culture européenne. Le même phénomène se produit en Asie. En raison de la couleur de leur peau et de leur origine, les Asiatiques ne sont pas perçus comme les égaux des Européens. Par exemple, dans ses colonies, la France leur impose même un système judiciaire distinct : le Code de l'indigénat, qui limite leur liberté et leurs droits.

Passe à l'action

Une influence identitaire

Découvre un artiste africain contemporain du pays ou de la région que tu as choisi et décris en quoi son œuvre s'inspire ou non de sa culture traditionnelle.

Cependant, lors de voyages en Europe ou aux États-Unis à titre d'étudiants ou de soldats, ces indigènes expérimenteront la liberté et constateront les avantages de la démocratie, mais ils réaliseront aussi les inégalités et les injustices sociales qui frappent les sociétés occidentales. Ce sont ces individus conscients de ces valeurs qui, au 20e siècle, mèneront leur pays vers l'indépendance, comme tu le verras dans le dossier suivant.

AILLEURS

LE JAPON SE MODERNISE DE SON PLEIN GRÉ

La « civilisation » de l'Afrique se déroule souvent sous la contrainte. Le Japon de l'ère Meiji, quant à lui, choisit de se moderniser de son plein gré. Son modèle ? L'Occident, afin de ne plus en dépendre. Le nouvel empereur Mutsuhito et ses ministres invitent des experts européens et américains dans tous les domaines. Les jeunes Japonais partent étudier dans les universités étrangères pour apprendre la culture, les sciences et les technologies d'Occident.

Les Japonais s'inspirent de l'exemple britannique pour tout ce qui touche au chemin de fer et à la navigation, et de celui des États-Unis pour l'éducation et l'agriculture. Le Japon met sur pied une armée à l'image de celle de l'Allemagne. Du côté des réformes sociales et politiques, Mutsuhito remet aussi en question l'ancienne société japonaise. Il abolit la hiérarchie sociale traditionnelle. Il accorde à son peuple une constitution qui reconnaît la liberté d'expression ainsi qu'une monarchie parlementaire. Enfin, il rejette le bouddhisme venu de Chine et fait du shintoïsme [← p. 30] la religion d'État.

En revanche, le gouvernement du Japon entretient le nationalisme en accordant aux valeurs et aux coutumes typiquement japonaises une place importante dans l'éducation : il fait l'éloge de la famille et de la courtoisie, il encourage les arts comme le théâtre nô ou la cérémonie du thé, etc. De la même façon, la religion shintoïste est considérée comme purement japonaise à la différence du bouddhisme venu de Chine. Le culte d'État, le shintoïsme, fait de Mutsuhito le fils de la divinité solaire, monarque de droit divin.

Uni derrière l'empereur et fort d'une économie dynamique, le Japon oriente sa politique extérieure vers la conquête de l'Extrême-Orient. Pourquoi ce désir d'expansion ? Pour des motifs semblables à ceux des Occidentaux : croissance de la population, industrialisation et prestige national. Nouvelle puissance maritime, le Japon impose sa domination à la Corée et à Taiwan. Il défait les armées chinoises puis russes. La mer

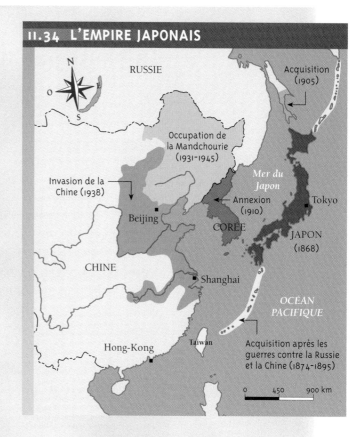

11.34 L'EMPIRE JAPONAIS

du Japon et la mer de Chine orientale deviennent alors le centre des affrontements. Dans les années 1930, les forces japonaises n'hésitent pas à envahir une grande partie du nord-est de la Chine. Savais-tu que c'est à l'époque de cette guerre entre les Chinois et les Japonais que se déroule l'action de la bande dessinée *Tintin et le Lotus bleu* de l'auteur belge Hergé (1907-1983) ? En moins de 50 ans, le Japon « médiéval » peut se vanter d'être devenu une nation moderne, industrialisée et impérialiste.

11.35
Une rue de Tokyo, vers 1910.

FAIRE L'HISTOIRE

La photographie, témoin de l'histoire

La photographie constitue un témoignage du passé, une source d'information inestimable. Apparue dans les années 1820, ce procédé mécanique permet d'enregistrer la réalité avec une grande fidélité. En regardant une photo, on se dit : « C'est comme si j'y étais ! » Mais la photographie représente-t-elle toujours la vérité ?

À partir du milieu du 19e siècle, scientifiques, artistes et amateurs sont persuadés que la photographie donne accès à une connaissance du monde objective et inspirée par la raison. Le nouveau procédé devient l'outil documentaire idéal. La photographie apparaît dans les livres, les journaux, sur les cartes postales. Elle documente l'essor industriel : les entreprises photographient leurs usines ou leurs chantiers de construction dans le but, bien souvent, de faire de la publicité. Les médecins utilisent la photographie pour enseigner. On tente aussi d'immortaliser des images prises au microscope et au télescope. Les journalistes peuvent dorénavant appuyer leurs articles sur des clichés parfois spectaculaires : cadavres sur un champ de bataille, catastrophe naturelle, taudis d'une grande ville, etc. Explorateurs et ethnologues se servent aussi de la photo pour inventorier les peuples du monde, leur culture et leur environnement. La photographie permet de diffuser les portraits des dirigeants et des grands événements politiques. Les politiciens comprennent rapidement le pouvoir de persuasion de l'image sur l'opinion publique.

Dès ses débuts, la photographie émerveille le public. Grâce au perfectionnement du procédé et des appareils, elle connaît un immense succès populaire. Plus nécessaire de faire peindre son portrait par un maître célèbre ! La bourgeoisie des villes d'Europe et d'Amérique s'empresse de faire prendre sa photo dans les ateliers renommés. Le métier de photographe se répand à l'extérieur des grandes agglomérations. Même les moins fortunés peuvent obtenir leur portrait auprès du photographe ambulant ou du petit studio de village. Peu à peu, la photographie entre aussi dans la vie privée des gens. En 1888, l'Américain George Eastman met en vente le premier appareil photo portatif. Ce petit appareil facile à utiliser va populariser la photographie amateur.

Ces exemples montrent bien l'importance de la photographie en tant que

11.36
Le photographe britannique Roger Fenton est l'un des premiers à couvrir un conflit armé. On le voit ici avec son atelier mobile lors de la guerre de Crimée (Ukraine actuelle) en 1855.

11.37
Dans certains régimes politiques, on n'hésite pas à falsifier les photographies pour tromper la population. Vois-tu les espaces laissés entre les personnes ? Les dirigeants du Parti communiste chinois ont fait effacer quatre de leurs collègues pour faire croire qu'ils n'assistaient pas à la cérémonie. Ces quatre individus ont été arrêtés et démis de leur fonction politique par la suite.

source de renseignements pour les spécialistes de l'histoire. Elle peut livrer de l'information tant sur la vie de la reine Victoria que sur la misère de certains logements ouvriers de New York à la fin du 19ᵉ siècle. Cependant, la photographie ne constitue pas une preuve incontestable. En effet, au 20ᵉ siècle, on se rend compte que l'image photographique peut être mise en scène, manipulée, recadrée, truquée. C'est d'autant plus vrai aujourd'hui avec la photographie numérique.

L'historien ne doit pas se laisser tromper par l'effet de réalité ou l'émotion qui se dégage de la photographie. Il lui faut questionner les photographies avec la même rigueur que les sources écrites. Son analyse critique porte sur trois éléments essentiels : le photographe, l'image photographique elle-même et le sujet de cette image. Qui a pris la photo ou qui l'a commandée ? Dans quel but ? Le propriétaire de l'usine ou le représentant du syndicat ? Le point de vue pourra être très différent selon le cas : le premier voudra plutôt montrer la prospérité et la modernité de son usine pour sa prochaine publicité ; le second mettra l'accent sur les mauvaises conditions de travail afin de les dénoncer.

Que révèle l'objet photographique lui-même ? En examinant la photo, on arrive parfois à la dater. Le procédé photographique utilisé fournit un indice précieux : photo sur métal, sur verre ou sur papier, type de papier, etc. Y a-t-il des inscriptions au verso de la photo ? L'image a-t-elle été publiée dans un journal ou était-elle dans un album personnel ? L'historien s'interroge également sur l'apparence de la photographie : s'agit-il d'une image officielle bien cadrée, bien éclairée et bien composée ou encore d'une image **clandestine**, floue, mal cadrée et spontanée ?

Le sujet, bien entendu, apporte aussi une foule de renseignements. Qui a été photographié ? Où la photo a-t-elle été prise ? L'architecture, les moyens de transport, la machinerie et les vêtements visibles sur l'image permettent aussi de la situer dans le temps. Pour déjouer les trucages, l'historien doit bien maîtriser le contexte historique de la photo. Ainsi, grâce à d'autres sources comme une lettre, un témoignage ou un cliché plus ancien, il pourra constater qu'elle a fait l'objet ou non d'une **falsification**, comme tu peux le voir en observant la photographie 11.37.

clandestin Qui se fait en cachette, dans le secret.

falsification Action de modifier, de donner une fausse apparence en vue de tromper.

EN CONCLUSION

Ton résumé

Rédige un court résumé de ce que tu retiens sur l'expansion du monde industriel au 19e siècle. Consulte la ligne du temps, note les dates importantes, les personnages et les événements les plus marquants. Décris comment les Européens s'installent en Asie et en Afrique en s'appropriant des territoires et en soumettant les populations locales. Décris comment ces pratiques vont modifier la culture traditionnelle, l'économie et la structure sociale des peuples autochtones colonisés.

Mots et concepts clés

abolitionnisme
acculturation
bilatéral
colonie
colonisation
discrimination
impérialisme
métropole
monopole
nationalisme
protectorat
race
racisme
traite négrière

Aide-mémoire

À cette époque, les grandes puissances européennes et même le Japon colonisent des territoires en Asie et en Afrique pour diverses raisons : accroître le prestige politique, répandre le progrès et la civilisation, développer le commerce et s'approprier des richesses naturelles. Rappelle-toi que si l'expansion industrielle est enrichissante pour les Occidentaux, elle constitue, pour les populations colonisées, une période difficile d'asservissement et de perte d'identité sociale.

Ton portfolio

Fais un retour sur ta démarche de recherche en répondant aux questions suivantes :
- Nomme des sources fiables où trouver des documents iconographiques.
- Quelles sources utilises-tu le plus souvent pour trouver des documents ?
- Comment établis-tu l'authenticité d'un document iconographique ?

Tes travaux préparatoires

Le prochain dossier traite de la reconnaissance des libertés et des droits civils dans le monde. Afin de t'y préparer, voici quelques suggestions de recherches :
- Dresse une liste de leaders qui ont contribué à l'indépendance de leur pays colonisé par des puissances étrangères.
- Note la définition des mots et concepts suivants : apartheid, censure, démocratisation, discrimination, dissidence, droits civiques, égalité, féminisme, répression, ségrégation.
- Trouve des illustrations de manifestations populaires pour la reconnaissance des droits civiques au 20e siècle.

LA RECONNAISSANCE DES LIBERTÉS ET DES DROITS CIVILS

TABLE DES MATIÈRES

PROJET

Participe à l'organisation, en classe, d'un tribunal international de justice qui aura pour mission de juger des injustices faites à des individus ou à des communautés à certains moments de l'histoire du 20e siècle. Ton équipe sera chargée d'enquêter sur une de ces injustices et de présenter, devant le tribunal constitué par les autres élèves, les arguments et les preuves que vous aurez trouvés à l'appui de votre cause. Les juges devront ensuite rendre leur jugement.

LES LUTTES D'UN SIÈCLE MOUVEMENTÉ

À l'aube du 20ᵉ siècle, l'Europe industrielle domine le monde grâce à sa supériorité économique, technologique et culturelle. La plupart des nations d'Europe occidentale ont des régimes démocratiques, et les conditions de vie de leurs populations ne cessent de s'améliorer. Cependant, cette toute-puissance est menacée par la concurrence des États-Unis et du Japon, mais surtout par de profondes rivalités qui divisent les États européens entre eux. De 1914 à 1918, ces rivalités les entraînent dans un conflit dévastateur. C'est la Première Guerre mondiale.

L'Europe sort déchirée de cette guerre qui a fait plus de 9 millions de morts. Le monde industrialisé n'est pas au bout de ses peines. Les années 1930 sont frappées par une crise économique. Les années 1940 vivent l'horreur de la Seconde Guerre mondiale pendant laquelle la communauté juive d'Europe se verra privée de ses droits les plus fondamentaux. Malgré tout, de grandes luttes sociales ont cours. Les Noirs des États-Unis veulent obtenir les mêmes droits que leurs concitoyens blancs. Les femmes occidentales réclament aussi l'égalité en droit. De leur côté, les populations indigènes des colonies rêvent d'indépendance.

La seconde moitié du 20ᵉ siècle sera marquée par les succès de ces mouvements pour la reconnaissance des droits et des libertés. Ce dernier dossier t'introduira à la conquête des droits civiques des Noirs états-uniens, à l'accession à l'indépendance des anciennes colonies et à l'émancipation des femmes d'Occident.

12.1
La conquête des droits humains au 20ᵉ siècle.

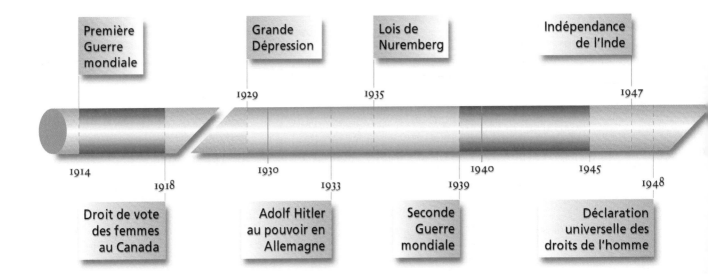

REMUE-MÉNINGES

Des lois garantissent aujourd'hui à tous les individus de ta communauté d'être considérés comme égaux, que ce soit au travail ou dans les loisirs. Cette reconnaissance de l'égalité de tous se fait graduellement au long du 19e et du 20e siècle. Pour y arriver, il a fallu que des individus et des groupes reconnaissent des inégalités sociales, puis les dénoncent publiquement, souvent au péril de leur vie et de leur liberté.

- Énumère des formes d'inégalités sociales dont tu as été témoin.
- Décris un moyen par lequel tu peux favoriser l'égalité sociale dans ton milieu de vie.
- Donne un exemple d'inégalité sociale qu'a subi un groupe d'individus au 20e siècle.
- Nomme une personne célèbre pour avoir défendu le droit à l'égalité au 20e siècle.

12.2

Les juges de la Cour suprême du Canada. Les femmes canadiennes peuvent aujourd'hui accéder aux plus hautes fonctions.

12.3

Un distributeur d'eau réservé à l'usage des gens de couleur, en 1939. Un exemple de ségrégation raciale aux États-Unis.

| *Le Deuxième Sexe* de Simone de Beauvoir | La pilule contraceptive aux États-Unis | | Marche sur Washington pour les droits civiques des Noirs | | Année internationale de la femme |

1949   1963   1975

ÉPOQUE CONTEMPORAINE

1950   1960

    1955   1962   1968   1991

| Boycott des autobus publics par les Noirs d'Alabama | Nelson Mandela emprisonné en Afrique du Sud | Fin de la guerre d'indépendance en Algérie | Assassinat de Martin Luther King Junior | Abolition de l'apartheid en Afrique du Sud |

12.4 LE DÉVELOPPEMENT HUMAIN
DANS LE MONDE (ONU, 2002)

OCÉAN
PACIFIQUE

OCÉAN
ATLANTIQUE

ALASKA
(É.-U.)

CANADA

ÉTATS-UNIS

MEXIQUE

HAÏTI

PÉROU

BRÉSIL

CHILI

Légende

Indice de développement humain (IDH)

Supérieur à 0,9
0,8 à 0,9
0,75 à 0,8
0,65 à 0,75
0,5 à 0,65
Inférieur à 0,5
Donnée non disponible

0   750   1500 km

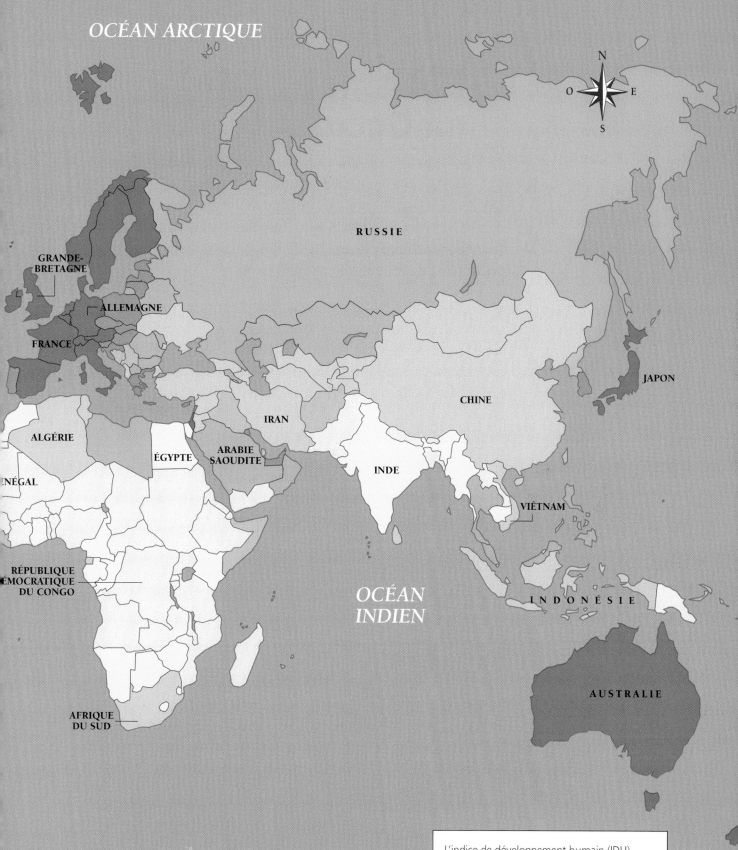

OCÉAN ARCTIQUE

N
O   E
S

RUSSIE

GRANDE-
BRETAGNE

ALLEMAGNE

FRANCE

JAPON

CHINE

IRAN

ALGÉRIE

ÉGYPTE

ARABIE
SAOUDITE

INDE

ÉNÉGAL

VIÊTNAM

RÉPUBLIQUE
ÉMOCRATIQUE
DU CONGO

OCÉAN
INDIEN

I N D O N É S I E

AFRIQUE
DU SUD

AUSTRALIE

L'indice de développement humain (IDH)
mesure le degré de développement d'un pays
selon le revenu, l'état de santé (espérance de
vie) et le niveau d'éducation de ses habitants.

1 Racisme et antiracisme en Occident

L es racines du racisme en Occident sont très anciennes. Tu n'as qu'à te rappeler l'attitude des colonisateurs de la Renaissance face aux Amérindiens et aux Noirs africains [← p. 80-82 et p. 91]. De la même façon, les Occidentaux du 19e siècle étaient convaincus de la supériorité de leur civilisation. La science occidentale de l'époque leur donnait raison.

Au 20e siècle, cette attitude supérieure et méprisante mène aux pires excès. Que ce soit en Afrique, en Asie, en Europe ou en Amérique latine, des milliers et parfois même des millions de personnes sont assassinées à cause de leur appartenance ethnique, religieuse ou politique. Le massacre des juifs d'Europe par le gouvernement national-socialiste d'Allemagne est un des exemples parmi les plus terribles de ces actes barbares. Le racisme mène aussi à de grandes injustices comme te le révélera ton enquête sur la conquête des droits **civiques** des Noirs aux États-Unis. Ces événements malheureux ont permis à nos sociétés de prendre conscience de la nécessité de combattre le racisme.

civique Qui concerne le citoyen et son rôle dans la vie politique. Les droits civiques sont les droits que la loi donne aux citoyens.

1 TON SUJET D'ENQUÊTE

Décris le contexte économique, politique et social de l'Allemagne vers 1930.

▶ Explique comment le parti nazi traite ses opposants dès son accession au pouvoir.

▶ Énumère des conséquences de la chute brutale des actions à la Bourse de New York en 1929.

▶ Explique en quoi le programme du parti nazi est raciste et totalitaire.

▶ Décris comment les nazis font la propagande de leurs idées et de leurs réalisations.

L'Allemagne nazie : un État raciste

Novembre 1918 : l'Allemagne vient de perdre la Première Guerre mondiale. Le traité de paix de Versailles impose à la république allemande des conditions très dures. Elle doit payer pour réparer les importants dommages de guerre des pays vainqueurs. Elle perd également son empire colonial ainsi qu'une partie de son territoire en Europe. De plus, elle est forcée de réduire largement sa force militaire.

12.5
« Gegen Versailles » (« Contre Versailles »). Affiche du parti nazi exprimant le mécontentement allemand face au traité de Versailles, 1931. Les menottes symbolisent la contrainte du traité sur la population allemande.

De nombreux Allemands sont mécontents de ces mesures. La crise économique de 1929 ne fait qu'empirer la situation. Au cœur de ce pays humilié et appauvri apparaît le Parti national-socialiste des travailleurs allemands, le parti **nazi**. En 1933, les nazis menés par leur chef Adolf Hitler (1889-1945) prennent le pouvoir et mettent en place un **régime totalitaire**. Dans ce régime où les libertés individuelles n'existent plus, les autorités vont se débarrasser de leurs opposants politiques et de tous les individus qu'elles considèrent comme indésirables : les criminels, les malades mentaux, les homosexuels, les membres de certains groupes ethniques et, par-dessus tout, les juifs.

opinion

Comment est-il possible d'éviter les comportements racistes à l'école ?

nazi   Abréviation allemande de **_na_**tional**_so_**_zi_alistische, «national-socialiste». Qui se rapporte à l'organisation et aux mesures prises par le Parti national-socialiste des travailleurs allemands. Désigne aussi un membre ou un sympathisant de ce parti.

régime totalitaire   Régime à parti unique, n'admettant aucune opposition organisée, dans lequel le pouvoir politique tente d'exercer un contrôle absolu sur les individus.

FAITS D'HIER   **LA GRANDE DÉPRESSION**

Durant la Première Guerre mondiale, le territoire états-unien n'a pas été touché par les combats. Puissance économique en plein essor, les États-Unis se trouvent donc en excellente position pour investir dans la reconstruction de ses alliés européens et même celle de ses anciens ennemis, l'Allemagne et l'Autriche-Hongrie. Ainsi, la prospérité économique internationale dépend de plus en plus de la bonne santé financière du géant américain. En octobre 1929, lorsque la valeur des actions à la Bourse de New York baisse brutalement, c'est le début d'une grave crise économique, souvent appelée la Grande Dépression.

Les entreprises états-uniennes font faillite et les banques qui les ont financées aussi. Les chômeurs se comptent par milliers et bientôt par millions ! Les États-Unis retirent l'argent qu'ils avaient investi à l'étranger et cessent d'importer des produits des quatre coins du monde. Résultat : le commerce international ralentit et la crise devient mondiale. Le choc de cette dépression économique se fera sentir durant toute la décennie des années 1930, et la misère qu'elle entraîne en Allemagne favorisera la montée du parti nazi.

opinion

En quoi une crise économique majeure affecterait-elle ton mode de vie ?

12.6
Soupe populaire pour chômeurs à New York dans les années 1930.

Le projet d'une société pure

Le programme nazi prévoit qu'aucun juif ne peut être citoyen allemand. Pourquoi cet **antisémitisme** ? Les juifs d'Allemagne sont pourtant des citoyens à part entière qui participent à la vie économique et culturelle de leur pays. Cependant, depuis longtemps en Europe, on n'hésite pas à rendre ces non-chrétiens responsables des malheurs qui frappent la société. En ce début de 20e siècle, les préjugés n'ont guère changé. Des intellectuels et des hommes politiques tant en Allemagne qu'ailleurs en Occident ne se gênent pas pour affirmer tout haut que les communautés juives forment une race inférieure à l'origine des problèmes sociaux et économiques.

En 1925, dans un ouvrage intitulé *Mein Kampf* (*Mon combat*), Hitler expose sa conception de l'Allemagne. Elle repose sur trois principes : un peuple, un empire, un chef. Les Allemands seraient les descendants des Aryens, un puissant peuple de l'Antiquité originaire d'Asie centrale. L'Aryen type est décrit comme un grand blond aux yeux bleus : une représentation imaginaire sans fondement scientifique. Le peuple allemand, héritier de cette « race supérieure », doit à tout prix préserver sa « pureté ». Comment ? En se débarrassant des individus qui peuvent le « contaminer », comme les personnes handicapées, les mendiants et les homosexuels ou encore les juifs et les **Tsiganes**, membres de « races inférieures ». Hitler fait aussi appel à la fierté nationaliste des Allemands. Il entend réunir en un seul empire toutes les populations de langue et de sang allemands, même celles qui habitent les pays voisins. Aussi l'Allemagne doit-elle élargir son territoire malgré les conditions du traité de Versailles en 1919. Enfin, cette nouvelle Allemagne doit rejeter la démocratie : elle sera plutôt gouvernée par un homme fort capable de rassembler toute la nation, un guide suprême, chef d'un parti unique. C'est cette vision raciste et totalitaire de l'État allemand qui forme la base du programme du parti nazi.

12.7

« Ein Volk, ein Reich, ein Führer ! » (« Un peuple, un empire, un chef ! »). Portrait officiel d'Adolf Hitler, 1938.

antisémitisme Haine des juifs.

Tsiganes Ensemble de populations originaires de l'Inde apparues en Europe au 14e siècle, dont certaines mènent une vie nomade en exerçant divers petits métiers.

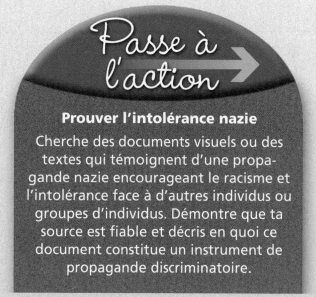

Passe à l'action

Prouver l'intolérance nazie

Cherche des documents visuels ou des textes qui témoignent d'une propagande nazie encourageant le racisme et l'intolérance face à d'autres individus ou groupes d'individus. Démontre que ta source est fiable et décris en quoi ce document constitue un instrument de propagande discriminatoire.

FAITS D'HIER **CONVAINCRE LES MASSES**

Comment imposer l'idéologie nazie à l'ensemble de la société allemande ? Pour se faire élire, Hitler offre un programme rempli de promesses pour tous les mécontents. Il annonce un Empire allemand puissant aux nationalistes opposés au traité de Versailles. Il garantit des réformes politiques et économiques aux citoyens déçus par la démocratie et le libéralisme. Il rassure ceux qui craignent que les communistes s'emparent du pouvoir. Sans oublier de donner raison aux antisémites convaincus.

Une fois au pouvoir, les dirigeants nazis continuent de convaincre et de séduire la population allemande par toutes sortes de moyens : les affiches, les journaux, la littérature, le cinéma et la radio. Cette propagande vise d'abord à célébrer le chef absolu, Hitler. Elle glorifie la famille « aryenne » et vante les réalisations du gouvernement (travaux d'infrastructure, construction de logements, réarmement, etc.). Elle sert aussi à dénoncer les « ennemis » du régime, notamment les communistes et les juifs. Tout est examiné et autorisé par le parti avant d'être diffusé dans le public. C'est ce qu'on appelle la censure. Finie la liberté d'expression !

12.8

« Neves Volk » (« Un peuple nouveau »). Affiche du parti nazi vantant la famille allemande, 1938.

12.9
Démonstration d'exercices de gymnastique lors du 10ᵉ congrès du Parti national-socialiste des travailleurs allemands, septembre 1938.

Partout, pour tous, les médias répètent les mêmes messages, simples à comprendre, sous forme de slogans ou d'images. Par exemple, on diffuse l'image idéale de jeunes Allemands blonds et en santé qui contribuent par leur travail à la grandeur de l'Allemagne et on publie des contes haineux destinés aux enfants dans lesquels on compare les juifs à des champignons vénéneux ou à des renards trompeurs. Peu à peu, les nazis veulent amener les Allemands à percevoir la communauté juive comme un groupe inférieur et menaçant dont il faut se débarrasser.

camp de concentration Lieu clos et gardé où l'on regroupe en grand nombre, en temps de guerre ou de troubles, les suspects, les étrangers et les opposants au régime.

La propagande encourage aussi le peuple à participer à la vie politique et sociale. La population est conviée à toutes sortes de manifestations collectives : défilés militaires, fêtes sportives, etc. La vie des jeunes Allemands est très encadrée. À l'école, les enfants apprennent à se méfier des juifs et à les identifier selon des caractères physiques précis. Ils sont enrôlés dès l'âge de 10 ans dans une organisation semblable au mouvement scout : les Jeunesses hitlériennes. Les rencontres sont consacrées à l'entraînement physique et militaire ainsi qu'à l'enseignement de la pensée nazie.

Il ne faut pas oublier que la terreur constitue également un moyen très efficace de persuader les gens. L'État nazi écrase durement toute résistance intérieure : les opposants sont arrêtés et emprisonnés dans des **camps de concentration** ou condamnés à mort. Pas surprenant que, dans les années 1930, plusieurs Allemands, juifs ou non, décident de quitter leur pays.

2 TON SUJET D'ENQUÊTE

Décris des injustices dont les nazis furent responsables et explique les réactions qu'elles ont provoquées.

▶ Explique le contenu des « lois de Nuremberg ».

▶ Décris en quoi consiste la « solution finale » à la question juive.

▶ Donne des exemples de résistance au nazisme.

▶ Explique pourquoi la communauté internationale fonde l'ONU en 1945.

▶ Énumère des accusations portées contre les nazis après la guerre.

récidiviste Se dit d'une personne qui commet un nouveau crime après avoir été condamnée pour un crime de même nature.

L'escalade des mesures contre la communauté juive

À leur arrivée au pouvoir en 1933, les nazis suppriment les libertés individuelles et adoptent des mesures contre les juifs. On organise un boycott contre les commerçants et les professionnels de la communauté juive. La même année, de nouvelles lois interdisent aux juifs l'accès à des emplois dans la fonction publique. Afin de « purifier » la race allemande, les dirigeants adoptent aussi une législation visant à stériliser ou à enfermer certains individus considérés comme indésirables (criminels **récidivistes**, individus porteurs de maladies héréditaires, personnes handicapées, etc.).

En septembre 1935, le congrès annuel du parti nazi se déroule à Nuremberg, dans le sud de l'Allemagne. À cette occasion, les dirigeants prennent d'autres dispositions connues sous le nom de « lois de Nuremberg ». Les juifs perdent alors leur citoyenneté et tous les droits civiques qui y sont attachés. Le commerce, l'armée et la médecine leur sont désormais interdits. Les mariages et les relations sexuelles entre juifs et non-juifs sont défendus. Ce durcissement des mesures nazies amène une partie de la population juive à quitter l'Allemagne.

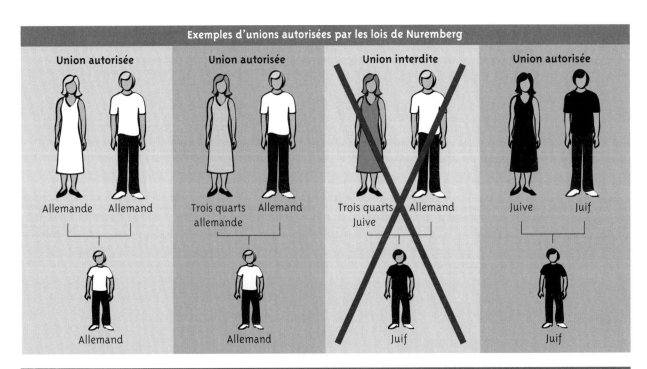

Exemples d'unions autorisées par les lois de Nuremberg

Union autorisée	Union autorisée	Union interdite	Union autorisée
Allemande / Allemand	Trois quarts allemande / Allemand	Trois quarts Juive / Allemand	Juive / Juif
Allemand	Allemand	Juif	Juif

12.10

Selon les lois de Nuremberg, une personne est classée « juive » si elle a plus de deux grands-parents juifs. On explique aux enfants les mariages autorisés et interdits à l'aide de schémas semblables à celui-ci.

À partir de ce moment, la violence s'intensifie et les émeutes antijuives se multiplient. Les mesures législatives sont remplacées peu à peu par la brutalité. En 1938, dans la nuit du 9 au 10 novembre, un terrible pogrom secoue l'Allemagne et les territoires récemment annexés par Hitler. Les propriétés des juifs sont saccagées ; il y a alors tant de vitres brisées dans les commerces, les synagogues et les maisons que l'on surnomme cet événement la « Nuit de cristal ». La police en profite pour arrêter 30 000 hommes juifs et les enfermer dans des camps de concentration.

FAITS D'HIER

HITLER PRÉPARE UNE NOUVELLE GUERRE

En 1938, Hitler met à exécution son plan d'expansion d'une grande Allemagne. Il **annexe** d'abord l'Autriche, où vit une importante population allemande. Quelques mois plus tard, lors d'une conférence internationale, il demande l'annexion d'une autre région qui correspond à l'actuelle République tchèque. La France et la Grande-Bretagne acceptent pour éviter un conflit. Les troupes nazies entrent donc à Prague en 1939. La même année, Hitler s'entend avec les Russes pour se partager la Pologne. Conséquence : l'armée allemande envahit le territoire polonais par la force. Cette fois-ci, Hitler va trop loin ! Alliées de la Pologne, la Grande-Bretagne puis la France déclarent la guerre à l'Allemagne. Commence alors la Seconde Guerre mondiale, qui durera jusqu'en 1945.

annexer Faire passer un territoire ou un État sous la souveraineté d'un autre État.

12.11
Entrée des troupes allemandes à Prague dans la région des Sudètes (République tchèque actuelle), le 15 mars 1939.

12.12
Reconstitution d'une rue frappée pendant la Nuit de cristal en 1938.

Au fur et à mesure de ses victoires en Europe, l'Allemagne va appliquer ses lois antijuives et ses méthodes oppressives à tous les pays qu'elle a vaincus et qu'elle occupe : les Pays-Bas, la Belgique, la France, l'Ukraine, la Grèce, etc. Adolescente juive d'origine allemande, Anne Frank, qui habite Amsterdam aux Pays-Bas, décrit ainsi les restrictions imposées à ceux qui pratiquent le judaïsme :

Les juifs doivent porter l'étoile jaune ; les juifs doivent rendre leurs vélos […] ; les juifs n'ont pas le droit de circuler en autobus, ni même dans une voiture particulière ; les juifs ne peuvent faire leurs courses que de trois heures à cinq heures […] ; les juifs n'ont pas le droit de sortir dans la rue de huit heures du soir à six heures du matin ; les juifs n'ont pas le droit de fréquenter les théâtres, les cinémas et autres lieux de divertissement ; les juifs n'ont pas le droit d'aller à la piscine, ou de jouer au tennis, au hockey ou à d'autres sports […]. Les juifs n'ont plus le droit de se tenir dans un jardin chez eux ou chez des amis après huit heures du soir ; les juifs n'ont pas le droit d'entrer chez des chrétiens ; les juifs doivent fréquenter des écoles juives, et ainsi de suite.

Le Journal d'Anne Frank, 1950.

Outre les camps, les autorités allemandes rassemblent les juifs des villes dans des ghettos, quartiers fermés et étroitement surveillés. Elles confisquent leurs biens et leurs maisons. De plus, les nazis imposent aux juifs le travail forcé, tant dans les usines que dans les camps de concentration. Cette main-d'œuvre soumise permet de remplacer à bon compte les soldats allemands partis au combat. Mal nourris, éprouvés par la maladie et le froid, les habitants des ghettos et les prisonniers des camps survivent avec difficulté et meurent parfois d'épuisement.

Au début des années 1940, la volonté d'éliminer les juifs et les personnes handicapées sur le territoire allemand conduit à une plus grande atrocité encore : l'extermination physique ! Le compte rendu d'une réunion secrète des dirigeants du parti nazi, à Wannsee, en banlieue de Berlin, le 20 janvier 1942, rapporte la planification d'un redoutable projet : la « solution finale de la question juive ». On discute de l'élimination des juifs par le travail intensif. Sur le terrain, les personnes inaptes au travail comme les enfants, les vieillards et les malades seront fusillées ou gazées. Certains camps de concentration sont alors transformés en camps d'extermination. Les prisonniers de partout en Europe arrivent par trains entiers dans ces camps de la mort.

12.13
Juifs d'Amsterdam portant l'étoile, à la veille de leur déportation à l'été 1943.

12.14
Dans le camp de concentration de Buchenwald, en Allemagne, quelques rescapés se font photographier dans leur dortoir lors de la libération en 1945.

Résister à l'horreur

dissident Personne dont les opinions critiques diffèrent de celles de la majorité d'une communauté.

Ce régime totalitaire a-t-il rencontré de l'opposition ? Il est vrai que les Allemands ont élu le parti nazi. De plus, la relance de l'industrie, la baisse du chômage et les investissements dans les transports ont rendu Hitler très populaire auprès d'une population frappée par la crise économique. À l'étranger, des puissances comme la France et la Grande-Bretagne le perçoivent d'abord comme un chef d'État dynamique, seul capable de rebâtir l'Allemagne. On cherche aussi à éviter à tout prix une nouvelle guerre mondiale.

Pourquoi les régimes totalitaires interdisent-ils la liberté d'expression ?

Cependant, tous les citoyens allemands n'approuvent pas la disparition de la démocratie et les méthodes violentes du gouvernement. Dès la prise de pouvoir d'Hitler, des chefs syndicaux, des rivaux politiques, des leaders religieux, des artistes ainsi que quelques dirigeants de l'armée s'opposent à la dictature qu'il a mise en place. Ces **dissidents** paient souvent leurs opinions de leur liberté ou de leur vie.

Pendant la guerre, des Allemands et des habitants des pays conquis par l'Allemagne tentent malgré tout de sauver des juifs en les cachant, en les aidant à fuir ou en procurant de la nourriture aux gens des ghettos. Par exemple, Oskar Schindler (1908-1974), un industriel allemand, sauve plus de 1200 juifs en les employant dans ses usines. En faisant valoir aux autori-

12.15

Résistants juifs arrêtés lors du soulèvement du ghetto de Varsovie en 1943.

tés nazies que les compétences de ses employés juifs sont indispensables pour assurer la production, Schindler leur évite le camp d'extermination. Cette histoire a été reprise par le réalisateur américain Steven Spielberg dans le film *La Liste de Schindler*.

Les juifs eux-mêmes ne restent pas passifs devant l'oppression. On assiste à des soulèvements armés dans les ghettos, comme à Varsovie, en Pologne, au printemps 1943. Munis d'armes en mauvais état et de bombes artisanales, les juifs se battent pour

12.16
Des résistants français ont fait dérailler un train ennemi et font des centaines de prisonniers.

l'honneur, car la répression de l'État nazi est sans pitié. Les responsables des communautés juives planifient aussi la « résistance spirituelle ». Ils multiplient les efforts afin de préserver la dignité et l'humanité des habitants des ghettos. Des écoles, des bibliothèques, des activités culturelles et religieuses clandestines s'organisent dans le plus grand secret sous le nez de la police nazie.

Partout en Europe, des mouvements clandestins de résistance de mieux en mieux structurés combattent les forces allemandes et sauvent des juifs. Attaques surprises, sabotage de voies ferrées, espionnage, évasions, faux papiers : tous les moyens sont bons pour déjouer et lutter contre l'envahisseur nazi. En France, la résistance rassemble plusieurs individus, des syndicats et des partis politiques. Pour qu'ils soient plus efficaces, un Conseil national de la Résistance coordonne leurs actions. En mars 1944, ce conseil se dote d'un véritable programme qui prévoit à la fois les moyens de lutte immédiate ainsi qu'un projet démocratique pour l'après-guerre.

Passe à l'action

Preuves incriminantes
Cherche des documents visuels ou des textes qui attestent que les nazis ont organisé l'extermination systématique d'êtres humains sur leur territoire. Présente ces documents en indiquant leur provenance, et explique en quoi ils constituent une preuve d'un crime contre l'humanité.

12.17

À l'automne 1948, l'Assemblée générale de l'ONU se réunit à Paris pour négocier l'adoption de la Déclaration universelle des droits de l'homme.

La réaction internationale

Grande Alliance Alliance des pays en guerre contre l'Allemagne, l'Italie et le Japon. La Grande-Bretagne, la France, les États-Unis, la Russie et le Canada en font partie.

À partir de 1944, au fil de leurs victoires contre les Allemands, les membres de la **Grande Alliance** découvrent l'horreur des camps de la mort. L'année suivante, à la fin de la guerre, le bilan de la barbarie nazie est accablant : plus de 5 millions de juifs exterminés, presque autant de prisonniers, 240 000 Tsiganes et 200 000 personnes handicapées. Les vainqueurs établissent alors un tribunal international à Nuremberg pour juger certains responsables nazis. Ceux-ci sont accusés de crimes contre la paix pour avoir provoqué la guerre et de crimes de guerre pour avoir contrevenu aux règles internationales en exécutant des prisonniers de guerre. Enfin, on les poursuit pour « crimes contre l'humanité » pour la déportation et le massacre systématique de populations civiles, pour des motifs religieux ou raciaux, comme ce fut le cas pour les juifs et les Tsiganes.

AUJOURD'HUI

Donne un exemple d'intervention des Nations Unies pour le maintien de la paix dans un pays.

En réaction à l'ampleur de la guerre, les Alliés fondent l'Organisation des Nations Unies (ONU), un organisme international ayant pour mission de résoudre les conflits entre nations par la négociation plutôt que par les armes. La coopération internationale ainsi que la promotion des droits de la personne font partie des missions de l'ONU. En 1948, l'Organisation adopte la Déclaration universelle des droits de l'homme, dont voici un extrait :

> Tous les êtres humains naissent libres et égaux en dignité et en droits. Ils sont doués de raison et de conscience et doivent agir les uns envers les autres dans un esprit de fraternité. [...] Chacun peut se prévaloir de tous les droits et de toutes les libertés proclamés dans la présente Déclaration, sans distinction aucune, notamment de race, de couleur, de sexe, de langue, de religion, d'opinion politique ou de toute autre opinion, d'origine nationale ou sociale, de fortune, de naissance ou de toute autre situation.
>
> Déclaration universelle des droits de l'homme, 1948.

CITOYEN, CITOYENNE

L'égalité pour tous

Les révolutions américaine et française du 18e siècle ont mené à la reconnaissance de droits naturels comme la liberté, la sécurité, la propriété et l'égalité devant la loi. Ces droits et libertés ont d'ailleurs été inscrits dans des documents officiels comme la Déclaration des droits de l'homme et du citoyen en France ou la Déclaration d'indépendance des États-Unis d'Amérique. Cependant, ces droits naturels ne sont pas reconnus à tous de la même façon. Au 19e siècle, entre autres, la théorie raciste du darwinisme social justifie certaines inégalités entre individus. Au 20e siècle, on a pu constater les conséquences désastreuses auxquelles peuvent mener ces inégalités et ces exclusions.

Au fil des drames, des luttes et des revendications, les sociétés ont reconnu des droits fondamentaux et des libertés à tous les individus quels que soient leur origine ethnique, ou leur sexe. Aujourd'hui, les sociétés démocratiques sont composées d'individus aux identités sociales diverses (âge, sexe, religion, origine ethnique, statut social, etc.) et chacun a droit au respect de ses libertés et droits fondamentaux. Au Canada, la reconnaissance de l'égalité de tous est sans doute un des grands accomplissements du 20e siècle. Mais attention, la partie n'est pas encore gagnée ! Bien que des lois actuelles garantissent et protègent ces droits et libertés, il existe encore aujourd'hui par exemple des préjugés racistes et des inégalités économiques à combattre.

Question citoyenne

Énumère des moyens par lesquels tu peux favoriser le respect des droits et libertés dans tes attitudes et tes choix de tous les jours.

3 TON SUJET D'ENQUÊTE

Décris la situation économique et sociale des Afro-Américains entre les années 1860 et 1960.

▶ Énumère des motifs qu'évoquent les personnes s'opposant à l'émancipation des Afro-Américains à la fin du 19e siècle.

▶ Donne des exemples de la ségrégation raciale à l'égard de la population afro-américaine.

▶ Donne des exemples d'actions menées pour revendiquer les droits civiques des Afro-Américains.

▶ Explique en quoi le *Civil Rights Act* et le *Voting Rights Act* mettent fin officiellement à la ségrégation raciale aux États-Unis.

émancipation Action de rendre libre, d'affranchir d'une domination, d'une autorité ou de préjugés.

La ségrégation raciale aux États-Unis

À la fin du 18e siècle, le texte de la Déclaration d'indépendance des États-Unis affirmait déjà que « tous les hommes naissent égaux » [← p. 133]. Cette déclaration révolutionnaire pour l'époque ne s'appliquait cependant pas aux esclaves noirs des plantations des États du Sud. Malgré l'abolition de l'esclavage en 1865, il faudra attendre les années 1960 pour que leurs descendants deviennent des citoyens à part entière. Voici un aperçu du mouvement en faveur des droits civiques des Noirs aux États-Unis.

De l'esclavage à la ségrégation

Dans les années 1860, des amendements à la Constitution américaine abolissent l'esclavage, donnent aux anciens esclaves la citoyenneté et leur garantissent le droit de vote. Sur papier, les Afro-Américains sont officiellement les égaux devant la loi de leurs concitoyens à la peau blanche. Dans les faits, l'égalité est loin d'être acquise. Plusieurs membres de la communauté blanche des États du Sud s'opposent farouchement à l'**émancipation** des Noirs et refusent même de cohabiter avec eux. Comme en Europe, plusieurs États-Uniens invoquent les théories racistes, des motifs économiques et de vieux préjugés. Qui sont ces gens ? Les

12.18
Ce jeune homme se rafraîchit à un distributeur d'eau réservé aux gens de couleur (*colored*) dans une gare de tramway de l'Oklahoma, dans le centre-sud des États-Unis, en 1939.

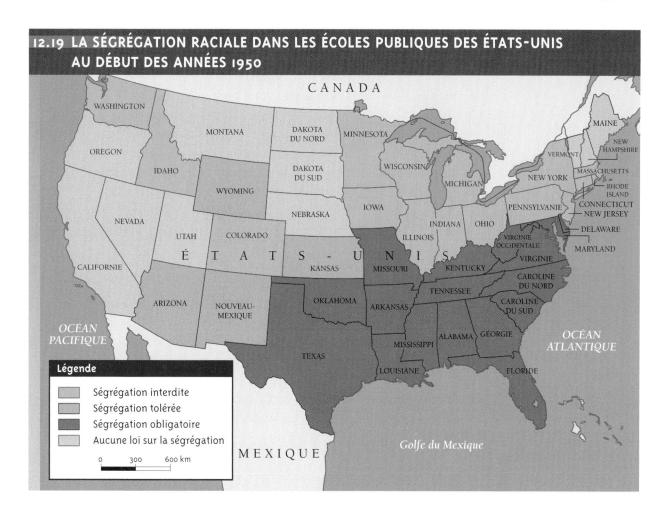

12.19 LA SÉGRÉGATION RACIALE DANS LES ÉCOLES PUBLIQUES DES ÉTATS-UNIS AU DÉBUT DES ANNÉES 1950

Légende

- Ségrégation interdite
- Ségrégation tolérée
- Ségrégation obligatoire
- Aucune loi sur la ségrégation

0   300   600 km

anciens partisans de l'esclavage comme les propriétaires de plantations et les grands commerçants ainsi que les travailleurs blancs les plus pauvres qui voient les Noirs émancipés comme des voleurs d'emplois.

Peu à peu, les gouvernements des États du Sud comme la Louisiane, le Mississippi et l'Alabama votent des lois pour séparer les Noirs des Blancs. C'est ce qu'on appelle la ségrégation raciale. Les Noirs doivent prendre les moins bonnes places dans les trains et les bateaux. Ils ne mangent plus dans les mêmes restaurants, n'attendent plus dans les mêmes salles d'attente, n'utilisent plus les mêmes toilettes et ne boivent plus aux mêmes fontaines. Gare à celui qui se trompe ! Il pourrait être réprimandé, arrêté ou même battu ! Les Noirs fréquentent les écoles de Noirs, les églises de Noirs, les hôpitaux de Noirs. Même la Cour suprême des États-Unis, le plus haut tribunal du pays, va reconnaître la légalité de la ségrégation. Comment cela est-il possible ? À la fin du 19ᵉ siècle, les juges déclarent que la séparation raciale est acceptable si chaque race a accès aux mêmes services. Malheureusement, la communauté blanche, mieux nantie, peut s'offrir une éducation et des soins de santé de bien meilleure qualité…

Les défenseurs de la supériorité des Blancs veulent aussi exclure les Afro-Américains de la vie politique du Sud. Pour contourner la Constitution et empêcher leurs concitoyens noirs de voter, la majorité blanche des hommes

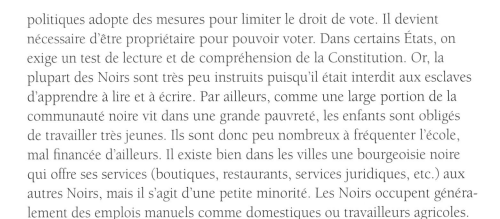

politiques adopte des mesures pour limiter le droit de vote. Il devient nécessaire d'être propriétaire pour pouvoir voter. Dans certains États, on exige un test de lecture et de compréhension de la Constitution. Or, la plupart des Noirs sont très peu instruits puisqu'il était interdit aux esclaves d'apprendre à lire et à écrire. Par ailleurs, comme une large portion de la communauté noire vit dans une grande pauvreté, les enfants sont obligés de travailler très jeunes. Ils sont donc peu nombreux à fréquenter l'école, mal financée d'ailleurs. Il existe bien dans les villes une bourgeoisie noire qui offre ses services (boutiques, restaurants, services juridiques, etc.) aux autres Noirs, mais il s'agit d'une petite minorité. Les Noirs occupent générale-ment des emplois manuels comme domestiques ou travailleurs agricoles.

Dès le début du 20ᵉ siècle, de nombreux Noirs quittent le Sud pour les villes du Nord. De 1910 à 1970, plus de 6 millions de Noirs font le voyage. Bien qu'ils y retrouvent leur droit de vote et des écoles sans ségrégation, ils souffrent tout de même de la discrimination et des préjugés. Ils se re-groupent dans les mêmes quartiers. Dans les entreprises, ils sont les derniers embauchés, bien qu'ils gagnent un salaire moins élevé qu'un travailleur blanc, et les premiers mis à la porte. De plus, les immigrants de race blanche n'hésitent pas à leur disputer leurs emplois.

FAITS D'HIER — LA FORMATION D'UN GHETTO NOIR : HARLEM

Au début du 20ᵉ siècle, Harlem, au nord de la ville de New York, est un beau quartier aux immeubles cossus habité par une petite bourgeoisie d'immigrés européens. Les choses changent avec la Première Guerre mondiale. Des Noirs et des immigrants italiens s'établissent à Harlem, attirés notamment par les emplois offerts dans les usines d'armement de la région. La population du quartier aug-mente, mais les restrictions de guerre empêchent la construction de nouveaux logements. Les pro-priétaires divisent les appartements pour satisfaire cette arrivée de locataires moins fortunés.

La crise économique des années 1930 n'arrange rien. Les im-meubles se dégradent, certains sont abandonnés. Faute de taxes, les rues sont mal entretenues. La pauvreté, le chômage et la crimi-nalité gagnent du terrain chez la majorité noire. Plus personne ne veut investir dans le quartier. À partir de 1945, les Blancs quittent Harlem, bientôt suivis par la classe moyenne afro-américaine.

12.20
Le chanteur Cab Calloway et le Cotton Club Orchestra, un groupe de jazz de Harlem dans les années 1930.

UNE SOCIÉTÉ SECRÈTE, VIOLENTE ET RACISTE

Après l'abolition de l'esclavage, de nombreuses sociétés secrètes sont mises sur pied pour terroriser les Noirs et rétablir la suprématie des Blancs dans les États du Sud des États-Unis. Un de ces groupes tristement célèbres se nomme le Ku Klux Klan (KKK), du grec *kuklos* qui signifie « cercle ». Ses membres adoptent une structure militaire, revêtent des cagoules blanches et se rassemblent autour d'un chef, le Grand Sorcier. Frappant la nuit, le KKK assassine des anciens esclaves et ceux qui les supportent. Le gouvernement y met fin au début des années 1870.

adultère Personne mariée ayant un rapport sexuel avec une personne autre que son conjoint ou sa conjointe.

lynchage Action de condamner et d'exécuter sans jugement une personne considérée comme coupable par un groupe ou une foule.

En 1915, le nom, la structure et la pensée du premier KKK sont repris par un ancien pasteur protestant. La nouvelle société entend défendre la moralité blanche et protestante. Cette fois-ci, les cibles du KKK sont plus nombreuses : les Noirs, bien entendu, mais aussi les contrebandiers d'alcool, les **adultères**, les socialistes, les immigrés et les juifs. Leurs moyens d'action ? Des congrès, des défilés, des réunions nocturnes, des incendies, de l'intimidation et des **lynchages**. Le KKK connaît une grande popularité. Dans les années 1920, il compte des millions de membres dans tout le pays ! Sa sympathie pour l'ennemi nazi ainsi qu'une série de scandales entraînent sa dissolution en 1944. Cette disparition officielle ne marque cependant pas la fin du mouvement raciste qui se divise alors en plusieurs petits groupes extrémistes.

Sombres Exploits de Fanatiques

Parmi les sociétés, il n'en est pas de plus étrange ni de plus dangereuse que celle des Ku-Klux-Klan. Malgré les mesures radicales prises pour la combattre, malgré les troupes mobilisées contre elle, cette secte américaine poursuit ses réunions mystérieuses, s'érige en tribunal et fait subir d'effroyables tortures à ceux qu'elle condamne.

12.21

Couverture du *Petit Journal illustré*, du 30 septembre 1923, représentant une scène de lynchage par le KKK.

12.22
En 1957, en Arkansas, l'armée américaine doit escorter neuf jeunes Noirs qui désirent fréquenter une école autrefois réservée aux Blancs.

La conquête des droits civiques

Malgré la terreur qui pèse sur eux, malgré le manque de moyens financiers et de pouvoir politique, les anciens esclaves et leurs descendants ont toujours lutté pour obtenir l'égalité des droits. Un des premiers chefs de file de la communauté noire des États-Unis, Booker T. Washington (1856-1915), considère que le plus important est d'éduquer les Noirs et d'améliorer leur situation économique. Il se dit prêt à accepter la ségrégation afin d'obtenir le soutien des Blancs. Pour Washington, la lutte contre la ségrégation paraît sans espoir puisqu'elle est elle-même renforcée par la Cour suprême du pays.

Tous les **activistes** noirs ne sont pas de cet avis. Pour le sociologue afro-américain Web Du Bois (1868-1963), il faut rejeter l'injustice et lutter contre toute forme de ségrégation. En 1909, soutenu par un petit groupe multiracial, il fonde la *National Association for the Advancement of Colored People* (Association nationale pour l'avancement des gens de couleur) afin de promouvoir l'égalité des droits et de combattre la ségrégation. Cette jeune organisation intente des poursuites judiciaires contre les villes et les États qui ne respectent pas la Constitution, milite contre le lynchage et exerce des pressions auprès des hommes politiques.

Dans les années 1940, la Seconde Guerre mondiale donne un nouvel élan au mouvement noir des droits civiques. D'une part, des membres de la communauté noire participent aux côtés des Blancs à la victoire contre l'Allemagne nazie. D'autre part, après leur lutte contre ce régime totalitaire au nom de la démocratie et des droits humains, les États-Unis ne peuvent plus se permettre de maintenir eux-mêmes un tel système raciste. En 1954,

activiste Personne qui favorise l'action en politique par des manifestations, des boycotts, etc.

un jugement de la Cour suprême interdit enfin la ségrégation dans le système scolaire. Cependant, plusieurs États du Sud refusent de se soumettre à la décision des juges.

Qu'à cela ne tienne, la lutte continue ! Le mouvement fait des gains à l'échelle locale. En 1955, à Montgomery, une petite ville de l'Alabama, une femme refuse de céder sa place à un Blanc dans un autobus. Arrêtée par la police, Rosa Parks (1913-2005) est reconnue coupable d'avoir perturbé l'ordre public et violé la loi de l'État. Sous la direction du pasteur Martin Luther King Junior (1929-1968), la communauté noire se mobilise et boycotte le transport en commun de la ville pendant plus d'un an. Finalement, un tribunal déclare la loi contraire à la Constitution. Par la suite, la ségrégation dans les transports publics sera déclarée illégale dans les autres États du Sud.

King et ses partisans militent pour l'intégration des Noirs dans la société états-unienne sans utiliser de moyens violents. Ils préconisent

12.23

Le 28 août 1963, plus de 200 000 personnes, dont les 3/4 sont des Noirs, marchent à Washington pour réclamer la fin de la ségrégation raciale aux États-Unis.

la non-violence et les actes de désobéissance civile comme les boycotts, les marches et les sit-in (du verbe anglais *to sit*, qui signifie « s'asseoir »). Qu'est-ce qu'un sit-in ? Un petit groupe d'étudiants afro-américains, par exemple, se rend dans un restaurant qui refuse de servir des Noirs et s'assoient sans rien dire jusqu'à ce qu'ils en soient chassés. Ils recommencent ainsi jusqu'à ce qu'on veuille bien les servir. Dans tout le pays, les protestations prennent aussi la forme de grandes « marches de la liberté » au cours desquelles Noirs et Blancs manifestent ensemble contre les inégalités. Ces gestes pacifiques provoquent souvent la colère des Blancs. Les activistes sont insultés, bousculés, frappés, emprisonnés et même assassinés. La télévision joue un rôle important dans le combat pour les droits civiques des Noirs, car elle diffuse les actes brutaux des foules blanches et des forces policières. Peu à peu, l'opinion publique, choquée, en vient à exiger l'abolition de la ségrégation.

Dans les années 1960, le gouvernement fédéral met fin officiellement à la ségrégation. En 1964, le *Civil Rights Act* (la loi des droits civiques) interdit la ségrégation dans les lieux publics (restaurants, théâtres, etc.). Cette loi empêche les employeurs d'embaucher quelqu'un en fonction de son origine ethnique. Elle déclare aussi que les critères qui limitent le droit de vote doivent être applicables à tous, sans distinction. L'année suivante, le gouvernement va plus loin : le *Voting Rights Act* (la loi du droit de vote) défend aux États de restreindre le droit de vote. Le système ségrégationniste en vigueur depuis 100 ans s'écroule ! Cependant, la lutte contre la discrimination doit continuer pour que les Noirs soient véritablement intégrés dans la société américaine. Cette victoire difficile va leur permettre peu à peu de se tailler une place sur la scène politique. En 2005, une Afro-Américaine, Condoleeza Rice, sera nommée secrétaire d'État, un des postes les plus importants de l'administration des États-Unis.

12.24
Le 2 juillet 1964, le président états-unien Lyndon B. Johnson serre la main de Martin Luther King Junior et lui tend un stylo afin de signer le *Civil Rights Act*.

2 La naissance du tiers-monde

Comme tu l'as constaté dans le dossier précédent, plusieurs pays industrialisés possèdent d'immenses empires coloniaux. Après avoir combattu auprès des troupes de leurs métropoles durant la Première Guerre mondiale, les peuples indigènes entretiennent de grands espoirs : une plus importante participation au gouvernement colonial, voire l'indépendance ! Mais les métropoles européennes n'offrent rien en retour. Des mouvements nationalistes se développent alors en Asie puis en Afrique. Au sortir de la Seconde Guerre mondiale, un vaste mouvement de décolonisation débute. Les pays industrialisés sont enfin forcés de reconnaître que l'égalité des peuples s'applique à tous les peuples, sans exception.

Pour en finir avec le colonialisme

Pourquoi, après des années d'exploitation et d'humiliation, les colonies d'Asie et d'Afrique s'organisent-elles enfin pour rejeter la domination étrangère ? Parmi les conditions qui favorisent leur indépendance, l'éveil nationaliste des populations indigènes compte pour beaucoup. De plus, l'affaiblissement des métropoles européennes ainsi que de profonds changements dans l'opinion publique facilitent la décolonisation.

L'essor du nationalisme dans les colonies

Au fil du 20e siècle, le nationalisme se développe dans les colonies. Ce mouvement de fierté et d'appartenance culturelles se dessine chez les élites locales, formées dans les universités européennes et américaines. Éduqués et

4 TON SUJET D'ENQUÊTE

Décris le contexte historique de la décolonisation au 20e siècle.

▶ Identifie des leaders qui ont mené leur pays à l'indépendance et explique comment ils y sont parvenus.

▶ Donne une raison qui pousse les Églises chrétiennes à aider les populations colonisées.

▶ Énumère des pays qui, au milieu du 20e siècle, accordent l'indépendance à leurs colonies.

▶ Énumère des colonies qui ont utilisé les armes pour obtenir leur indépendance.

▶ Explique en quoi consiste l'apartheid et décris comment la communauté internationale réagit à ce régime d'Afrique du Sud.

conscients de leurs droits, parfois soutenus par des Européens sympathiques à leurs causes, les leaders indigènes organisent des partis politiques, créent des journaux, sensibilisent leur population et négocient avec les autorités coloniales. Certains meneurs veulent occuper une place plus importante dans l'administration de la colonie. Ils appuient aussi des revendications populaires : allègement des taxes, réduction des privilèges commerciaux des Européens, meilleur accès à l'éducation, etc. D'autres mettent de l'avant leurs traditions ancestrales et l'histoire de leur région. Ils amènent les populations colonisées à découvrir ce qu'elles ont en commun et à s'identifier comme membres d'une même nation, opprimée par le colonisateur.

L'Indien Mohandas Gandhi (1869-1948), le Tunisien Habib Bourguiba (1903-2000) et le Sénégalais Léopold Sédar Senghor (1906-2001) comptent parmi les grands leaders nationalistes qui ont mené leur pays à l'indépendance. Homme politique et poète, Senghor ainsi que d'autres écrivains noirs francophones élaborent le concept de « négritude ». Les Noirs d'Afrique doivent reconstruire une image positive de leur culture et de leur identité. Senghor rejette l'image du Noir inférieur, au nom de la liberté et de l'égalité, des droits reconnus depuis longtemps en Europe. Il affirme la valeur de la civilisation noire et condamne les tentatives d'acculturation des puissances coloniales.

12.25
En mai 1978, le maire de Paris, Jacques Chirac reçoit Léopold Senghor, président du Sénégal.

GANDHI, ADEPTE DE LA NON-VIOLENCE

Avocat indien formé en Angleterre, Mohandas Gandhi est frappé, à son retour en Inde en 1914, par la misère de son peuple et les inégalités traditionnelles de la société indienne. À la fois dé-fenseur des droits humains et chef spirituel, Gandhi veut faire de la non-violence une arme politique pour chasser les Britanniques. Il organise des grèves, des marches de protes-tation et s'impose à lui-même des grèves de la faim. Il dirige un boycott des produits bri-tanniques afin de relancer l'in-dustrie locale. Ses partisans pratiquent aussi la résistance passive : ils n'hésitent pas à s'allonger sur le sol des jour-nées entières pour gêner le transport des marchandises britanniques ou l'accès aux édi-fices coloniaux.

Gandhi sait que la participation des masses fait la puissance de la désobéissance civile. En 1930, il proteste contre le contrôle du commerce du sel par les au-torités britanniques. Or la con-sommation de sel, une denrée essentielle, concerne tous les Indiens, riches ou pauvres. Gandhi entreprend donc une marche de plus de 200 kilo-mètres vers l'océan afin de re-cueillir lui-même du sel sur la plage. En chemin, les foules enthousiastes se joignent à lui. Ils sont des dizaines de milliers à récolter illégalement le sel. La ré-pression du gouvernement colonial ne se fait pas attendre : les coups de ma-traque et les peines d'emprisonnement s'abattent sur les participants. Malgré tout, Gandhi vient de montrer la force populaire et pacifique du nationalisme indien. Il deviendra un exemple pour plusieurs ac-tivistes politiques dont Martin Luther King Junior aux États-Unis.

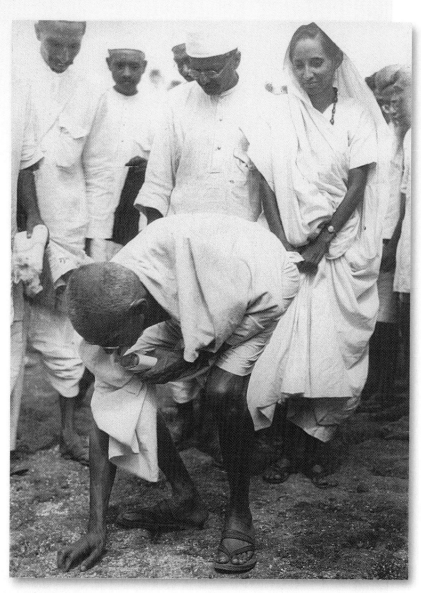

12.26

À la fin de la Marche du sel, en avril 1930, Gandhi prélève une poignée de sel sur la côte de l'océan Indien.

opinion

Pourquoi la non-violence est-elle un bon moyen de revendication ?

À gauche, l'évêque tanzanien Laurean Rugambwa (1912-1997), premier cardinal d'Afrique, un des titres les plus importants au sein de l'Église catholique, 1963.

Le point de vue de l'Europe

La situation en Europe ouvre aussi la porte à la décolonisation. Après la Seconde Guerre mondiale, l'Europe affaiblie connaît de graves difficultés financières. Une fois de plus au 20e siècle, les villes, les routes et les usines ont été détruites. La reconstruction coûte cher. De plus, le maintien d'un empire colonial où les populations se rebellent devient de plus en plus difficile. En outre, certains pays ont promis des réformes politiques ou encore la négociation de l'indépendance avec leurs colonies en échange de leur participation aux combats.

Dans les années 1940, la charte de l'ONU et la Déclaration universelle des droits de l'homme affirment de façon très claire le principe de l'égalité des peuples et des individus. Dorénavant, comment justifier un colonialisme basé sur la supériorité de la race blanche? L'impérialisme colonial ne correspond pas du tout aux nouvelles valeurs de liberté, de dignité et de respect de la communauté internationale. Les Églises chrétiennes qui avaient participé activement à la colonisation se portent maintenant au secours des populations colonisées les plus démunies. Il ne faut pas oublier que ces Églises comptent maintenant dans leurs rangs un clergé indigène important dont certains membres vont devenir les ardents défenseurs des intérêts de leurs peuples.

AILLEURS

LA MONTÉE DU GÉANT SOVIÉTIQUE

Comment la Russie des tsars est-elle devenue un État communiste ? En 1914, la Russie s'engage dans la guerre contre l'Allemagne et l'Autriche-Hongrie avec la plus grande armée terrestre d'Europe. Malgré cela, elle accumule les défaites. C'est que le pays éprouve de sérieuses difficultés économiques et sociales. Son industrie est peu développée, ses paysans appauvris réclament les terres de la noblesse, tandis que les soldats et les ouvriers demandent du pain. Conséquence : la révolution éclate en 1917. En mars, le tsar Nicolas II **abdique**. Un peu partout dans la Russie, les **soviets** prennent le pouvoir. En octobre, le parti communiste forme le gouvernement.

Rebaptisée Union des républiques socialistes soviétiques (URSS), la Russie communiste fait face à de grands défis. Les terres, les usines et les commerces deviennent la propriété de l'État qui dirige désormais l'économie. Pour rattraper les puissances industrialisées, Joseph Staline (1879-1953) met en place un régime totalitaire à la fin des années 1920. Il utilise les mêmes méthodes qu'Hitler en Allemagne. Il trompe le peuple par la propagande, élimine ses opposants, censure les médias et fait régner un climat de terreur sur tout le pays. À la veille de la Seconde Guerre mondiale, l'Union soviétique est devenue une redoutable puissance industrielle et militaire.

abdiquer Renoncer au pouvoir suprême.

soviet Conseil de représentants des paysans, des ouvriers ou des soldats mis sur pied au moment de la révolution de 1917. Par la suite, les soviets seront élus au suffrage universel et formeront la base administrative de l'Union soviétique.

12.28

« En avant, anéantissons les occupants allemands et repoussons-les au-delà des frontières de notre patrie. » Affiche montrant Staline et l'armée soviétique, 1944.

ВПЕРЕД, ЗА РАЗГРОМ НЕМЕЦКИХ ЗАХВАТЧИКОВ И ИЗГНАНИЕ ИХ ИЗ ПРЕДЕЛОВ НАШЕЙ РОДИНЫ!

Le mouvement de décolonisation

De 1947 à 1990, le mouvement de décolonisation s'engage d'abord en Asie, puis au Moyen-Orient, pour ensuite balayer l'Afrique entière. L'accession à l'indépendance se déroule de différentes façons selon les métropoles et selon les ressources des colonies. Certaines puissances colonisatrices quittent tout simplement les lieux, d'autres accordent graduellement l'autonomie, alors que d'autres encore s'accrochent à leurs possessions. Après avoir gagné leur indépendance, il arrive souvent que les nouveaux pays soient déchirés par une guerre civile ou qu'ils deviennent le terrain de lutte des deux super-puissances : les États-Unis et la Russie communiste, connue alors sous le nom d'Union soviétique.

Devenir indépendant

Pour plusieurs colonies d'Asie et d'Afrique, le passage à l'indépendance s'effectue sans affrontement militaire avec la métropole. Au Moyen-Orient, la France quitte la Syrie et le Liban dès 1945. En Asie, la Grande-Bretagne se résout enfin à négocier l'indépendance de l'Inde, mais les tensions entre

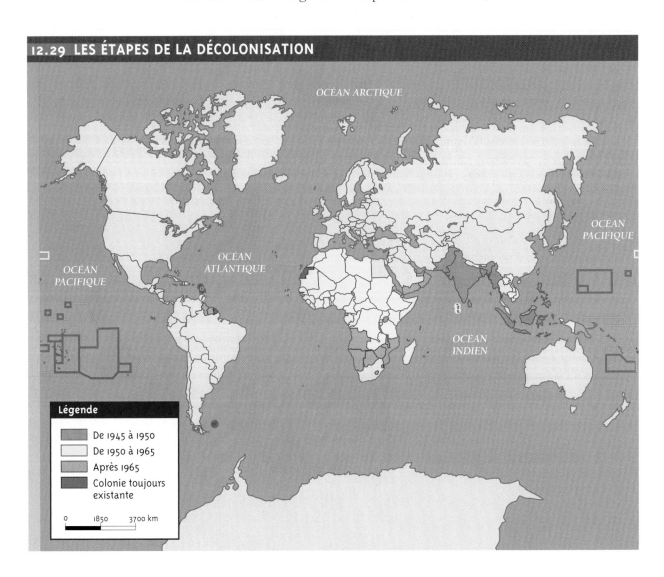

12.29 LES ÉTAPES DE LA DÉCOLONISATION

OCÉAN ARCTIQUE

OCÉAN PACIFIQUE

OCÉAN ATLANTIQUE

OCÉAN PACIFIQUE

OCÉAN INDIEN

Légende

De 1945 à 1950

De 1950 à 1965

Après 1965

Colonie toujours existante

0   1850   3700 km

les communautés hindoue et musulmane mènent à la guerre civile. En 1947, deux États indépendants voient le jour : l'Inde et le Pakistan musulman. Résultat ? Des millions de personnes sont déplacées, d'autres groupes ethniques réclament leur autonomie et les deux États se disputent des territoires.

AUJOURD'HUI
Décris le régime politique de l'Inde actuelle.

À partir de 1950, plus rien ne peut freiner la décolonisation de l'Afrique. La Grande-Bretagne, la France et la Belgique accordent l'indépendance de manière graduelle à plusieurs de leurs colonies comme le Ghana, le Sénégal et le Congo. Le pouvoir est peu à peu cédé aux Africains. Des administrateurs européens demeurent sur place le temps de rédiger une constitution, d'organiser des élections nationales ou de conseiller les nouveaux dirigeants. L'accession à l'indépendance prépare ainsi la démocratisation des anciennes colonies. Par la suite, celles-ci continuent souvent d'entretenir des liens économiques et culturels avec leur ex-métropole.

L'autonomie par la guerre

Certaines colonies obtiennent leur autonomie dans des conditions plus pénibles. Pour des raisons économiques, stratégiques ou politiques, leurs métropoles refusent de négocier ou tardent à le faire. Ainsi, en Asie, les habitants de l'Indonésie néerlandaise et de l'Indochine française, riches colonies aux portes de la Chine et du Japon, doivent prendre les armes.

12.30
La guerre d'Algérie, à la une d'un quotidien français, le *France-soir* du 9 novembre 1954.

À peine sortis d'Indochine, les Français s'engagent en Afrique dans une longue guerre contre l'Algérie en 1954. Les enjeux ? Des gisements de pétrole et des centaines de milliers de colons européens. Le conflit dure huit ans et entraîne la mort de plus d'un million de personnes. De la même façon, le Portugal s'obstine à conserver ses colonies. L'Angola et le Mozambique gagnent leur liberté dans le sang. L'indépendance ne leur sera concédée qu'en 1975 ! Du côté britannique, bien que la voie pacifique de la négociation ait souvent été adoptée, l'importante présence de colons blancs au Kenya et en Rhodésie provoque de sanglants affrontements, car ces minorités blanches craignent le pouvoir de la majorité noire.

Les groupes indigènes qui mènent ces combats ne disposent pas toujours des moyens financiers et militaires pour affronter les troupes de leur métropole. La plupart des guerres d'indépendance prennent la forme d'une guérilla, où de petits groupes armés attaquent par surprise des lieux ou des bâtiments stratégiques du pouvoir colonial. Ces mouvements indépendantistes sont parfois soutenus par l'un ou l'autre des deux « supergrands », les États-Unis et l'URSS. Durant la guerre d'Indochine, par exemple, les Américains appuient la France alors que les Soviétiques et les communistes chinois fournissent des armes aux partisans de Hô Chí Minh, un leader nationaliste formé en URSS.

Passe à l'action

Un exemple de ségrégation

Cherche des documents visuels ou des textes qui révèlent que les Blancs ont fait preuve de ségrégation en Afrique du Sud durant le régime d'apartheid. Présente ces documents en indiquant leur provenance, et explique en quoi ils constituent une preuve de ségrégation.

FAITS D'HIER   L'APARTHEID, UN RÉGIME DE SÉGRÉGATION

Pays des diamants et de l'or, l'Afrique du Sud échappe à cette vague de décolonisation. **Dominion** britannique, elle jouit déjà d'une grande autonomie. Cette nation à majorité noire est dirigée par une minorité d'origine britannique et néerlandaise. Au fil des ans, le Parlement a adopté des lois qui ont réduit les droits civiques des Noirs. Il a aussi considérablement limité leur accès à la propriété, les écartant ainsi des richesses du pays. Ceux-ci ont réagi en créant le Congrès national africain (ANC), un parti pour la défense de leurs intérêts. À partir de 1948, le gouvernement durcit encore sa position envers les Noirs. Il met en place une politique raciale pour diviser systématiquement la population sur la base de l'appartenance à un groupe ethnique : les Blancs d'un côté, les gens de couleur de l'autre. C'est le début d'un régime légal de ségrégation et de répression appelé apartheid, d'un mot **afrikaans** qui signifie « tenir à part, séparer ».

La législation qui impose la ségrégation des services et des lieux publics rappelle celle des États du Sud des États-Unis. Mais les dirigeants blancs sud-africains vont plus loin. Ils classifient les races selon des critères précis : la race blanche, la métisse, les races africaines et asiatiques. Les Noirs africains sont parqués dans des sortes de réserves où ils deviennent des étrangers dans leur propre pays, privés de leur citoyenneté et de leur droit de vote. En milieu urbain, chaque groupe de couleur est relocalisé dans un quartier réservé, en bordure des villes. L'administration blanche surveille tous les aspects de la vie quotidienne : lieu de résidence, études, mariages, etc. La police blanche détient un grand pouvoir.

dominion Colonie de peuplement britannique dirigée par un gouvernement élu par la population locale.

afrikaans Langue parlée par les descendants de colons d'Afrique du Sud venus des Pays-Bas au 17e siècle.

12.31

Une file d'électeurs sud-africains devant un bureau de vote lors du scrutin historique de 1994.

Les gens de couleur et certains Blancs tentent de résister au régime. En 1944, de jeunes Noirs parmi lesquels Nelson Mandela (né en 1918) fondent l'aile jeunesse de l'ANC. Ils organisent des actes de déso-

zoulou Langue parlée par un peuple noir du sud de l'Afrique.

béissance civile et des marches de revendication, puis ils prennent les armes pour amorcer la gué-rilla. La répression est brutale. Les opposants sont battus, arrêtés et parfois massacrés. En 1960, l'ANC et les associations de gens de couleur sont interdits.

Dans les années 1970, la communauté internationale commence à condamner l'apartheid. Elle adopte des sanctions économiques en interdisant la vente d'armes et en limitant le commerce avec l'Afrique du Sud. Des images de massacres dans les quartiers noirs scandalisent le public. Les produits sud-africains sont boycottés. Les artistes et les sportifs tournent le dos à l'Afrique du Sud. Dans le pays, la révolte gronde. En 1986, Johnny Clegg, un musicien blanc d'Afrique du Sud accompagné d'un groupe multiracial, enregistre une chanson qui mentionne pour la première fois le nom de Mandela et de militants anti-apartheid assassinés : *Asimbonanga*, qui signifie en **zoulou** « Nous ne l'avons pas vu ». Les autorités en interdisent la diffusion. Mais ce chant de li-bération fait le tour de la planète…

Le régime d'apartheid est progressivement aboli à partir de 1989. Le gouvernement supprime toutes les lois ségrégationnistes. En 1994, des millions de Noirs expriment démocratiquement leur choix en votant pour la première fois de leur histoire ! L'ANC l'emporte avec 63 % des voix et Mandela accède à la présidence.

5 TON SUJET D'ENQUÊTE

Décris le rôle de la communauté internationale pendant cette période de décolonisation.

▶ Décris le tiers-monde au moment de la décolonisation.

▶ Décris la situation socio-économique des pays du tiers-monde.

▶ Énumère les conséquences qu'entraîne l'appui d'une superpuissance.

▶ Explique pourquoi le tracé des frontières à l'époque coloniale a affecté certains groupes ethniques.

vivrier   Destiné à l'alimentation.

12.32
Le président indonésien Achmed Sukarno (1901-1970), lors de la première conférence des pays du tiers-monde en avril 1955, à Bandung, en Indonésie.

Sur la voie du développement

La décolonisation bouleverse la scène internationale. À la fin de la Seconde Guerre mondiale, le monde se divise en deux blocs. À l'ouest se regroupent les partisans de la démocratie et du capitalisme : les États-Unis, le Canada et leurs alliés de l'Europe occidentale. À l'est, l'Union soviétique, championne du communisme, réunit dans son camp l'Europe de l'Est et certains pays d'Asie. Entre les deux blocs, un troisième groupe apparaît qui entend bien prendre sa place dans la communauté des nations : le tiers-monde rassemblant les jeunes États d'Afrique et d'Asie. Malgré leur indépendance, ces pays se trouvent aux prises avec de graves problèmes économiques, politiques et sociaux.

La dépendance économique

Des années d'exploitation par les Européens ont bien souvent appauvri ces régions [← p. 214 et suiv.]. Dans les années 1950, alors qu'ils représentent près de 60 % de la population mondiale, les pays du tiers-monde possèdent à peine 10 % des richesses de la planète. Leur économie sous-développée reste dépendante des exportations de matières premières, agricoles ou minières, vers l'Europe et l'Amérique. Aussi ces pays réclament-ils une plus grande coopération internationale.

La majorité des populations du tiers-monde sont rurales. Les familles partagent leurs terres entre la culture **vivrière** et la monoculture commerciale (cacao, arachide, banane, etc.). Les techniques agricoles demeurent rudimentaires et très peu mécanisées. De plus, la monoculture épuise les sols fertiles. Le rendement de la terre est donc très faible et suffit à peine à nourrir la population qui ne cesse de s'accroître, si bien qu'il devient nécessaire d'importer des céréales. Les sécheresses, les catastrophes naturelles et les épidémies aggravent la situation, surtout en Afrique. De nombreux paysans quittent la campagne pour les villes dans l'espoir de trouver un emploi.

La décolonisation profite aux nouveaux riches et aux classes moyennes qui peuvent maintenant diriger le gouvernement, occuper les postes de l'administration, pratiquer diverses professions et se lancer en affaires. Cependant, à l'intérieur même du tiers-monde, les inégalités se creusent. Le développement progresse plus vite en Asie qu'en Afrique. En général, la ville qui s'industrialise s'enrichit plus que les campagnes.

L'instabilité persistante

12.33
Kinshasa, la capitale de la République démocratique du Congo (ancien Congo belge), en 1968.

Les nouveaux États veulent moderniser leurs pays, éduquer leurs enfants, soigner leur population et améliorer leurs conditions de vie. Pour réaliser ces réformes, il leur faut de l'argent, beaucoup d'argent. Vers qui se tourner? Certaines anciennes métropoles comme la France et la Grande-Bretagne maintiennent les liens commerciaux et fournissent une aide financière. Malgré ces gestes, l'Europe occidentale n'est plus assez riche pour prendre en charge les jeunes pays. Ceux-ci se tournent donc vers les deux superpuissances. Mais cette solution comporte des inconvénients. En acceptant l'aide d'une superpuissance, on s'attire souvent l'hostilité de l'autre. Par exemple, après l'indépendance de l'Angola, le gouvernement de tendance communiste reçoit le soutien de l'URSS. Pour limiter l'influence soviétique, les États-Unis et l'Afrique du Sud ne tardent pas à aider les opposants au régime. Le jeune État s'enfonce alors dans une guerre civile qui durera plus de 20 ans. L'aide extérieure sert alors à l'achat d'armement, à l'approvisionnement des troupes et à l'enrichissement des dirigeants.

Les groupes en conflit sont souvent des minorités ethniques qui ne partagent pas les mêmes intérêts. Celles-ci ont tout bonnement été regroupées sur un même territoire lors du tracé des frontières, à l'époque coloniale. Lorsque leurs divergences ne provoquent pas la guerre, elles entraînent de la discrimination et des persécutions. Ainsi, pour plusieurs pays, les premières décennies de la décolonisation n'apporteront pas le progrès économique et social espéré.

opinion
Les pays riches devraient-ils aider les plus pauvres ?

CITOYEN, CITOYENNE

La défense des droits de la personne

Depuis la création des Nations Unies en 1945, plusieurs organismes ont été mis en place pour protéger les libertés et les droits fondamentaux et pour promouvoir l'égalité entre tous les individus de la planète. Ce principe d'égalité repose sur le respect d'un ensemble d'obligations et de règles qui s'appliquent autant aux nations qu'aux individus.

Comme il est écrit dans la Charte des Nations Unies, il nous faut tous ensemble croire « dans les droits fondamentaux de l'homme, dans la dignité et la valeur de la personne humaine, dans l'égalité des droits des hommes et des femmes ». Les organismes nationaux et internationaux impliqués dans la défense et l'application de ces principes sont très nombreux. Tous ces organismes travaillent à améliorer le sort des individus et des communautés en mettant en place des moyens qui vont leur permettre de se développer dans le respect de leurs droits. Rappelle-toi que certains des droits qui te sont reconnus dans ta société ne le sont pas nécessairement dans toutes les nations du monde. La reconnaissance de ces droits fondamentaux fait sans répit l'objet de luttes. Certains se battent notamment pour prohiber le travail des enfants, pour

faire reconnaître l'égalité des femmes et des hommes, pour mettre fin à la violence familiale ou pour réclamer l'accès à l'éducation pour tous. En fait, les combats pour éliminer les inégalités sont encore nombreux. Ces luttes sont certes menées par des organismes de toutes sortes, mais elles peuvent aussi être le fait de chaque individu dans ses gestes, dans ses propos et dans ses décisions.

Action citoyenne

Avec tes camarades, prépare une journée thématique à l'école pour faire la promotion des libertés et des droits fondamentaux de la personne. Fais preuve de créativité !

Question citoyenne

Nomme un organisme qui œuvre pour défendre et promouvoir les droits de la personne, et explique comment il y parvient.

3 Les luttes des femmes

Le 20ᵉ siècle est le théâtre de luttes acharnées pour la liberté et l'égalité des droits. Une des luttes les plus remarquables est sans doute celle de l'émancipation des femmes : une véritable révolution à la fois politique, économique et sociale ! Même si de tout temps des femmes ont voulu être traitées à l'égal des hommes, c'est à partir du 19ᵉ siècle que la condition féminine connaît ses avancées les plus marquantes. Ce mouvement pour l'égalité des droits des femmes porte le nom de féminisme. En Europe occidentale et en Amérique du Nord, les premières féministes exigent l'accès à l'éducation et l'égalité politique, alors que les revendications des années 1960-1970 porteront sur la fin de la discrimination envers les femmes dans tous les domaines.

Les commencements du féminisme

Depuis des millénaires, des femmes ont tenté de se libérer d'une condition héritée de la division sexuelle du travail : aux femmes, le soin des enfants et les tâches domestiques ; aux hommes, la chasse, la guerre et les travaux exigeant la force physique. Or, le prestige et le pouvoir attachés à ces fonctions masculines établirent des rapports inégaux entre les femmes et les hommes. De plus, les grandes religions, que ce soit le judaïsme, le christianisme ou l'islam, affirment toutes l'infériorité sociale de la femme. À partir du 19ᵉ siècle, des individus vont tenter de briser cette image traditionnelle. Inspirées par les idéaux des Lumières [← p. 114], les féministes réclament entre autres le droit à l'éducation et le droit de vote.

code civil Recueil de lois civiles qui règle la vie en société (propriété, ventes, achats, mariage, etc.).

Le rôle traditionnel des femmes

Malgré tous les beaux discours sur les libertés et les droits de la personne, la révolution de 1789 n'a pas donné l'égalité aux femmes. En France, le **Code civil** de 1804 légalise l'inégalité des sexes. La femme est une mineure soumise à l'autorité de son père puis de son époux. L'homme est le chef de famille et son épouse lui doit obéissance. En Europe comme en Amérique du Nord, la femme mariée est touchée par une incapacité

6 **TON SUJET D'ENQUÊTE**

Décris l'évolution du mouvement féministe au 19ᵉ siècle.

▸ Explique en quoi consiste l'inégalité historique des femmes et illustre comment elle s'exprime en France au 19ᵉ siècle.

▸ Énumère des revendications des premiers mouvements féministes.

▸ Décris comment les féministes font valoir leurs revendications au milieu du 19ᵉ siècle.

▸ Décris comment les Blackwell aux États-Unis et les Gérin-Lajoie au Québec font avancer la cause de l'égalité des femmes.

▸ Énumère des acquis du mouvement féministe vers la fin du 19ᵉ siècle.

12.34
Gravure illustrant une leçon de broderie, 1885.

civile, c'est-à-dire qu'elle est privée de la jouissance de nombreux droits. Elle n'a pas le droit de vote. Elle ne peut pas signer de contrat ni engager une poursuite en justice. Elle doit remettre son salaire à son époux. Elle n'a pas l'autorité parentale sur ses enfants. Et la liste des autres interdits est encore longue.

Ces lois civiles reflètent bien les valeurs bourgeoises de l'époque qui entretiennent l'idéal de la femme au foyer. Si les femmes des milieux ruraux et ouvriers travaillent au même titre que les hommes, l'épouse bourgeoise, elle, ne travaille pas. Mère et maîtresse de maison, elle veille aux travaux ménagers et au soin de ses enfants. Elle est perçue comme un être faible et inférieur, dominé par ses émotions. Il est donc du devoir de son époux de la protéger d'elle-même et du monde extérieur. Avec l'amélioration des conditions des travailleurs, cette image de la femme ménagère, qui reste à la maison, gagne peu à peu les classes populaires. À la fin du siècle, il deviendra mal vu pour une femme mariée de travailler à l'extérieur du foyer.

Y a-t-il d'autres choix que le mariage pour la femme du 19ᵉ siècle ? Rester célibataire possède des avantages : on échappe à la domination d'un mari. En revanche, à moins d'être fortunée, on s'expose à vivre dans la pauvreté compte tenu des maigres salaires offerts aux femmes. De plus, une femme seule doit affronter les critiques de son entourage. Côté emploi, les perspectives demeurent limitées. Lorsqu'elles ne sont pas paysannes, les femmes travaillent comme ouvrières d'usine non qualifiées ou comme domestiques. Les plus éduquées deviennent parfois institutrices, mais doivent quitter leur emploi si elles se marient. Enfin, certaines femmes prennent en charge l'instruction des filles ainsi que les soins aux malades et aux démunis dans le cadre d'activités philanthropiques ou de communautés religieuses.

Pour l'accès à l'éducation

C'est dans ce climat fermé et paternaliste que s'engage le combat des premières féministes. Au sein de cette lutte, les États-Uniennes et les Britanniques sont au premier rang. Ces femmes, épaulées par quelques hommes, militent souvent pour différentes causes sociales comme l'abolition de l'esclavage des Noirs, la paix, la limitation du travail des enfants de même qu'une meilleure répartition de la richesse. Elles s'attaquent surtout à la question des droits civiques des femmes. Celles-ci doivent devenir des citoyennes à part entière. Elles réclament, entre autres, la possibilité de faire des études qui leur permettent d'accéder à l'emploi de leur choix, le droit de vote ainsi que le droit pour les femmes mariées d'administrer leur propre fortune.

Les pionnières du féminisme sont des femmes courageuses et déterminées qui doivent braver les préjugés, les conventions sociales et même l'opposition de certaines femmes. Elles sont souvent issues de familles favorables aux progrès sociaux. Prenons l'exemple d'Elizabeth Blackwell (1821-1910) aux États-Unis. La jeune Blackwell aimerait bien devenir médecin auprès des femmes. D'abord enseignante pour gagner sa vie, elle commence à lire des ouvrages médicaux puis se lance à la recherche d'une école de médecine. Toutes ses demandes d'admission sont refusées sauf une, dans une institution de l'État de New York. Étudiants et habitants du coin sont scandalisés! Après quelque temps, devant son sérieux, sa persévérance et son talent, ses collègues et ses professeurs finissent par la respecter. En 1849, elle termine au premier rang de sa promotion et devient ainsi la première femme à recevoir un diplôme en médecine!

AUJOURD'HUI

Nomme une loi qui améliore la condition des femmes québécoises.

12.35

Une leçon d'anatomie en 1870, dans une école de médecine pour femmes, fondée par Elizabeth Blackwell.

En effet, dans la première moitié du 19ᵉ siècle, si les fillettes peuvent accéder à l'instruction primaire, les jeunes filles qui veulent poursuivre leurs études doivent souvent se contenter d'un cours secondaire axé sur la culture générale (dessin, musique, etc.) et les travaux féminins. Aucun diplôme ne sanctionne ces études qui les préparent surtout à jouer leur rôle de bonne bourgeoise. Convaincues que l'égalité des droits passe par l'instruction, les féministes cherchent à faciliter l'accès des filles à une éducation secondaire et universitaire qui offre les mêmes possibilités de carrières qu'aux garçons. Des groupes de femmes militent pour faire changer les lois, d'autres financent des écoles pour filles.

FAITS D'HIER — LE FÉMINISME ET LES HOMMES

Le féminisme ne concerne pas uniquement les femmes. Certains intellectuels défendent l'égalité politique des femmes. Des pères encouragent les études de leur fille. Des professeurs acceptent de bon gré d'enseigner à ces femmes audacieuses. Et des maris militent auprès de leur épouse.

En 1855, lorsque l'industriel américain Henry Blackwell (1825-1909) épouse Lucy Stone (1818-1893), une militante féministe et anti-esclavagiste, il accepte que son épouse conserve son nom de fille. De l'avis de Stone, son nom constitue son identité et elle refuse de le perdre pour prendre celui de son mari. Blackwell renonce aussi à tous les privilèges que le mariage attribue à l'homme. Sa femme, son égale, ne lui devra pas obéissance. Ce mariage fait scandale à l'époque. Il faut dire que la famille de Blackwell fait preuve d'une grande ouverture face aux revendications féministes: ses deux sœurs, Elizabeth et Emily, sont toutes deux médecins, et sa belle-sœur, Antoinette Brown, deviendra la première femme pasteur des États-Unis.

12.36
Cette caricature de 1860 représente l'économiste britannique John Stuart Mill, auteur de l'ouvrage féministe *De l'assujettissement des femmes*, publié en 1869. Mill demande le passage pour un groupe de suffragettes.

12.37
Suffragettes françaises manifestant pour le droit de vote. Carte postale, vers 1910.

Pour les droits civiques

À la même époque, des féministes collaborent avec les milieux socialistes et syndicaux. Elles sont persuadées que l'amélioration des droits des femmes viendra avec l'amélioration des droits des ouvriers. Elles envisagent une transformation profonde de la société pour mettre fin à l'exploitation de tous les travailleurs, peu importe leur sexe et leur origine. En France, Flora Tristan (1803-1844) est l'une de ces militantes socialistes qui appellent les ouvriers et les ouvrières à s'unir pour lutter.

Cependant, l'antiféminisme de plusieurs syndicalistes et l'hostilité des syndicats au travail des femmes persuadent certaines féministes que la libération des femmes se fera par les femmes elles-mêmes et non par le mouvement ouvrier. Ainsi, des groupes de femmes issues de la bourgeoisie des pays industrialisés organisent des comités, descendent dans la rue et font pression auprès des gouvernements afin de modifier les droits politiques des femmes. Elles utilisent leurs relations et celles de leurs maris pour publier des ouvrages et des journaux féministes. Elles ne cherchent pas nécessairement une réforme de la société industrielle, mais elles demandent les mêmes privilèges que les hommes. Celles qui militent en faveur du suffrage féminin portent le joli nom de « suffragettes ».

Dans la seconde moitié du 19e siècle, la cause des femmes progresse. Aux États-Unis, ainsi que dans certains pays européens et dominions britanniques, elles obtiennent le droit de voter aux élections locales. L'école primaire pour fillettes se consolide et l'enseignement secondaire pour les jeunes filles s'organise. Les emplois accessibles aux femmes se diversifient : vendeuses, dactylos, institutrices, infirmières et, plus rarement, avocates, médecins et professeures d'université. Il faut attendre le début du 20e siècle pour que le suffrage féminin soit institué dans des élections nationales.

AUJOURD'HUI

Établis une liste de femmes impliquées en politique dans le monde actuel.

Au Québec, l'obtention du droit de vote tarde à venir. Alors que les suffragettes ont obtenu pour les femmes le droit de vote aux élections fédérales en 1918, les prêtres et les politiciens canadiens-français font la sourde oreille. La militante Marie Gérin-Lajoie (1867-1945) ne lâche pas prise. Juriste **autodidacte** et enseignante, elle donne des conférences et publie des ouvrages sur les droits civiques des femmes.

autodidacte Personne qui s'instruit seule, sans professeur.

Sa fille, « Marie-G. » Gérin-Lajoie (1890-1971), marche dans ses pas. En 1911, elle devient la première femme à décrocher un diplôme universitaire d'une université canadienne-française. En 1923, elle crée une communauté religieuse pour venir en aide aux familles défavorisées et aux immigrantes. Dans sa lutte pour un monde plus juste, l'amélioration de la condition ouvrière, l'éducation et le droit de vote des femmes sont ses principales préoccupations. Grâce à leur travail obstiné, les Gérin-Lajoie contribueront à la conquête du suffrage féminin au Québec en 1940 !

12.38
Dès 1919, Marie-G. (2e à gauche) intéresse un groupe de jeunes femmes à son projet de communauté pour venir en aide aux plus démunis.

7 TON SUJET D'ENQUÊTE

Trace un portrait de la lutte féministe des années 1950 à nos jours.

▶ Explique en quoi consiste la mission première que se donnent les féministes de la seconde moitié du 20e siècle.

▶ Donne des exemples de ce que dénoncent la Française Simone de Beauvoir et l'Américaine Betty Friedan.

▶ Établis une liste des revendications féministes de la seconde moitié du 20e siècle.

▶ Énumère des revendications des féministes du monde actuel.

Une deuxième vague de féminisme

Durant la Première Guerre mondiale, les femmes remplacent les hommes partis par millions au combat. Elles travaillent dans les usines et dans les champs afin d'approvisionner les troupes et de nourrir leur pays. Cependant, le retour des hommes en 1918 les renvoie à la maison. Les années entre les deux guerres sont peu favorables aux revendications féministes. Les vieux préjugés reviennent en force : la femme au travail délaisse son foyer, a moins d'enfants et néglige ceux qu'elle met au monde… Mais la lutte continue. Dans certains pays, comme la France, les femmes n'ont pas encore le droit de vote… Cependant, c'est à partir des années 1960 que la situation des femmes va connaître des changements sans précédent.

Faire prendre conscience

Après la Seconde Guerre mondiale, la prospérité revient en Occident. Surtout en Amérique du Nord où les industries de guerre ont considérablement enrichi le Canada et les États-Unis. En Europe, tout est à reconstruire. De nouveau, les hommes revenus de la guerre retrouvent leurs emplois traditionnels aux dépens des femmes. Cependant, les emplois « féminins » sont à la hausse dans les domaines de l'éducation, des soins de santé, de l'administration et de la vente au détail. Malgré tout, dans les années 1950, les bons salaires des hommes et le développement des banlieues ramènent encore la femme mariée à sa cuisine.

Certes, ces femmes de l'après-guerre ont le droit de voter, mais la discrimination selon le sexe persiste. Cette fois-ci, ce sont des intellectuelles, formées dans les universités, qui poursuivent la lutte féministe. Leur première mission est de faire prendre conscience aux femmes de leur situation d'infériorité sociale. En 1949, l'écrivaine et philosophe Simone de Beauvoir (1908-1986) publie un ouvrage retentissant, intitulé *Le Deuxième Sexe*. Elle y rejette avec virulence la conception traditionnelle de la femme. Selon Beauvoir, « on ne naît pas femme, on le devient », c'est-à-dire qu'il n'existe pas de différences fondamentales entre les hommes et les femmes à la naissance. Le stéréotype de la femme faible, soumise et inférieure est imposé aux femmes par la société, l'éducation et les valeurs collectives. Simone de Beauvoir dénonce aussi le fait que les modèles proposés aux filles ne mettent l'accent que sur la femme épouse, mère et ménagère : on leur refuse ainsi la possibilité de s'épanouir autrement. Le livre fait scandale, et il va devenir un des ouvrages fondateurs du mouvement féministe des années 1960.

12.39 Des femmes états-uniennes dans une usine de construction aéronautique durant la Seconde Guerre mondiale.

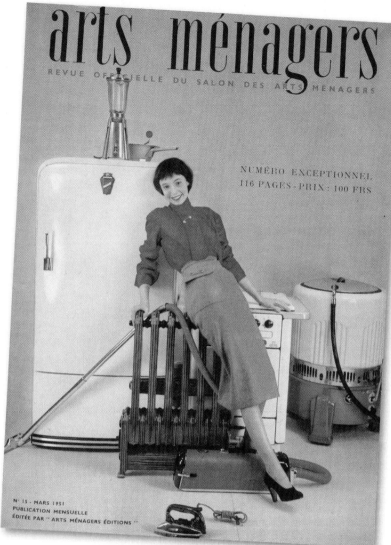

12.40
La femme des années 1950 entourée de ses appareils électroménagers. Couverture de la revue *Arts ménagers*, 1951.

Passe à l'action

Un exemple de sexisme

Cherche des documents visuels ou des textes qui attestent que les hommes ont fait preuve de discrimination envers les femmes aux 19e et 20e siècles. Présente ces documents en indiquant leur provenance, et explique en quoi ils constituent une preuve de sexisme.

En 1963, Betty Friedan (1921-2006), une journaliste états-unienne qui a abandonné sa carrière pour fonder une famille, écrit *La Femme mystifiée*, un véritable manifeste de la libération des femmes. Selon Friedan, les femmes des années 1950-1960, même les plus éduquées, se sont laissé tromper par le confort de la vie de famille à la banlieue. Comme Beauvoir, elle critique les valeurs conservatrices de la société américaine qui vantent l'idéal de la ménagère, reine du foyer. Parmi leurs électroménagers dernier cri, ces femmes qui élèvent leurs enfants, cuisinent et nettoient éprouvent un profond malaise : elles s'ennuient et se réfugient parfois dans l'alcool et les tranquillisants. Friedan soutient que les possibilités d'avenir pour les femmes ne devraient pas se limiter au foyer familial. *La femme mystifiée* constitue le déclic qui lance le vaste mouvement de libération des femmes en Amérique du Nord puis en Europe.

L'égalité au travail

En 1963, le gouvernement des États-Unis adopte le *Equal Pay Act*, la « loi de l'équité salariale » : il devient illégal d'offrir un salaire moins élevé à une femme qu'à un homme pour un travail équivalent. L'année suivante, le *Civil Rights Act* met officiellement fin à toute discrimination tant pour les Noirs que pour les femmes. Mais dans les faits, ces lois ne suffisent pas à éliminer la discrimination liée au sexe. Plusieurs groupes féministes voient le jour. Leurs revendications touchent à la fois le monde du travail et la vie familiale.

On organise des marches de protestation, des congrès et des campagnes d'information. Les féministes font aussi des pressions sur les politiciens pour obtenir une réelle égalité. Dans un premier temps, elles réclament l'équité salariale. Les femmes, de plus en plus nombreuses sur le marché du travail, veulent également les mêmes chances de promotion que les hommes. Dans les années 1980, les féministes revendiquent et obtiennent la mise en place de réseaux de garderies et d'un système de congé de maternité. Jusque-là, la femme enceinte devait démissionner pour accoucher et prendre soin de son bébé.

Tout comme au temps du féminisme de la première vague, il n'est pas rare que les luttes de la fin du 20ᵉ siècle soient liées à d'autres combats de nature sociale. De nombreuses féministes recherchent l'égalité sous toutes

12.41

Une entrevue télévisée avec Betty Friedan lors d'une manifestation en faveur de l'égalité, en août 1970, dans les rues de New York.

ses formes. Il arrive qu'elles militent à la fois contre la discrimination et la violence faite aux femmes, contre la pauvreté, pour le désarmement ou encore pour les droits des travailleurs. Au Québec, la militante Simonne Monet-Chartrand (1919-1993) en est un bel exemple. Dès les années 1940, elle assiste, fonde ou anime différents mouvements d'action féministe, religieuse, familiale, éducative, syndicale, pacifiste et même nationaliste.

D'autres féministes utilisent les arts afin de faire avancer leur cause. Aux États-Unis, l'artiste et professeure Judy Chicago (née en 1939), par exemple, entreprend en 1974 une œuvre monumentale en hommage à l'histoire des femmes occidentales, *The Dinner Party*. Avec l'aide de centaines de bénévoles, elle construit une immense table de banquet triangulaire. Autour de la table, l'artiste dispose des assiettes de porcelaine, symbolisant des grandes femmes de l'histoire, sur des napperons délicatement brodés. Déesses antiques, reines célèbres, artistes, scientifiques et militantes sont représentées à travers des motifs de fleurs, de papillons, de sexes féminins et de symboles historiques reproduits dans les assiettes. Cette œuvre, qui sera exposée pour la première fois en 1979 au Musée d'art moderne de San Francisco en Californie, fera parler d'elle !

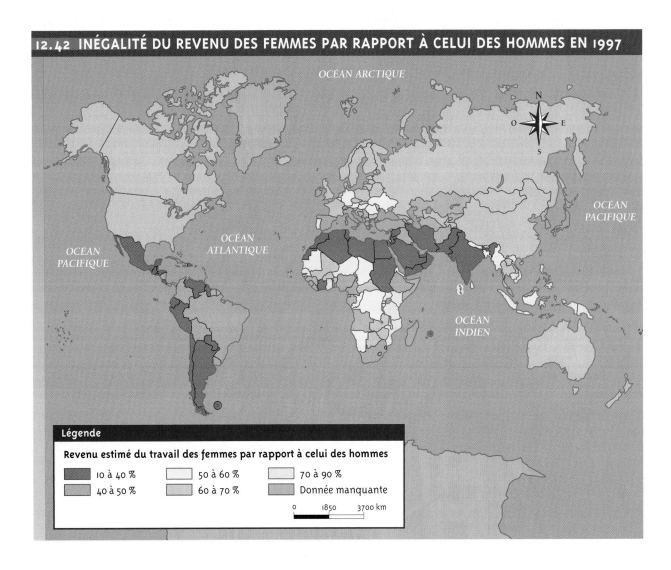

12.42 INÉGALITÉ DU REVENU DES FEMMES PAR RAPPORT À CELUI DES HOMMES EN 1997

Légende

Revenu estimé du travail des femmes par rapport à celui des hommes

- 10 à 40 %
- 40 à 50 %
- 50 à 60 %
- 60 à 70 %
- 70 à 90 %
- Donnée manquante

0 1850 3700 km

Pour le respect et le libre contrôle du corps des femmes

Les luttes ne portent pas toujours sur des enjeux économiques. Les féministes veulent aussi modifier les mentalités et les attitudes sexistes présentes dans la société. Elles font campagne pour éliminer les images dégradantes et le langage sexiste dans les films, la publicité ou encore les manuels scolaires. En 1968, un groupe féministe états-unien proteste contre le concours de beauté *Miss America*. Devant la salle du concours, les activistes interprètent du théâtre de rue dans lequel elles dénoncent les critères traditionnels de beauté. Elles couronnent une brebis, reine du concours, et lancent dans une poubelle ce qu'elles considèrent comme des instruments de torture des femmes : des chaussures à talons hauts et des magazines de mode. À l'intérieur de la salle, elles perturbent le concours. Ce genre d'action spectaculaire fait la manchette dans les médias.

12.43

« Garder l'avortement et le contrôle des naissances sans danger et légaux. » Une manifestation en faveur de l'avortement aux États-Unis.

Une autre dimension du combat des femmes concerne le contrôle de leur corps et de leur fécondité. En 1960, la pilule contraceptive provoque une véritable révolution sexuelle et familiale. Pour la première fois dans l'histoire, les femmes peuvent contrôler efficacement les naissances. Elles peuvent choisir d'avoir ou non des enfants. Peu à peu, les femmes mariées obtiennent l'égalité et ne doivent plus obéissance à leur époux. Les féministes réclament aussi la légalisation de l'avortement, considéré alors comme un crime. Des Églises chrétiennes et des groupes conservateurs s'opposent à ce contrôle des naissances, mais leurs protestations ne suffisent pas à freiner le mouvement. Au Canada, les femmes pourront se faire avorter en toute légalité à partir de 1988.

Ces victoires du mouvement de libération des femmes pour l'égalité sont considérables. Cependant, tout n'est pas gagné. Dans les années 1980, le féminisme s'élargit à la planète et les revendications se diversifient. La représentation en politique, l'équité salariale, la violence faite aux enfants et aux femmes ainsi que la sexualité figurent parmi les préoccupations des femmes des pays riches, alors que celles du tiers-monde se soucient plutôt de pauvreté, d'agriculture, de sécurité en temps de conflit, de santé et d'éducation.

Faire de l'histoire, aujourd'hui

microfilm Reproduction de documents sur film photographique.

Faire de l'histoire, qu'est-ce que ça représente aujourd'hui ? Au fil des époques, l'historien a tour à tour été un philosophe, un humaniste, un écrivain puis un professeur d'université. Ce spécialiste de l'histoire fréquentait avec assiduité les archives et les bibliothèques à la recherche de manuscrits jaunis par les ans ou d'imprimés poussiéreux. Il adressait ses travaux au prince qui l'employait ou au petit cercle fermé de ses collègues eux-mêmes historiens. Les choses ont-elles changé ? Oui et non. Les historiens et les historiennes d'aujourd'hui fouillent toujours les boîtes d'archives et les rayons des bibliothèques. Plusieurs d'entre eux enseignent à l'université ou au collège et leurs recherches sont peu connues du grand public. En revanche, depuis le 20e siècle, la profession connaît quelques transformations.

L'historien se penche sur de nouveaux sujets, fait appel à de nouvelles sources, maîtrise de nouveaux outils et touche de nouveaux publics. De plus en plus d'historiens, par exemple, se préoccupent du sort de ceux et celles que l'histoire officielle a oubliés depuis des centaines d'années : les femmes, les enfants, les minorités comme les Noirs des États-Unis, les démunis et les gens ordinaires. Certains se passionnent pour différentes facettes de la vie sociale peu explorées jusque-là : les rapports entre hommes et femmes, le travail, la vie à la campagne, le crime, la sexualité, les loisirs, etc. L'historien ne se contente plus d'examiner les documents écrits. Dans les centres d'archives et les musées, il interroge aussi les données statistiques des gouvernements, les documents audiovisuels, les objets du quotidien, les œuvres d'art, les photographies, etc.

12.44
En 1916, l'Américaine Frances Densmore, professeure de musique et ethnologue amatrice, enregistre les chants des Amérindiens à l'aide d'un gramophone. L'invention du magnétophone en 1935 rendra l'enregistrement de la voix beaucoup plus aisé.

Dans la seconde moitié du 20e siècle, l'historien dispose d'outils de communication et de repérage de l'information de plus en plus efficaces. Le magnétophone puis le caméscope (la vidéo) permettent d'enregistrer les récits d'événements racontés par les témoins que vise l'historien. La copie de manuscrits et de journaux sur **microfilm** facilite leur consultation tout en évitant au chercheur de manipuler les originaux, peu accessibles, fragiles ou encore peu commodes à manier. À partir de la fin des années 1980, l'ordinateur personnel bouleverse le travail de l'historien. Des logiciels permettent de saisir et d'organiser sous forme de données numériques toutes les informations trouvées dans les archives : fini les petites fiches de papier difficiles à classer et faciles à égarer ! Les cédéroms puis Internet facilitent encore davantage la recherche. Une partie des tâches peut désormais s'effectuer en ligne. Le chercheur y trouve les catalogues de différentes bibliothèques, des banques d'articles de revues scientifiques, des banques d'images et même des transcriptions numériques de certaines sources écrites.

Les historiens professeurs enseignent et mènent des recherches très spécialisées. Certains participent à des projets dans leur communauté. Ils agissent, par exemple, comme consultants lors d'une exposition ou encore font une mise au point historique sur un problème d'actualité, à la radio ou à la télévision. Ils sont parfois appelés à titre d'experts lorsqu'il faut éclaircir l'existence d'un droit **ancestral** ou une question qui porte sur l'histoire du droit. Il existe aussi des historiens professionnels qui ne consacrent pas leur carrière à l'enseignement. Ils pratiquent ce qu'on appelle l'histoire appliquée. Certains sont au service de centres d'archives, de musées, de bibliothèques, de sociétés historiques, de ministères ou encore d'organismes gouvernementaux responsables de la mise en valeur du patrimoine comme Parcs Canada. D'autres travaillent à leur compte et répondent à des commandes de différents milieux professionnels.

La pratique de l'histoire appliquée offre une gamme étendue de possibilités à l'historien. Il peut élaborer le parcours et les textes d'une exposition historique. Il peut participer à un projet de série télévisée documentaire, à un scénario de film ou de jeu historique. Il peut rédiger des manuels scolaires, des contenus spécialisés en histoire pour Internet ou des cédéroms. Il peut aussi réaliser des études qui démontrent l'importance historique d'un lieu ou d'un édifice afin d'en promouvoir la conservation pour les générations futures. On fait également appel aux services d'historiens professionnels lorsqu'on veut célébrer un individu important — une personne qui a fondé une entreprise, par exemple — ou l'anniversaire d'un organisme privé ou public, comme le 400ᵉ anniversaire de la fondation de la ville de Québec en 2008. Véritable enquêteur des faits passés, l'historien peut agir comme expert dans toutes les situations qui exigent un point de vue historique. Le travail de ce spécialiste montre bien l'importance de l'histoire dans notre société actuelle.

ancestral Qui a appartenu aux ancêtres, que l'on tient des ancêtres.

12.45
La reconstitution de la forteresse de Louisbourg (18ᵉ siècle), en Nouvelle-Écosse, a été rendue possible grâce au travail d'une équipe de spécialistes en histoire (archéologues, historiens, etc.) de Parcs Canada.

EN CONCLUSION

Ton résumé

Rédige un court résumé de ce que tu retiens de ce dossier sur la reconnaissance des libertés et des droits civils dans le monde au 20e siècle. Consulte la ligne du temps, note les dates importantes, les personnages et les événements les plus marquants. Décris comment se sont effectuées les luttes pour la reconnaissance des libertés et des droits civils. Raconte comment certaines sociétés ont commis des injustices à l'égard de leur population. Explique comment ces groupes ont lutté pour faire reconnaître leurs droits et éliminer la discrimination dont ils étaient victimes. Explique les problèmes socio-économiques qu'a entraînés la décolonisation. Décris comment les mouvements féministes ont réussi à faire valoir le droit des femmes à l'égalité sociale.

Mots et concepts clés

antisémitisme
apartheid
camp de concentration
censure
démocratisation
discrimination
dissidence
droit civique
égalité
liberté civile
nazi
régime totalitaire
répression
ségrégation

Aide-mémoire

Au 20e siècle, les inégalités entre certains groupes de la population sont courantes et les libertés et droits fondamentaux des individus ne sont pas toujours respectés. Par contre, après la Seconde Guerre mondiale, la communauté internationale crée l'Organisation des Nations Unies pour aider à régler les conflits par la négociation et favoriser le respect des droits. Cette période est aussi le théâtre d'une foule de revendications pour faire reconnaître l'égalité des individus : combat des peuples colonisés, des Afro-Américains, des femmes. La fin de cette période est marquée par la reconnaissance des droits civils de nombreux groupes sociaux.

Ton portfolio

Analyse ta démarche de recherche en histoire en répondant aux questions suivantes :

- Décris la façon dont tu planifies maintenant tes recherches.
- Explique les méthodes que tu as développées pour trouver des informations.
- Décris les moyens que tu utilises pour organiser les informations recueillies.
- Énumère différentes façons de communiquer tes résultats.

Synthèse des dossiers

Après avoir consulté tes résumés des dossiers de ce deuxième volume de la collection *Histoire en action*, dresse un portrait de l'évolution des valeurs humaines depuis la Renaissance jusqu'à aujourd'hui. Explique en quoi il y a eu ou non des améliorations dans les conditions de vie pour l'ensemble des êtres humains. Raconte comment l'organisation du pouvoir politique, le monde du travail et les droits fondamentaux des individus ont évolué durant ces différentes périodes historiques.

INDEX

CRÉDITS DE PHOTOS

Dossier 7 – Le renouvellement de la vision de l'homme p. 1 : (en filigrane) Coll. Roger-Viollet ; p. 3 : Megapress.ca / Sabourin ; p. 4 : Coll. privée / Archives Charmet / The Bridgeman Art Library ; p. 5 : (japonais) Sakamoto Photo Research Laboratory / CORBIS, (Bénin) National Museum, Lagos, Nigeria / Held Coll. / The Bridgeman Art Library, (chinois) The Barnes Foundation, Merion, Pennsylvania, USA / The Bridgeman Art Library ; p. 7 : BNF (RC-A-66655) ; p. 9 : BNF (RC-A-36913) ; p. 10 : Sakamoto Photo Research Laboratory / CORBIS ; p. 11 : BNF (ICR 820) ; p. 12 : Coll. privée / The Bridgeman Art Library ; p. 13 : Palazzo Barberini, Rome, Italie / The Bridgeman Art Library ; p. 14 : David Lees / CORBIS ; p. 15 : Archives Iconographiques, S. A. / CORBIS ; p. 16 : BNF (RC-C-02682) ; p. 17 : NAM, Conservatoire National des Arts et Métiers, Paris / Archives Charmet / The Bridgeman Art Library ; p. 19 : Coll. Roger-Viollet ; p. 21 : BNF (RC-A-04653) ; p. 22 : BNF / Giraudon / The Bridgeman Art Library ; p. 25 : Erich Lessing / Art Resource, NY ; p. 26 : AKG-images ; p. 27 : Bibliothèque de Genève ; p. 29 : (en haut) Fondation Bersier, Paris, (en bas) Palazzo Barberini, Rome, Italie / The Bridgeman Art Library ; p. 30 : The Stapleton Coll. / The Bridgeman Art Library ; p. 31 : The Art Archive / Dagli Orti (A) ; p. 33 : The Art Archive / Musée des Beaux-Arts, Lausanne / Dagli Orti ; p. 34 : BNF (56 B 16796) ; p. 36 : (en haut et en bas) The Bridgeman Art Library ; p. 37 : Galleria degli Uffizi, Florence, Italie / Giraudon / The Bridgeman Art Library ; p. 38 : Toshiryuki Aizawa / Reuters / CORBIS ; p. 39 : Pinacoteca di Brera, Milan, Italie / The Bridgeman Art Library ; p. 42 : Charles E. Rotkin / CORBIS ; p. 43 : National Gallery, London, UK / The Bridgeman Art Library ; p. 44 : Prado, Madrid, Espagne / Giraudon / The Bridgeman Art Library ; p. 46 : © Tous droits réservés – Reproduit avec l'autorisation de l'Institut canadien de conservation, ministère du Patrimoine canadien, 2005 ; p. 47 : Claude Payer, restaurateur, Atelier de Sculpture / Centre de conservation du Québec.

Dossier 8 – L'expansion européenne dans le monde p. 49 : (en filigrane) BNF / The Bridgeman Art Library ; p. 51 : (en haut) ANC (C-007300), (en bas) Rodionov Vladimir / ITAR-TASS / CORBIS ; p. 55 : BNF (RC-C-18478) ; p. 56 : BNF / Archives Charmet / The Bridgeman Art Library ; p. 58 : Biblioteca Estense, Modena, Italie / Alinari / The Bridgeman Art Library ; p. 60 : BNF / The Bridgeman Art Library ; p. 61 : British Library, London, UK / The Bridgeman Art Library ; p. 62 : Archives Iconographiques, S. A. / CORBIS ; p. 63 : Bettmann / CORBIS ; p. 64 : Capilla Real, Granada, Espagne / The Bridgeman Art Library ; p. 66 : AKG-images ; p. 67 : BNF (RC-C-01188) ; p. 68 : Bristol City Museum and Art Gallery, UK / The Bridgeman Art Library ; p. 69 : National Maritime Museum, London ; p. 72 : Lauros / Giraudon / The Bridgeman Art Library ; p. 74 : The Art Archive / Museo Ciudad Mexico / Dagli Orti ; p. 76 : Rabatti-Domingie / AKG-images ; p. 77 : AKG-images ; p. 78 : Biblioteca Nacional, Madrid, Espagne / Giraudon / The Bridgeman Art Library ; p. 81 : Coll. privée / The Bridgeman Art Library ; p. 82 et 85 : AKG-images ; p. 86 : ANC (C-009711) ; p. 88 : Museo de America, Madrid, Espagne / The Bridgeman Art Library ; p. 89 : Yoshio Tomii / SuperStock ; p. 93 : Erich Lessing / AKG-images ; p. 94 : Musée de la civilisation, bibliothèque du Séminaire de Québec dans *Maniere de faire le fucre d'Erable* ; p. 95 : Thierry Marcoux.

Dossier 9 – Les révolutions américaine et française p. 97 : (en filigrane) MVP, Musée Carnavalet, Paris, France / Lauros / Giraudon / The Bridgeman Art Library ; p. 99 : (en haut) CCDMD, (en bas) Louvre, Paris, France / The Bridgeman Art Library ; p. 103 : AKG-images ; p. 104 : The Art Archive / Musée Carnavalet, Paris / Dagli Orti ; p. 106 : Lauros / Giraudon / The Bridgeman Art Library ; p. 107 : The Art Archive / Musée des Beaux-Arts, Rouen / Dagli Orti ; p. 108 : Château de Versailles, France / Giraudon / The Bridgeman Art Library ; p. 109 : Château de Versailles, France / Peter Willi / The Bridgeman Art Library ; p. 110 : Bernard Cox / The Bridgeman Art Library ; p. 112 : Houses of Parliament, London, UK / The Bridgeman Art Library ; p. 113 : Philip Mould, Historical Portraits Ltd, London, UK / The Bridgeman Art Library ; p. 114 : MVP, Musée Carnavalet, Paris, France / Lauros / Giraudon / The Bridgeman Art Library ; p. 115 : AKG-images / Erich Lessing ; p. 116 : Académie des Sciences et Belles Lettres, Rouen, France / Lauros / Giraudon / The Bridgeman Art Library ; p. 117 : BNF / Giraudon / The Bridgeman Art Library ; p. 118 : Leonid Bogdanov / SuperStock ; p. 119 : The Stapleton Coll. / The Bridgeman Art Library ; p. 122 : Worcester Art Museum, Massachusetts, USA / The Bridgeman Art Library ; p. 123 : Bettmann / CORBIS ; p. 126 : AKG-images ; p. 128 : Brooklyn Museum of Art, New York, USA / The Bridgeman Art Library ; p. 130 et 131 : AKG-images ; p. 132 et 133 : Château de Versailles, France / Giraudon / The Bridgeman Art Library ; p. 134, 136 et 137 : MVP, Musée Carnavalet, Paris, France / Lauros / Giraudon / The Bridgeman Art Library ; p. 140 : Coll. privée / Ken Welsh / The Bridgeman Art Library ; p.141 : MVP, Musée Carnavalet, Paris, France / Giraudon / The Bridgeman Art Library ; p. 142, 143 et 144 : AKG-images.

Dossier 10 – L'industrialisation : une révolution économique et sociale p. 147 : (en filigrane) AKG-images ; p. 149 : (en haut) J. Pharand / Megapress, (en bas) AKG-images ; p. 156 : Costa / Leemage ; p. 157 : (en haut et en bas) Coll. privée / The Bridgeman Art Library ; p. 158 et 160 : AKG-images ; p. 162 : The Illustrated London News Picture Library ; p. 163 : AKG-images ; p. 165 : The Illustrated London News Picture Library ; p. 166 : Smithsonian Institution, Washington DC, USA / The Bridgeman Art Library ; p. 169 : AKG-images ; p. 170 : Photos12.com – Oasis ; p. 171 : Royal Holloway and Bedford New College, Surrey, UK / The Bridgeman Art Library ; p. 172 : BNF / Archives Charmet / The Bridgeman Art Library ; p. 173 : Bianchetti / Leemage ; p. 174 : Photography Coll., Miriam and Ira D. Wallach Division of Art, Prints and Photographs, The New York Public Library, Astor, Lenox and Tilden Foundations. Photo : Lewis Wickes Hine ; p. 176 : Coll. Roger-Viollet ; p. 177 et 178 : Coll. Kharbine-Tapabor ; p. 179 : Coll. Dixmier / Kharbine-Tapabor ; p. 180 : J. Pharand / Megapress ; p. 181 : Bibliothèque des Arts Décoratifs, Paris, France / Archives Charmet / The Bridgeman Art Library ; p. 182 : AKG-images ; p. 186 : AKG-images / Pirozzi ; p. 187 : CORBIS ; p. 188 : Central Saint Martins College of Art and Design, London, UK / The Bridgeman Art Library ; p. 189 : Coll. privée / Archives Charmet / The Bridgeman Art Library ; p. 190 : Coll. privée / The Stapleton Coll. / The Bridgeman Art Library ; p. 191 : Historical Archives Krupp, Essen ; p. 192 : Costa / Leemage ; p. 193 : Musée des sciences et de la technologie du Canada.

Dossier 11 – L'expansion du monde industriel p. 195 : (en filigrane) Coll. privée / Archives Charmet / The Bridgeman Art Library ; p. 197 : (à droite) Harlingue / Roger-Viollet ; p. 201 : AKG-images ; p. 202 : Coll. privée / Archives Charmet / The Bridgeman Art Library ; p. 204 : Eddi Böhnke / zefa / CORBIS ; p. 205 : Bibliothèque des Arts Décoratifs, Paris, France / Archives Charmet / The Bridgeman Art Library ; p. 206 : Coll. Roger-Viollet ; p. 208 : Royal Geographical Society, London, UK / The Bridgeman Art Library ; p. 209 : Coll. privée / The Bridgeman Art Library ; p. 210 : AKG-images / British Library ; p. 211 : AKG-images ; p. 213 : BNF (RC-A-84973) ; p. 216 et 218 : AKG-images ; p. 219 : Boyer / Roger-Viollet ; p. 220 : AKG-images ; p. 221 : Hulton-Deutsch Coll. / CORBIS ; p. 223 : (en haut) Coll. Roger-Viollet ; p. 224 : Harlingue / Roger-Viollet ; p. 225 : Coll. Kharbine-Tapabor ; p. 226 : Coll. Jonas / Kharbine-Tapabor ; p. 227 : Roger-Viollet ; p. 229 et 230 : AKG-images ; p. 232 : BNF (RC-A-79195) ; p. 233 : Royal Ontario Museum ; p. 235 : Boyer / Roger-Viollet ; p. 236 : AKG-images ; p. 237 : Selva / Leemage.

Dossier 12 – La reconnaissance des libertés et des droits civils p. 239 : (en filigrane) US National Archives / Roger-Viollet ; p. 241 : (en haut) Photo Philippe Landreville / Cour suprême du Canada, (en bas) AKG-images ; p. 245 : AKG-images ; p. 246 : Coll. Roger-Viollet ; p. 247, 248, 249 et 251 : AKG-images ; p. 253 : (en haut) AKG-images, (en bas) Coll. Kharbine-Tapabor ; p. 254 : United States Holocaust Memorial Museum (Les points de vue émis dans cet ouvrage ne reflètent pas nécessairement ceux du United States Holocaust Memorial Museum.) ; p. 255 : Coll. Roger-Viollet ; p. 256 : United Nations Photo Library ; p. 258 : AKG-images ; p. 260 : Brown Brothers ; p. 261 : Coll. Kharbine-Tapabor ; p. 262 : Bettmann / CORBIS ; p. 263 : U S National Archives / Roger-Viollet ; p. 264 : Bettmann / CORBIS ; p. 266 : Alain DeJean / Sygma / CORBIS ; p. 267 : AKG-images / Archiv Peter Riihe ; p. 268 : David Lees / CORBIS ; p. 269 : AKG-images ; p. 271 : Coll. Kharbine-Tapabor ; p. 273 : CORBIS ; p. 274 : Roger-Viollet ; p. 275 : AKG-images / Paul Almasy ; p. 278 : Coll. privée / The Stapleton Coll. / The Bridgeman Art Library ; p. 279 : National Library of Medicine / Visual Image Presentations ; p. 280 : Hulton-Deutsch Coll. / CORBIS ; p. 281 : Coll. Kharbine-Tapabor ; p. 282 : Archives de l'Institut Notre-Dame du Bon-Conseil de Montréal ; p. 283 : The Art Archive / Culver Pictures ; p. 284 : Coll. Kharbine-Tapabor ; p. 285 : JP Laffont / Sygma / CORBIS ; p. 287 : Reuters / CORBIS ; p. 288 : Library of Congress ; p. 289 : Lieu historique national du Canada de la Forteresse-de-Louisbourg / Jamie Steeves / 5J-3-185.